法治先锋　行业典范　中国形象

律师之师

律师实务与技能十讲

北京市朝阳区律师协会◎编

张建锋　王俊林◎主编

中国政法大学出版社

2022·北京

声　　明　　1. 版权所有，侵权必究。

2. 如有缺页、倒装问题，由出版社负责退换。

图书在版编目（CIP）数据

律师之师：律师实务与技能十讲/北京市朝阳区律师协会编.—北京：中国政法大学出版社，2022.12

ISBN 978-7-5764-0762-4

Ⅰ.①律… Ⅱ.①北… Ⅲ.①律师业务－中国 Ⅳ.①D926.5

中国版本图书馆CIP数据核字(2022)第253888号

出　版　者	中国政法大学出版社
地　　　址	北京市海淀区西土城路 25 号
邮寄地址	北京 100088 信箱 8034 分箱　邮编 100088
网　　　址	http://www.cuplpress.com (网络实名：中国政法大学出版社)
电　　　话	010-58908586(编辑部) 58908334(邮购部)
编辑邮箱	zhengfadch@126.com
承　　　印	北京中科印刷有限公司
开　　　本	650mm×980mm　1/16
印　　　张	16
字　　　数	300 千字
版　　　次	2022 年 12 月第 1 版
印　　　次	2022 年 12 月第 1 次印刷
定　　　价	79.00 元

编 委 会

主讲人简介

张志强，北京京凯律师事务所管委会执行主任，业务指导总监；最高人民检察院前高级检察官，首届全国优秀公诉人。

曾任基层检察院副检察长，最高人民检察院公诉厅、反贪总局处长，履历丰富，业务全面。侦查、审查上百件重大疑难案件；代表最高人民检察院出庭第一起中华人民共和国成立后"两高"直接开庭审理的刑事抗诉案件；办理的"马某利用未公开信息交易案"同时写入"两高"人大报告、同时入选"两高"指导性案例，中法"打击金融犯罪"研讨会中方唯一入选案例。全国优秀公诉人竞赛主要命题人之一、中国政法大学同步实践教学指导老师、国家检察官学院精品课教师，多次受邀为检察系统、监察机关、高校授课，培训学员达数千人。在《人民检察》《刑事司法指南》等核心期刊发表文章 20 余篇，理论与实务相得益彰。办理了唯一一起省部级职务犯罪违法所得没收案，参著《职务犯罪监察调查与审查起诉衔接工作指引》，对职务犯罪案件、冻结扣押款物处理、外逃人员案件的特别程序有丰富的实践经验和专门研究。

樊崇义，河南省内乡县人，1940 年出生，中共党员。1999 年享有国务院"政府特殊津贴"；2009 年入选首批"当代中国法学名家"，后又被评为我国"百名法学家"。中国政法大学一级教授、博士研究生导师，中国政法大学国家法律援助研究院名誉院长；教育部人文社科重点研究基地中国政法大学诉讼法学研究中心首任院长、名誉院长。

北京师范大学特聘京师首席专家；中央党校、国家检察官学院、国家法官学院兼职教授。兼任中国刑事诉讼法学会、中国监狱学会顾问，中国警察协会学术委员；最高人民检察院、司法部专家咨询委员，公安部特邀执法监督员。曾兼任教育部法学教育委员；中国行为法学会、中国检察学会副会长等职务。

出版学术专著30多部，发表论文300多篇；主持完成国家社科重点课题、最高人民检察院重点课题及联合国项目等。

率先从诉讼原理、诉讼认识论高度探索刑事诉讼哲理思维。其中，法律真实理论促进了我国刑事司法理念和证明标准的现代转型；侦查讯问录音录像制度实证研究成果被2012年修正的《刑事诉讼法》吸收，为我国司法改革作出了重要贡献。

郭云忠，法学博士，国家检察官学院教授、学报常务副主编。兼任中国政法大学司法改革研究中心研究员、中国刑事诉讼法学研究会常务理事。

2002年至2005年就读于中国政法大学诉讼法专业，获法学博士学位。2008年至2010年于社科院法学  所从事博士后研究。2011年至2012年挂任宁夏中卫市人民检察院党组成员、副检察长。

在《法学研究》《中国法学》等发表论文多篇，在《南方周末》《法治日报》《人民法院报》《检察日报》等发表随笔多篇，著有《刑事诉讼谦抑论》《法律实证研究导论》。论文和专著多次获中国法学会、最高人民检察院奖励。

挂职期间成功办理反贪专案，记个人二等功一次，2020年至2021年在北京市第一中级人民法院刑一庭挂职锻炼。

来小鹏，法学博士，中国政法大学教授，知识产权法学专业、数据法学专业博士生导师，中国政法大学知识产权法国家重点学科带头人，中国政法大学知识产权维权援助研究与服务中心主任，中国政法大学全国专利保护重点联系基地负责人，中国政法大学民商经济法学院学术委员会、学位委员会委员，中国政法大学数据法治研究院学术委员会、学位委员会委员。国家知识产权战略专家成员、中国科技法研究会常务理事、

中国版权保护协会理事、国家知识产权局资产评估促进工程特邀专家、中国知识产权研究会理事、中国作协著作权纠纷调解委员会委员，以及北京仲裁委员会、西安仲裁委员会仲裁员等。

长期从事民法学、知识产权法学以及数据法学教学与实践工作。独著、主编、参编著作、教材三十余部，主要有《版权交易制度研究》（独著）、《知识产权法学》（独著，国家"十二五"重点图书出版规划项目）、《知识产权法学案例研究指导》（主编，中国特色社会主义法治理论与实践系列研究生教材）、《民法学》（参编，高等政法院校规划教材）、《知识产权法教程》（主编，司法部法学统编教材）、《物权法》（参编，21世纪法学规划教材）等。发表学术文章百余篇，主要有《论侵害著作权行为及其法律对策》《与电影有关的知识产权问题研究——以〈电影产业促进法〉为视角》《我国知识产权评估中的法律关系》《著作权转让比较研究》《论网络出版服务者的法律责任》《新媒体环境下传播者权的发展》《中国网络立法现状、问题与对策》《论作为独立法律部门的网络法》等。主持承担国家、省部级以上研究课题五十余项。

刘继峰，中国政法大学教授、博士生导师，民商经济法学院副院长。兼任中国商业法研究会副会长、中国法学会经济法研究会副秘书长、北京市法学会经济法研究会副会长。北京市法学会互联网研究会副会长、最高人民检察院民事行政诉讼监督案件专家委员会委员、商务部培训中心兼职教授、国家市场监督管理总局反垄断局专家库成员。

主要研究方向为竞争法、知识产权法、消费者

法等。代表著作有《竞争法学原理》《横向价格卡特尔法律规制研究》《竞争法》等。主编《竞争法：规则与案例》《反垄断法案例评析》《反不正当竞争法案例评析》《经济法》等。在《中国法学》《政法论坛》《法商研究》等期刊发表论文 70 余篇。

　　金克胜，中国知识产权法学研究会副会长，最高人民法院知识产权司法保护研究中心研究员，外交学院法学教授、研究生导师，中国国际经济贸易仲裁委员会、北京仲裁委员会、深圳国际仲裁院仲裁员，最高人民检察院民事行政诉讼监督案件专家委员会委员，中国法律说理网创始人，中国贸促会经贸摩擦法律顾问委员会委员，中国互联网协会知识产权工作委员会主任，中国工业经济联合会中国工业和信息化企业纠纷调解中心主任，中国工业经济联合会企业合规促进中心主任，中国企业权益保护智库秘书长，国务院政府特殊津贴专家等。

　　曾任外交学院国际法研究所所长、法律系主任，中国国际法学会副会长兼秘书长，最高人民法院司法改革办公室副局级干部、知识产权审判庭（民事审判第三庭）正局级副庭长、一级高级法官等。

　　徐卉，法学博士，中国社会科学院法学研究所研究员、教授、博士生导师，诉讼法研究室主任，欧盟法研究中心执行主任，最高人民法院执行咨询特邀专家，美国哥伦比亚大学法学院访问学者，美国法学会"跨国民事规则与原则"国际顾问。

　　主要研究方向为民事诉讼法学和比较司法制度等。出版专著、译著 10 余部，在国内外学术刊物上以中英文发表论文 80 余篇，并于 2003 年获全国第五届中青年诉讼法学优秀科研成果著作类一等奖。

　　代表性专著有《涉外民商事诉讼管辖权冲突研究》《通向社会正义之路：公益诉讼理论研究》《民事诉讼法学的新发展》等；论文有《谁来界定公共利益》《中国的民事诉讼法修改进程：一个批判性分析与反思》《民事诉讼法

学研究的知识转型》等。

席志国，中国政法大学民法研究所副所长、教授、博士生导师，法学博士，中国政法大学不动产法律与金融研究中心执行主任，硕士研究生导师；德国波恩大学访问学者（2018 年 12 月至 2019 年 12 月）、美国爱荷华大学访问学者（2013 年 9 月至 2014 年 5 月）、英国华威大学访问学者（2008 年至 2009 年）。中国法学会民法研究会理事、北京市物权法学会理事、自然资源部法律中心专家委员会委员，北京市人民调解委员会知识产权委员，《今日说法》特邀点评专家。2017 年被评为中国政法大学第七届十大最受本科生欢迎的教师。

代表性著作主要有《中国民法总论》《中国物权法论》《民事权利体系》《物权法：法条详解与原理阐释》等。代表性论文主要有《The Road to a Chinese Civil Code》《论德国民法上的所有人占有人关系——兼评我国〈民法典〉第 459—461 条之规定》《重思中国大陆用益物权体系》《〈民法总则〉中法律行为规范体系评析》《民法典编纂中集体土地权利体系新路径》《民法典编纂视野下的动产担保物权效力优先体系再构建——兼评〈民法典各分编（草案）二审稿〉第 205—207 条》《民法典编纂中的土地权利体系再构造——"三权分置"理论的逻辑展开》《民法典编纂视域中宅基地"三权分置"探究》《居住权的法教义学分析》《〈民法典·物权编〉评析及法教义学的展开》等。

付少军，法学博士，中国行为法学会副秘书长、仲裁员，曾任高级法官。

王进喜，男，1970 年 9 月 29 日生。
中国政法大学法学院教授，法律职业伦
理研究所所长，律师学研究中心主任，
《证据科学》杂志副主编，博士研究生导
师；2008 年度教育部新世纪人才支持计
划入选者；2010 年教育部长江学者与创
新团队支持计划"证据科学研究与应用"
创新团队负责人；美国富布莱特项目 2002—2003 年度研修学者；澳大利亚新
南威尔士大学 2009—2012 年度客座研究人员；美国加州大学戴维斯分校
2010—2011 年度高级访问学者；中国法学会律师法学研究会副会长；司法部
律师惩戒委员会委员。

知识不是力量，观念才是

《律师之师》（第 2 辑）出版了。

这本书侧重观念的思考，而不是知识的传授。知识的学习，是一名律师的原始技能；而观念的提升，才是律师的生存发展之道。

众所周知，"知识就是力量"是培根说的。但其实，培根并不是这样表述的，而是"Knowledge and human power are synonymous"，译为"人类知识和人类权力归于一"，也有人翻译成"知情权才是力量"。仔细想想确实是。知其然，与力量无关；知其所以然，才有力量的真正改变。打开书本，就是知识；运用知识的智慧，却在书本之外。

律师掌握了知识，并不能成为一个真正意义上的律师。比知识更重要的是良知。是非善恶是律师认知的根基，良知是知识的方向。

知识的类型多样，但智慧只有一种，它不是抽象的理性，而是来自信仰所笃定的恒久价值、经验传统和世俗的实践。律师执业，其实质是一种实践的智慧，通过对律师观念的影响，寻找人类更美好的发展之道、更和谐的生存之道。

所以，观念是最有力量的东西，它指引行动。法治的进步无不以观念作为先导。

知识是流变的，而观念是恒定的，许多人把陈旧过时的知识，当成了恒定的观念。

北京市朝阳区律师协会（以下简称"朝阳律协"）自成立以来就十分重视对律师素养的培训。依托朝阳律协教育培训委员会组织的专业培训，朝阳律协出版了《律师之师——律师素质与思维十讲》，将十位法学大师在律师素质与思维方面的心得体会编辑成册、广泛传播，获得了广泛的赞誉。

而"律师之师"，既以理论为师，更以实践为师。这些实践中的智慧，带给我们以启迪，带给我们多样的法律思维。如何想，决定了思考的深度、高度、宽度，决定了行为的力度、角度、锐度。

此次，朝阳律协教育培训委员会继续邀请了十位具有丰富实务经验的法学大家传播实务经验，并将各位专家的讲授内容整合为《律师之师》（第2辑），以期广大律师在综合素养与修炼、律师的职业与生涯、律师办案思维与策略等方面继续提升。其中有张志强老师讲授的《如何使你的辩护与众不同》、樊崇义老师讲授的《认罪认罚从宽制度与律师作用》、郭云忠老师讲授的《非法证据排除理论与实务》、来小鹏老师讲授的《网络知识产权问题与对策的法治思维》、刘继峰老师讲授的《竞争法中的知识产权问题与案例研究》、金克胜老师讲授的《法律说理与法律职业共同体》、徐卉老师讲授的《新民事证据规定的理解与适用》、席志国老师讲授的《〈民法典〉担保物权新规则详解与适用》、付少军老师讲授的《执行异议之诉的理论与实务探讨》和王进喜老师讲授的《当代中国律师业的发展走向》。

希望《律师之师》（第2辑）的出版，能够为广大律师同仁涵养观念、教授能力、解答疑惑，为法治中国的建设贡献力量。

是为序。

北京市朝阳区律师协会会长

杨光

目 录

Contents

第一讲

如何使你的辩护与众不同 ... 张志强 / 001

第二讲

认罪认罚从宽制度与律师作用 ... 樊崇义 / 017

第三讲

非法证据排除理论与实务 ... 郭云忠 / 038

第四讲

网络知识产权法问题与对策的法治思维 ... 来小鹏 / 069

第五讲

竞争法中的知识产权问题与案例研究 ... 刘继峰 / 092

第六讲

法律说理与法律职业共同体 ... 金克胜 / 123

第七讲

新民事证据规定的理解与适用 ... 徐 卉 / 141

第八讲

《民法典》担保物权新规则详解与适用 ... 席志国 / 174

第九讲

执行异议之诉的理论与实务探讨 ... 付少军 / 205

第十讲

当代中国律师业的发展走向 ... 王进喜 / 229

如何使你的辩护与众不同

主讲人：张志强

大家好，我有很多律师界的朋友，但平时跟律师界朋友交流的场合或是在会议上或是在法庭上或是在酒桌上，以这种讲座方式进行交流还是第一次。我原本定的讲座题目是"护持温情与敬意，共同创建更高水平的专业共同体"。后来在主办方的建议下，改成了现在的"如何使你的辩护与众不同"，但我自认为资格不够，因为确实没实际做过辩护，可能会有点坐而论道的意思。

作为公诉人，我们与辩护人在思考问题和解剖思路上是一致的，我就站在一个公诉人的立场，从一些案件中很有价值的辩护观点没有得到挖掘的角度来谈今天的话题。今天的内容大概分四部分：第一部分关注细节，第二部分发现差别，第三部分合理质疑，第四部分善于归纳。

一、关注细节

（一）关于"明知"的细节问题

2022年法律圈有一个很火的事情，就是香港特别行政区前行政长官曾荫权被指控腐败案终审获得无罪判决。每个人对这个案件的关注角度不同，有人关注的是3000万元的诉讼费，而我们关注的是这个案件的细节，为何会从有罪改判无罪。其实最终翻案涉及两个问题：第一个是主观上是否明知故犯；第二个是情节是否严重。主观上的知晓程度是成功翻案很重要的一个辩护观点和辩护理由。在司法实践中，对于许多犯罪的指控，无论是法条还是司法解释都要求行为人、被告人、犯罪嫌疑人主观上要明知，而且许多罪名都是这样规定和要求的。比如赃物犯罪、共同犯罪都需要行为人明知，即明知自己的行为会发生危害社会的后果，并且希望或者放任这种结果的发生，这也是《刑法》[1]总则关于故意犯罪的规定，同时在分则条款中也存在诸多关于明知的表述形式。当前，在司法实践中如何证明行为人明知也是困扰公诉人或者办案人的一个难点。

司法解释对明知的规定或者司法解释对明知的说法是这么表述的："明知是指知道或者应当知道。"许多人在办案的过程中自然而然地就接受、认可这种说法。但是我一直有一个疑问，知道当然是明知，应当知道是明知吗？《刑法》第15条第1款规定："应当预见自己的行为可能发生危害社会的结果，因为疏忽大意而没有预见，或者已经预见而轻信能够避免，以致发生这种结果的，是过失犯罪。""应当预见"这个词和应当知道有差别吗？我认为应当预见和应当知道就是一个意思。这就说明一个问题，司法实践中有很多人在办案过程中把主观上的过失状态归入了主观故意的范畴，也就是说，许多行为过失是不构成犯罪的，但是被指控说是行为人应当知道，这导致应当知道是一个典型的过失犯罪的表述方式。用一个过失犯罪的表述方式去指控一个故意犯罪的主观内容是不可以的。我在听领导及大家讲课的时候多次听到主观故意，其中有一次，一个非常权威的领导谈到应当预见就马上打住了，因为他自身意识到不对并立刻更换了一种说法。但实际上，很少有人在这个问题上较过真，很多公诉人、辩护人也都没有较过真。我认为有相当一部分不构成犯罪的需要主观上故意的犯罪被作为故意犯罪来处理了，这是很不合理的。

对"明知"应该怎么定义？我一直认为司法解释中用"知道或者应当知道"这种定义方式来描述主观故意的明知，其实是一种混

---

[1]《刑法》，即《中华人民共和国刑法》，为表述方便，本书中涉及我国法律，直接使用简称，省去"中华人民共和国"字样，全书统一，后不赘述。

淆了故意犯罪和过失犯罪界限的做法。张明楷老师认为明知应该指的是"肯定是和明知可能是",最起码主观上有这种预见的范围。比如说强奸罪,对明知不满 14 周岁的幼女,哪怕和该幼女自愿发生性关系也属于强奸,有人认为该处的明知要求太高,不应该设定为明知。但既然是故意犯罪一定要有主观认识,如果没有主观认识就变成过失犯罪,可见明知用语还是需要有认识的。我认为,这个规定中的明知包括"肯定是和可能是"。什么是"肯定是"?幼女告诉你或者你知道这个幼女的真实年龄,这就是肯定是。明知"可能是"包括从这个女孩的外表、发育情况、举止等各方面能够推定出她是幼女,这个时候我们说明知肯定是和明知可能是才是一个对明知正确的定义方式和"打开"方式,而不是知道或者应当知道,因为这样混淆了故意犯罪和过失犯罪。

（二）关于职务犯罪的细节问题

在我参加一些研讨会或者与一些刑事辩护律师交流时,大家普遍反映现在两种犯罪没有辩护空间:一种是涉黑案件,另一种是职务犯罪案件。涉黑犯罪暂不评价,因为我们第三检察厅是专门办理职务犯罪的。那么,职务犯罪是否没有辩护空间呢?某种程度上有,但某种程度上也没有。说它没有辩护空间主要有两个原因:一是监察体系改革之后,监察委员会对职务调查全封闭,不许律师介入;另外一个原因就是司法解释问题,现在的司法解释把已存在的问题全部解释了。我国关于受贿罪的法律规定与国外相关规定处于同等水平,其中有一个要件规定:"国家工作人员利用职务上的便利索取他人财物或者非法销售他人财物,为他人谋取利益的。"这里面就涉及为他人谋取利益的解释,当前的司法解释已经对此进行了较为详尽的规定,只要承诺就算,也包括推定承诺。什么叫推定承诺?某个人因明确请托事项给国家工作人员送钱,国家工作人员即使不表态也被推定为承诺。以前有一种观点认为受贿罪属于行为犯,即主观上要有受贿的故意,客观上也要有利用职务便利为他人谋取利益的行为,而现在客观上根本不需要有为他人谋取利益的实际行为。那么为他人谋取利益是不是受贿罪的客观要件?我认为不是。学术界还有一种观点认为，为他人谋取利益是受贿罪的主观要件，意味着主观上只要有为他人谋取利益的想法或意识就属于为他人谋取利益。我认为这种观点也不合适，因为实践中也存在"只收钱不办事"的国家工作人员，也就是本身就不具有帮请托人谋取利益的想法却仍收取请托人的财物。如果将为他人谋取利益作为受贿罪的主观要件，那这种情形是不是构成犯罪呢？所以当前普遍认为为他人谋取利益既不是受贿罪的主观要件也不是客观要件，而是"多余要件"，它只需要建立国家工作人员收取财物和权力之间的对价关系，只要收取财物是基于职务而不是基于其他，那么就属于受贿罪，这种解释方式已经跟国外的受贿罪规定非常接近了。那仅存的差别在什么地方呢？国外受贿罪规定基于职务收受贿赂或者基于职务收受不正当利益，而该不正当利益不限于财物。当前我国也逐步把财产性利益纳入受贿罪的范围，所以说从这个角度看也体现了监察委员会的强势地位和办案模式，以及司法机关对受贿罪不断地出台新解释，马上关于"贪污贿赂"的第二个司法解释也要出台了。正是基于以上原因造成了当前很多职务犯罪很难辩护。

但是还有另外一个原因是案件细节。同样是受贿罪，在司法实践中却千差万别，这里面的细节就显得非常重要。

二、发现差别

有一些案件因为细节的不同造成了案件之间的差别，但这种差别在我们法律上的意义特别重大。

我们看这样一个案例，这是一个法院的庭长收受当事人财物的案件，这个案子的争议点有两个：是否构成受贿罪？如果构成受贿罪，数额怎么算？检察院以受贿206.85万元向法院提起公诉，然后法院认为实际获益106.85万元，本金100万元是受贿款，而且当时所掌握的证据不足以支持判处有期徒刑10年。现在这个案件已经查清楚了，其中本金是行贿单位出的，106.85万元是炒股赚的，检察院却指控犯罪嫌疑人受贿206.85万元？这肯定是不合理的，100万元本金是受贿款，通过这100万元再炒股赚的钱属于孳息，而孳息不应该算到受贿金额中去。法院在审理时认为本金不算，但炒股赚的钱得算，为什么不对？有人说赔了怎么定？如果人家行贿单位给他账户打了 100 万元，他炒股就剩 60 万元，赔了 40 万元，受贿能不能定？定多少？

关键在于这 106.85 万元是怎么来的？是从股市和交易对手处盈利来的。这就包含一个概念，财产犯罪，盗窃罪、诈骗罪有一个概念叫"素材的同一性"。就好比盗窃案件的犯罪嫌疑人盗窃的东西必须是被害人丢失的东西，二者具有同一性。受贿罪没有谈到素材的同一性，但一般情况下要求受贿人得到的是行贿人付出的，从这个意义上来讲素材的同一性也适用于贿赂犯罪，这个贿赂物一定是行贿人付出的，如果不是行贿人付出的也不符合素材的同一性。

这是我跟律师朋友交流时提及的，如果我是给检察官们讲课提到这个，则还会涉及另一个问题："如果要给这个庭长定罪有没有什么可行的路径？"

资金使用是需要成本的，这个使用成本是由行贿人提供的，是行贿人付出的，受贿人利用了资金的使用成本。在日本，公务员向有求于自己的人借钱，即使你还了本金也加上利息，这个公务员仍然成立受贿罪，为什么呢？因为日本的学界和实务界都一致认为借钱本身就能给人带来财产性利益。这是一种思路，我们在实践中还没有这么认定过，但是我认为这个思路是可行的。关键问题是你要算账，到底受贿数额是多少，这个比较麻烦。是按同息贷款利率还是民间借贷，这可能是一个麻烦事。

三、合理质疑

(一) 合理使用司法解释

我们国家不属于判例法国家，或者说我们国家属于成文法国家，跟德国、日本比起来指导案例比较少。德国和日本的裁判所关于非法占有的观点是什么，关于主观上陷入错误认识的评价标准什么，关于毁坏财物指的是物理的毁坏还是使用性能的毁坏，在判决书上写得非常清楚，论理也非常漂亮，而我们的指导案例则有些像"一锅烩"。还有一点很特别，我们有大量的司法解释，这是国外没有的，国外不允许法院出台这种东西。他们认为法院这么做是侵犯了立法权。所以，实践中有些没有司法解释的，我们要善于从中找到有利的辩护观点。

有时候不要迷信司法解释，司法解释有些也不完善。比如说，现在办理职务犯罪大量存在的一种受贿方式——"约定受贿"。"约定受贿"是指行贿人和受贿人说好了给受贿人一笔钱，但是受贿人一直心存种种顾虑，持一种想收又不想收，想拒绝又舍不得的态度。不少官员的案件都存在这种约定受贿的问题，案发以后全是从行贿人那追回来的。

陕西省人大常委会原副主任魏某洲在受贿犯罪中有人民币2000万元属于受贿未遂。受贿多未遂，大半未遂。刚开始拿过来119万元，后来砍到100多万元，这是受贿多未遂。对于这种约定贿赂，实践中我收到的判决书中四川省高级人民法院认为不构成犯罪，江苏省高级人民法院有认为是预备，但是在副部级以上官员受贿案件中都是按未遂来处理的。为什么会这么处理呢？国外对受贿罪的立法模式，客观上有三种表述方式：要求、约定、收受。我们国家对于受贿罪的法条表示方式就两种：索取、收受。日本、德国都是将约定单独作为一种受贿类型，在立法上给予规定。我们没有这样的规定，我们只能把这个行为归为索取或者收受。

国外的立法为什么有三种情况？因为既遂标准不同。对于收受性的受贿要求实际取得财物为既遂，对于索取性和约定性不要求实际取得财物为既遂。为什么？他们认为受贿罪不是财产罪，而受贿罪侵害的法益，我们通说的观点是国家公务人员职务行为的廉洁性，张明楷老师的观点是国家工作人员职务行为的不可收买性。总而言之，受贿罪不是财产罪。我们国家现在的司法实践标准是一致的，索取和收受都要求以实际取得为既遂，这一点我同意。如果不以实际取得为既遂，只要受贿人提出索贿要求就认定既遂的话很危险，什么口供都能拿下来，而且还有一个问题：数额。我们国家的犯罪是要计量，折合成数额的，没有拿到的想说一个亿就一个亿，想说一千万就一千万，这样就很危险。

一些学者的观点也是受贿罪要以实际取得财物为既遂，但是张明楷老师可能不一样，他认为索取不以实际取得财物为既遂，这在我们国家行不通。就像我刚才讲的，有错误可能就会变成拿下口供就行了。对于大多数案件来说，即使有受贿未遂也不影响犯罪嫌疑人的量刑和最终的结果。从刑罚的结果而言不影响，因为大部分受贿人既遂部分已经达到了数额特别巨大这个法定层以上，所以即使有未遂的部分在量刑方面对他也没有影响，但是有一些很特殊的案件就有问题了。

（二）量刑规则和加重条件

我们看一个案例，前半部分属于典型的约定贿赂，案发查明甲收受 18 万元，这 18 万元是实际得到的。第一个问题，甲是受贿罪的既遂还是未遂？

这里我加点背景资料，并不是所有同学都是做刑事案件的。受贿 18 万元属于数额较大，法定刑在 3 年以下；受贿 350 万元属于数额特别巨大，法定刑在 10 年以上，这是背景。甲是受贿罪的既遂还是未遂？

这位同学说 18 万元的既遂，350 万元的未遂。但是最后我们说它是一个既遂犯案还是未遂犯案？

为什么是未遂犯？说未遂的理由，你们说哪个重？虽然是未遂，但是它也重，你说它是个未遂犯不违背一般人的常识吗？明明收受 18 万元为什么还是未遂犯？

重的吸收轻的？那个一定重吗？我觉得说属于未遂犯的同学一定想到了类似的两个司法解释：一个是有关盗窃的；另一个是有关诈骗的。其中有这样规定的，多次盗窃既有既遂的也有未遂的，应该分别对照量刑，如果未遂部分重就是盗窃未遂，如果既遂部分重就是盗窃既遂。如果这两个对应量刑档是一样的，司法解释认为是盗窃既遂。很多同学肯定潜意识想到了这个司法解释，为什么引用一个三档刑的？因为只有三档刑可以发现问题，两档刑根本发现不了这个问题。

以有关盗窃的司法解释为例，不觉得这个很别扭吗？一个人盗窃了6起或者5起，3起既遂，但是3起既遂的涉案数额上不去，在法定刑3年以下，或者说一共盗窃4起，3起既遂，1起未遂，3起既遂的法定刑在3年以下，1起未遂的数额特别巨大，以北京市为例，北京市规定盗窃的最大数额是40万元的，以50万元的东西为盗窃目标未遂，按照司法解释我们说他是一个未遂犯，他是犯罪未遂，3起被盗的被害人都觉得不公平，明明把我东西偷走了为什么未遂？违背常识。

这里涉及一个问题，就是对于《刑法》规定的数额，法定刑升格有不同情形，最典型的是以抢劫罪为例，抢劫罪的法定刑为3年到10年，法定刑升格有八种情形，可判处10年以上，有期徒刑、无期徒刑或者死刑。哪八种情况？入户抢劫的、持枪抢劫的、冒充军警人员抢劫的、抢劫数额巨大的、多次抢劫的、抢劫致人死亡的，这都是法定刑升格的情形。但是我们从来没有追问过下一个问题，法定刑为什么升格？法定刑升格的根据是什么？它到底是违法性升高了？还是有责刑升高了？

再回到抢劫罪，持枪抢劫为什么重？有致人伤亡的高度危险性。而且持枪行为本身违背了我们国家对枪支严格的管理制度，手段特殊。抢劫金融机构的为什么重？对象特殊。入户抢劫的为什么重？除了侵犯财产权，这些都是因为手段的特殊性或者对象的特殊性造成了这种行为违法性的升高，所以法律规定量刑升格。数额特别巨大为什么要升格？因为这给人造成了更大的财产损失。但是这只有在实际造成损失的情况下才是这样，如果是犯罪未遂会有损失吗？如果以数额特别巨大为抢劫目标，抢劫未遂，被害人的损失真的有数额特别巨大吗？如果没有，那它的法定刑为什么升高了？出于保护法益的考量，我们仍然说它构成抢劫罪，但到底是加重犯的未遂还是非加重犯的未遂？这是我们要讨论的问题，持枪抢劫肯定是加重犯罪，先选择10年以上的量刑档，然后再考察未遂从3年到10年，10年以下档量刑，抢劫金融机构我们也说对象特殊，选择的量刑档是10年以上，因为未遂所以在10年以下量刑。抢劫数额特别巨大的目标时，如果没有抢到财物，那么基准刑应该是什么？到底是数额加重犯罪未遂？还是非加重犯罪未遂？这才是我们应该讨论的问题。同样我们说多次抢劫也是法定，多次抢劫，一个是违法性大，再一个是罪行深。我可不可以说，我本来想抢劫3次，但是第二次我就被抓了，怎么把这个事交代一下？我就想在这个地方，这一个月连续看黄历，日子不错我就出来作案，一个月抢劫3次或者2次，没想到抢劫了2次就被抓获，能不能说我是多次抢劫未遂？不能。但是为什么数额可以？

如果以50万元为抢劫目标和以5万元为抢劫目标，都没抢到，区别在哪儿？

50万元危害性更大吗？

50万元抢到手以后危害性才更大，你的危害性不是客观到主观吗？同样以50万元为抢劫目标，5万元为抢劫目标，两次都未遂，你觉得危害性有区别吗？区别在什么地方？可能，只是可能而已。但是我们刚才说的法定刑升格？持枪是真的假的？真的。入户是真的假的？真的。客观上就是存在危害性的。

张明楷老师提出一个概念，我们要区别量刑规则和加重的构成要件。以前面提到的抢劫为例，持枪抢劫、入户抢劫、抢劫金融机构属于加重的构成要件，它是存在加重犯未遂的，因为客观上违法性就高，而且已经体现了客观的违法性。像多次抢劫、抢劫数额特别巨大，属于量刑规则，量刑规则不存在加重犯的未遂，只存在基本犯的未遂。这是张老师的观点，一些人能接受，一些人接受不了。但是我是全盘接受的，我认为很有道理。为什么很有道理？刚才我举的例子，按照盗窃罪的司法解释，一个人盗窃了4次，3次未遂、1次既遂，仅仅因为未遂那次目标大你就说他是一个未遂犯，违背常识。再看盗窃罪的司法解释，如以数额巨大或者以珍贵文物为盗窃目标的是盗窃未遂，应当追究刑事责任。它是以什么为盗窃对象呢？以数额巨大的为盗窃对象，大家认为这个时候的盗窃未遂是二档的未遂还是一档的未遂？如果是一档的，那目标有多大？

在这里正好印证了数额是一个量刑规则，有人认为是二档型的未遂。如果是二档未遂的话，那就意味着盗窃未遂或者无罪或者跳档，没有基本犯，会造成这样一个不平衡的结果。有同学说是基本犯的未遂，那就对了。既然数额巨大的未遂是基本犯罪未遂，那么数额特别巨大为什么说是加重犯的未遂呢？还是回到这个案件，我认为它是受贿的既遂犯，对于如何量刑，整体应该在 3 年以下量刑，18 万元判 3 年，350 万元的未遂我认为属于基本犯的未遂，而不是10 年以上的未遂，好在受贿罪没有像盗窃罪那样出台司法解释。

法院认为受贿既遂、未遂所对应量刑的幅度相对。但是我们说形式上它是参考案例，并不是指导性案例，并没有约束力，法院没有必要按照参考案例判案子，但是指导案例法院必须是要遵守的。同样的，如果经常看参考案例你会发现，同样的事情要找出截然相反的两种判决这种情况是很常见的，同样一个法律问题有两个截然不同的判决结果这种情况也是非常普遍的。

四、善于归纳

法律人真正的能力在于，第一个归纳案件事实，第二提炼里面的法律观点。我们有时会看到一些司法解释表述比较啰嗦，而且存在互相交叉重合的情形。

以近期比较火的一个规定，浙江公检法出台的办理醉驾若干问题的会议纪要为例。其规定，按照《道路交通安全法》的规定，公路包括广场、公共停车场等用于公共通行的场所，不包括什么什么。第二段又说对于醉酒在广场、公共停车场挪动停车位的不属于在道路上醉酒驾车。读着就很别扭，到底是属于还是不属于？事实上其所欲表达的内涵我们明白，但到底是侧重解释什么叫道路？还是侧重解释什么叫在道路上醉酒驾车？我们一定要搞清楚危险驾驶罪侵害的法益是什么，它是抽象的危险犯，所谓抽象的危险犯是和具体的危险犯对应的，具体的危险犯需要司法人员、法官根据案件事实具体的情节作出判断，但是抽象的危险犯不需要，就社会公众的一般观念来说，醉酒去开车就是具有抽象危险的。危险驾驶罪就是这么一个罪，是一个抽象的危险犯。危险在于你危害到了公共交通安全。完全可以把这个问题上升到一个法律解释的高度去。

对于醉酒在广场挪动车位或者是由他人驾驶至居民小区后驾驶的情况则不属于醉酒驾驶，完全可以认为其没有危害到公共安全，没有抽象的法律危险，可以从这个角度解释。

还有一条也广受诟病。前面列举了八种情形，无上述八种犯罪情节可以不起诉或者免予处罚，这没问题。后来说酒精含量在100毫克/100毫升以下，且无上述八种情节危害不大的可以认为是情节显著轻微，不移送审查机关。这里用了一个情节显著轻微。《刑法》规定什么是犯罪，后面说但情节显著轻微危害不大的不认为是犯罪，这里有一个问题："情节显著轻微"到底是一个入罪门槛还是一个出罪理由？我们国家的犯罪论体系是四要件，主客观要件是所有主客观要件的集合，一个行为一旦符合了犯罪构成，我们就认为它是所有主客观要件都够了。从这个意义上讲，只要符合刑法对一个犯罪的描述，主观有故意，客观上有行为，就构成犯罪了。若再把它解释出来就意味着打破了犯罪论体系，一个行为既构成犯罪又不构成犯罪。我们描述符合犯罪构成是指具备了《刑法》规定的所有总客观要件的综合。

这个意义的情节显著轻微是一个入罪门槛，只有不是情节显著轻微的才构成犯罪，一个行为如果已经符合了犯罪构成我们就不能说它情节显著轻微，是这个道理吧？我们来看，我们知道危险驾驶罪的入罪标准是酒精含量80毫克/100毫升，合理性暂时不提。如果一个人醉驾，喝酒以后开车去公共交通道路上，然后他又被测出酒精量达100毫克/100毫升，符不符合犯罪构成？是符合的。因为主客观要件都齐备。那怎么把它解释出来说不符合？到底数量标准、主观标准、客观标准哪儿不符合？

张强教授也发表过一篇文章质疑这种观点，基本观点跟我一样，明明符合所有主客观要件的犯罪行为怎么突然说就不够了？假如我的酒量喝150毫克上路一点问题都没有，我认为120毫克也不够。所以说这个规定的合法性可能存在问题。但是，是不是所有的醉驾一律都没有回旋的余地？我认为也不是。许多时候就是我们不善于把这个东西类型化。这个表述很有问题。情节显著轻微本来就不构成犯罪，犯罪情节轻微不构成犯罪却可以免予刑罚，逻辑非常混乱。不予定罪是不构成犯罪，免予惩罚的前提应当是已经构成犯罪。那这个标准又有什么意义？毫无存在的必要。在浙江省这一纪要出台之前普遍解读的是这几种类型，挪动车位型、救治病人型、睡觉休息型、隔时睡觉型、尚未驶出型、被醉驾追尾型。被醉驾追尾型还不够啊？我们现在需要法律人对法律问题的归纳停留在事实描述的这么一个水平上，实际上许多问题可以类型化提炼出来以后再作为一个法律的上位概念拿出来。这里我们说挪动车位型为什么不够？因为它没有对这个公共安全产生危害。救治病人型为什么可以出罪？尤其是在深夜打不到出租车的时候，为什么？缺乏期待可能性，这个时候衡量法益会发现有一个更优越的法益需要保护，危重病人的生命和健康安全是一个更优越法益的。在这个时候行为人即使是醉驾，法律上也有一个出罪的理由，法律不强人所难，完全可以按照缺乏期待可能性来解决问题。

隔时醉驾型，指的是隔夜、第二天，这种情况要区别对待。如果真要出罪的话有什么理由吗？特殊情况，危害驾驶罪是故意犯罪还是过失犯罪？故意犯罪。第二天醉驾，第二天开车有没有故意，说不好。如果自己酒气熏天打开车窗能把交警呛到，这个就不能说没有故意。但是有些人恢复得不错，也没有什么。这个时候你要证明他故意可能有点难。上海市之前对于隔夜醉驾的情况把控得比较严格，要交警提供主观上有故意的证据，但是这个证据怎么拿到？所以很多隔时醉驾没有被处理。睡觉休息型，休息没开车，谁知道怎么总结的。还有被醉驾追尾型。我坐在那儿休息，没开车有区别吗？尚未驶出型可能是被交警蹲守饭店门口了，怎么辩护？未遂行不？车都发动了，交警来了就上路了或者本身就停在路边，发动上路是顺理成章的事情。这种情况真要做一个出罪辩护的话完全可以有一个类型化的说法，不应该停留在具体事实层面总结来总结去。

下面介绍一个案例。杀手跟被刺杀目标联系，让被刺杀目标配合杀手拍个照片，然后他拿着照片要 10 万块钱。这个案子很有意思，检察院两次抗诉，一审以证据链存在断裂，事实不清、证据不足判 6 名被告人无罪。2018 年 6 月 5 日又以证据不足指控犯罪不能成立为由判 6 名被告人无罪，前两次判决无罪都是因为证据的问题，但是我觉得这个案子就应该无罪，不需要以证据作为判定无罪的理由。

这里有一个很重要的理论。共犯从属说还是共犯独立说？现在的通说认为是共犯从属，教唆犯和帮助犯受到刑罚的前提是正犯受罚，处罚教唆犯和帮助犯的依据必须是正犯实施了符合犯罪构成的那个被教唆的行为。如果正犯没去干这个事，他能成立犯罪未遂吗？他有没有着手？至少有以正犯开始着手实施开始？正犯有没有着手实施杀人行为？没有。但是现在说证据不足，先开始判。两次判决无罪都不是以共犯成立，以正犯实施了符合犯罪构成为条件，都不是以这个作为判决理由的，它是以证据作为判决理由的。

共犯从属说和共犯独立说是刑法学派已经争论很久的理论。共犯从属说就是现在提倡的客观主义结果无价值，我惩罚一个犯罪是因为要惩罚这个行为，这个行为是侵害法律所保护的法益的行为，对法律所保护的法益造成了损害或者有现实紧迫的危险，这是惩罚犯罪论的逻辑根据。主观主义和行为主义价值认为"我惩罚你"是因为"你这个人坏，你的思想是坏思想"。在我国，今天我们更要坚定不移地支持共犯从属说。如果现在再把共犯独立说拿出来，主观归罪诛心之论非常可怕。但是有的同事说不惩罚一号雇凶好像也不合适，他提供被害人的姓名、单位、住址和电话号码。若一定要惩罚他有另外一种路径，我们不以共犯的角度惩罚，可以预备犯的角度对其进行惩罚。从正犯的角度，把他单独作为一个正犯来评价他是一个预备犯。但是你要是把他作为一个共犯来评价，那他一定是从属于正犯。我指示一个国家工作人员去实施贪污贿赂犯罪，教唆指示，如果这个国家工作人员真的实施了贪污公款的行为，没问题，我们俩成立共犯，他是正犯，我是教唆犯。但是如果这个国家工作人员没有实施这个贪污行为，你怎么惩罚我？说这个人真坏，怎么能教唆他人犯罪？虽然他人没有贪污，说他贪污未遂行不行？我认为这是不可以的，我们一定要坚持共犯从属说，只要被教唆的国家工作人员没有实施贪污，对法益就没有危险，至少没有紧迫现实的危险。这里有个问题，就是怎么理解《刑法》第29条"教唆他人犯罪的，应当按照他在共同犯罪中所起的作用处罚。教唆不满十八周岁的人犯罪的，应当从重处罚。如果被教唆的人没有犯被教唆的罪，对于教唆犯，可以从轻或者减轻处罚"？许多人以该条第2款为根据，认为我们国家对于共犯是独立惩罚的。我不赞同这种观点。

就像我刚才讲的这是一种典型的主观主义刑法，不符合现在客观主义结果无价值的观点。张明楷老师对这个问题有一个很好的解释，认为应该解释为被教唆的人没有犯被教唆罪既遂的或者说没有着手犯被教唆的罪。没有犯教唆罪既遂的，在这种情况下对于教唆犯可以从轻或者减轻处罚。他的意思是对教唆犯从轻和减轻处罚以被教唆人实施了以后，但是未遂作为条件。如果被教唆的人既遂了，对于教唆犯应该按照既遂犯来处罚。如果把这个问题解释为被教唆人根本就没有犯罪故意，没有想去实施犯罪。就像我刚才举的一个例子，我教唆一个国家公务员贪污，他没有贪污，转头把我举报了，把我定一个贪污未遂。而且共犯还有另一个法条，如果共犯是在一个团伙犯罪中，这个团伙犯罪属于预备阶段或者是中止，你怎么算？难道那个不算预备，不算终止吗？所以对这个东西还要做一个符合客观主义的解释。这里解释被教唆的人没有犯被教唆罪既遂的或者没有犯被教唆罪既遂之罪的，这样解释整个体系是顺的。我不知道辩护人到底是怎么辩护的，一个劲纠结在雇没雇凶，到底想杀死他还是想教训一顿，到底是绑架还是杀人，但如果从共犯从属和共犯独立的角度来辩护还是很有辩护价值的一个案子。

嘉宾1：一个案子按寻衅滋事起诉的，四个被告分成四个案子起诉。前两个被告都是按寻衅滋事起诉，并且判决也是寻衅滋事。但是后来第三个案子也是按寻衅滋事起诉的，发现实际上仅仅是破坏，我认为它不符合寻衅滋事这个条件。在这个时候第三个案子分到同一个法官手上。我觉得他已经判了前两个，如果再判第三个时候他的思路可能不会改变。这种情况下法官是不是与本案有利害关系，能不能回避？

张志强：不能吧。本来没有利害关系。无非是你对这个法官的专业水平不信任而已。

嘉宾1：有一个其他有可能影响的也不算吗？

张志强：不算。

嘉宾2：我问一个程序方面的问题，《刑事诉讼法》规定如果在看守所律师会见要求在48小时内要进入，但是没有48小时这样一个规定。那么在现实生活当中就容易发生这种情况：向办案机关提出会见犯罪嫌疑人他也不说不让你见，就让你等着，等一天，两天，一个礼拜，一个月都有。因为他明确说这个《刑事诉讼法》没有48小时的限制，我想问一下这个时间应该怎么样解释和理解？

张志强：这个罪名是属于法律规定批准的吗？

嘉宾2：不需要，这是普通的犯罪，一般的故意伤害罪。

张志强：两高分别对刑事法出台的规则，最高人民法院叫意见还是解释，会不会涉及这个问题不太清楚，我希望最高人民法院的实施细则把这个规定进去。

嘉宾2：如果想给最高人民检察院写一封信应该写给哪个部门？

张志强：研究室。

嘉宾2：我两次都见上了，发了微博以后就见上了。还有一个问题，要求服务？代表条件，符合代表条件是谁判断？

张志强：目前的操作是办案机关自己判断。

嘉宾2：《刑事诉讼法》有什么意义？以后逮捕是检察院来。

张志强：它是不同意义上的概念。比如说我们《刑事诉讼法》规定，任何人未经人民法院判决不得确定有罪，但是我们《刑法》还有很多规定，明知是有罪的人而故意包庇，这个是不同角度，不同意义上的概念。

嘉宾2：这个时候检察院主要是监督是吧？

张志强：对。

嘉宾2：如果发现不符合条件怎么办？因为这个阶段看不到案

卷，通过会见认为办案机关手里面确实没有相应的证据。因为办案机关就让他们，好好考虑一下最近 30 年犯了什么事，他没有任何的线索，很显然是先抓人然后再问事的。

张志强：你说的是扫黑除恶的案件。坚持到期就报捕，不符合逮捕条件的就不批捕了。

嘉宾 2：到期 6 个月太难受了，在屋里坐 12 个小时。

张志强：为中国的法治共同努力吧。

嘉宾 2：谢谢。

第二讲

认罪认罚从宽制度与律师作用

主讲人：樊崇义

我们今天讲座的主题是认罪认罚与值班律师的参与问题。

2018年《刑事诉讼法》修改内容非常广泛，对检察制度进行了改革，把审判、认罪认罚从宽程序、值班律师参与等这些基本制度都写进了法典，成为我们国家制度的一部分。这次修正案的公布还有一个特点，10月26号公布，第二天就立即生效。

自从2018年《刑事诉讼法》公布以后，我也走了十几个省（区、市），依据我所了解的情况，各地包括北京市，法律执行得并不是太好。也就是说法律虽然规定了，但是下面的各单位还没有把它落到实处。北京市公检法系统虽然都已经将这些制度作了讲解，但下面部门具体的参与和做法存在一定的差距。

差距到底在什么地方呢？就在于这个法律上的变化。这些新制度虽然已经在我国法典中确立下来，但人们在对这些制度的认识上还有很大的差距。所以最近各地都在计划将这些制度的实施积极推动下去，特别是北京市。当然这里面既涉及认识问题，也涉及制度设计问题，还涉及不同的理解问题，但更重要的还有对新生事物的接受问题，包括律师在内。

我想结合法典产生、2018年《刑事诉讼法》修正的主要内容，就认罪认罚从宽制度和值班律师参与的问题，根据我所参与的实践和理解做一个综合的讲解。主要围绕以下几个问题来讲解：一是2018年《刑事诉讼法》修正的背景和主要内容；二是认罪认罚从宽制度的理解和使用；三是律师如何参与。

国家法律援助中心最近刚把各个试点的律师参与情况，在北京作了一次汇报，并提出一些问题，接下来我会把这些问题综合在一起给大家讲，其实主要就是解决律师如何参与认罪认罚从宽制度的问题，但是这个问题要解决好必须得对法律有一个基本理解。

一、2018年《刑事诉讼法》修正的背景和主要内容

（一）2018年《刑事诉讼法》修正的背景

我归纳三个背景，政治、经济、文化、社会在此不做过多介绍。

第一个背景，国家检察体制改革，为了加大反腐力度，整合反腐的职权。我们国家原来反腐败的权力与职权是分散的，这次把它们整合在一起，目的就是加大反腐的力度。

第二个背景，十八届四中全会确定的以审判为中心的诉讼制度改革，我们国家制定了认罪认罚和速裁程序两个制度。中央以审判为中心的诉讼制度改革，是分三步走的。第一步，解决庭审实质化问题，改变质证形式化、虚化；第二步，调整公检法之间的关系；第三步，修正完善《刑事诉讼法》。

2018年这次修正是为适应检察体制改革而临时修正的，将来以审判为中心的诉讼制度改革还需要大规模的修改。我们通过查询世界各国文献材料了解到，司法实践中并不是所有人都需要出庭，庭审实质化亦不是每一个案子都需要。当时中央派考察团奔赴美国、德国、法国进行了实地考察。考察团回来以后，将德国和法国协商程序进行综合并结合我国实际情况，在当时就决定了需要把坦白从宽、抗拒从严落到实处。如何解决政策的基本性？如何解决案多人少的矛盾？为提高办案效率，我国吸收了辩诉交易原则，即德国协商程序基本做法，在我国法律中规定为"认罪认罚从宽程序"，同时还总结了18个试点关于速裁程序的经验、对微罪轻罪的处理、程序的简化。

认罪认罚从宽制度是在这样一个背景下产生的，目的是解决案多人少的诉讼效率问题。这样一个制度就是从世界各国的立法经验

来说，不是每个案子都要走庭审实质化的道路，这种区别对待的做法让我们吸收了这些基本的诉讼规律，即诉讼要分流，要区别对待，不同的罪有不同的实质程序。我总结一句话，就是认罪认罚从宽程序也好，速裁程序也好，这些都是以审判为中心庭审实质化的配套措施，目的是更好地实现庭审实质化，把主要的认罪目的放在大案要案上，把庭审实质化搞好。这是第二个背景。

第三个背景，我们总结了三类试点的经验，把经验成果上升到法律。其中一类是北京、陕西、浙江关于检察制度改革的试点；另一类是18个速裁程序的试点；还有一类是18个省市关于认罪认罚从宽程序的试点。可见，我们国家制定的认罪认罚从宽制度甚至是刑事诉讼法修正案都是在这样三大背景下及三个试点的经验基础上产生的，是成熟的立法思想和做法。

（二）2018年《刑事诉讼法》修正的主要内容

（1）调整检察职能，加大反腐力度，刑事诉讼法与监察法相互衔接。调整检察职能就是把2018年修正之前的《刑事诉讼法》第18条规定的检察机关贪污贿赂案件和渎职案件转移为国家监察系统管辖，包括将检察院自案自侦、自捕自诉的反贪反渎案件转移给国家监察委员会管辖。这一管辖变更涉及《刑法》共六大类犯罪，88个罪名。由检察院转移给国家监察委员会来调查，这之后就涉及监察法和刑事法律的衔接问题，全国人民代表大会常务委员会《关于修改〈中华人民共和国刑事诉讼法〉的决定》（2018年）（以下简称"《刑事诉讼法》（2018年修正案）"）对衔接问题作了较为明确的规定，我把它总结为六大衔接，即六个程序上的衔接。

（2）六个衔接。

第一，基本原则的衔接，就是监察法和刑事诉讼法明确规定监察委员会承办的案件要和人民法院、人民检察院互相配合、互相制约，坚持配合和制约相结合的原则。监察委员会调查终结的案件需要移送到人民检察院审查起诉，制约的同时还要配合。但配合和制约结合是比较困难的，因为纪律检查委员会办理的案子移送到检察院之后，检察院可能并未经严格审查就起诉至法院，而法院在审理过程中依然存在诸多困难。

该衔接是在指导理念上，检察院和监察委员会之间是一个配合和制约的关系，既要配合又要制约，还不要互相扯皮。这些精神恐怕律师都要了解，律师应该如何对待这些案件？既要坚持一个配合制约的原则，也要坚持实事求是的原则。

第二，管辖的衔接。《刑事诉讼法》（2018 年修正案）把六类共88 种案件的管辖权转移以后，明确了检察院的管辖职权和监察委员会的职权。

第三，审查起诉的衔接，《刑事诉讼法》（2018 年修正案）明确规定监察委员会调查终结的案件要移送到人民检察院审查起诉，人民检察院经过审查以后，如认为案件达不到起诉的标准，不符合起诉条件，还可以退回补充调查。但为了防止案件退回后监察委员会不再侦查，《刑事诉讼法》和《监察法》明确规定人民检察院有自行侦查的权力，这也就是审查起诉的衔接。

第四，强制措施的衔接。监察委员会将案件转移到检察院，把强制措施更名为先行拘留。在全国人大审议的时候委员们对此提出诸多意见，比如调查终结之后，相应的证据也应收集完善，并且为了保证诉讼的顺利进行，还应将可能存在的危险性降到最低，但案件与案件是存在差异性的，在规定相关措施时也应当具有灵活性，"一刀切"的规定是不可行的。但最终《刑事诉讼法》（2018 年修正案）没有吸收委员们的意见。这样做还是为了保险，但这个"一刀切"的问题应该注意，律师将来参与申请变更强制措施会因此出现很多困难和问题。当然，案件移送给检察院以后，律师肯定就有权利申请变更强制措施，但先行拘留之后是否逮捕则由检察院决定，但这个时候律师已经全面参与了，对于这个话题下面我还要专题来讲。这就是强制措施的衔接。

第五，证据衔接。《监察法》和《刑事诉讼法》（2018 年修正案）明确规定监察委员会移送的案件要与刑事审判的标准和要求相一致，即案件事实清楚，证据确实充分，按照《刑事诉讼法》第55条的标准进行，送与不送，判与不判，坚持证据裁判原则，总之一切按照刑事诉讼法规定的证据标准统一实施。监察委员会标准也是如此，对一个案件的要求，什么叫事实不清、证据不足，什么叫排除合理怀疑，这都要按照刑事诉讼法规定的统一标准来进行，没有任何特殊或例外的情形。所以案件退回补充调查，检察院自行侦查，自行侦查若还达不到标准，那么接下来该怎么处理就怎么处理。关于不起诉的决定，长期以来我们在这个问题上无论作无罪判决还是无罪决定，都是卡得非常紧的，也就是需要报上级机关批准，很多律师都遇到这种情况，本来符合不起诉条件的，但因为既需要上报上级机关批准，又要影响考评业绩，最终导致不起诉决定的作出非常困难。

第六，涉案财产的衔接。在涉案财产如何处理的问题上，统一按照《刑事诉讼法》和"两办"（中共中央办公厅和国务院办公厅）颁发的标准来处理，即应该上交国库就上交国库，应该查封、冻结、扣押就要按照《刑事诉讼法》标准进行，同时，在搜查、扣押、冻结程序上又增加一个全程录音录像的要求。这条规定是个很好的规定。但最近录音录像出现的问题很多，甚至存在所谓的内部规定，只有认罪才会录音录像，但这样的录音录像又有多少价值呢？在执行过程中纪检的案件就存在这种情况，一般刑事案件也存在很多这种情况，我从 2003 年研究录音录像，一直研究到录音录像被纳入法典。在张家界曾经召开过一次关于录音录像使用情况的会议，一位检察官说这条法律规定在落实时存在很多困难，上有政策下有对策，针对录音录像同样会有很多应对策略。这需要我们大家下功夫往前推进落实这个制度，而不是要上有政策下有对策。律师同志们在行使辩护权的时候要有针对性，一旦发现一些问题就要抓住不放，这样才能督促大家把这个事情落实好。

（3）缺席裁判制度。《刑事诉讼法》在我国确立了缺席裁判制度。律师对这个制度的掌握包括以下几点：

第一，慎重使用，立法也是比较慎重的，为什么呢？因为法庭审判的每一个人，审判时却不在场，法庭有权缺席判决，这是世界各国的基本权利，目前有 22 个国家规定了缺席判决制度，但世界各国适用这个措施的限制都是非常严格的。所以我国立法出台规定缺席判决制度也是比较慎重的，对缺席裁判制度审理案件的范围进行了严格限制，我们这次立法规定确立的主要是加大反腐的力度，加大对贪官的惩罚，即只适用于贪污贿赂案件和经过最高人民检察院批准的危害国家安全和恐怖案件，并且有附加的程序。

第二，对缺席判决的适用条件进行了严格的限制。第一个条件，必须是贪污贿赂外逃、潜逃在境外的，并且有证据证明他必须是逃亡哪一个国家。即法律明确规定是域外，要有证据证明。第二个条件，对于恐怖犯罪、危害国家安全的犯罪必须要报请最高人民检察院批准。第三个条件，这类案件证明标准同样是案件事实清楚，证据确实充分。这就是在使用范围和条件上进行了严格的控制，当然《刑事诉讼法》（2018 年修正案）对程序也进行了严格控制，包括起诉书副本的送达，生效裁判的制定，审理过程中外逃人员回国，外逃人员回国以后，原来的审理立即中止，并重新开始审理。通过设计一整套程序，在程序上严格控制缺席裁判制度的适用。同时，在权利的保障上，《刑事诉讼法》（2018 年修正案）赋予当事人的家属及近亲属聘请律师的权利，即使判决以后，还有上诉的权利。《刑事诉讼法》（2018 年修正案）设专章将这些程序和内容规定得非常严密。

（4）速裁程序和认罪认罚制度被纳入法典。这两个程序写进法典的直接目的是解决当前案多人少、提高诉讼效率的问题。但是这两个制度写进了法典以后，无论从我国民主与法治的进程角度还是从世界范围内刑事诉讼法诉讼制度发展角度，我们对这个问题都要有新的认识，即在理性认识上要解决三个问题。

第一，这个制度和程序的设置不仅是为了解决案多人少的问题，也是我国治国理政现代化的管理水平、治理能力在司法上的重要体现，比如如何贯彻区别对待坦白从宽、抗拒从严与诉讼分流。用一个最时髦的话讲，政治站位要高，不光是处理案件问题，还是一个国家管理现代化、治理现代化能力在司法上的重要体现。为什么呢？就根据现在已经解决的问题，针对我们 18 个试点的中期总结，周强院长向人大作了报告，就 18 个试点进行的情况来看，认罪认罚制度、速裁程序这一部分涉及的案件已经占到刑事案件的 76%，现在许多城市都超过了 80%，其中认罪认罚的案件占了 80% 多。大家试想我们这个社会如果有 80% 左右的案件当事人都认罪认罚了，且都服判了，那么社会矛盾就此化解了，我们的社会将更加和谐稳定。我说的意义就在这个地方。所以，律师同志参与这部分案件审理不仅是一个案件的问题，更是直接关系整个社会的稳定。对这个问题，我们律师参与时的政治站位一定要高，明白这是对社会、对国家、对民主与法治进程重大的贡献，能尽力解决一个案件就是一个案件，特别是在基层，刑期在 3 年以下、5 年以下的案件在一个基层法院、基层检察院、基层公安机关大概要占到 60%，如果你把 60%、70%、80% 的案件都调解成功，那社会治安不就好了吗？上访率也会随之减少了。

第二，以审判为中心的诉讼制度改革来讲，我们将 80% 多的案件通过认罪认罚程序进行解决，那么只有 15% 至 20% 的案件进行庭审实质化程序，不仅节约了司法资源，还把以审判为中心的诉讼制度改革配套措施也落到了实处，从而使以审判为中心的诉讼制度改革也得以顺利地进展。可见，这两个程序的出现是司法改革的成果，是保证以审判为中心的诉讼制度改革进行到底的重大举措。我们一定要从这个高度来充分地认识认罪认罚的程序对我们真正做好律师辩护工作是非常重要的。

第三，认罪认罚从宽程序也就是协商程序被写入法典，就诉讼的转型来讲，特别是我国刑事诉讼转型来讲，这是一个伟大的开始和启动，我为什么这么讲呢？因为在人类史上，封建专制时期叫压制性诉讼，产业革命以后叫权利诉讼。党的十一届三中全会以来，《刑事诉讼法》的产生和三次重大修改的内容都是集中在权利的问题上。广争权利，以辩护权为核心，为诉讼参与人争权利，我们把这个诉讼叫作权益性诉讼。认罪认罚从宽程序被写进法典以后我们将要启动从权利型诉讼转向协商性诉讼的变革，控辩双方都是主体，协商定罪量刑问题。所以，将这个程序执行好就是代表着我们国家有80%左右的案件将进入协商程序，从而使我国诉讼制度转型、诉讼类型转型。美国95%的案件走辩诉，德国、法国80%至90%的案件都走协商程序。这是一个诉讼规律，但是我国现在广大的公检法干警和律师似乎还不清楚下一步怎么走。

所以对这个问题我想做一个特别的讲解，大家来体会，就是在人类发展史上从压制型诉讼、权利型诉讼到协商型诉讼这三大诉讼是历史的规律，谁也阻挡不了，这一转型，我们刑辩工作，辩护方法、辩护要点都进行了转移，70%至80%的案件都进行了转移。有学者2015年曾到美国考察了五个州，州州都反映在新的时代衡量一个检察官、衡量一个辩护律师他的水平如何、能力如何，不是看他的竞技如何，在法庭中的能力比赛竞技如何，而是看他谈判的能力、交谈的能力、沟通的能力，用我们的话讲就是看你做政治思想工作的能力，你怎么能发动双方坐到一起把矛盾都化解了，就是协商的能力、你的协商水平。这个问题希望各位律师认真思考，并结合案件情况加以灵活运用。

所以，这些制度进入法典不是一般意义上的变化，而是一个历史性的变化。作为律师要充分领会这一点，要求政治站位高，司法改革意识浓，对历史转型的认识快，要赶得上历史的步伐，并据此来制定辩护思路，提高辩护能力。

二、对认罪认罚从宽制度的理解和使用

（一）认罪认罚和速裁程序等方面的基本情况

（1）《刑事诉讼法》第15条明确规定了认罪认罚从宽程序，这表明认罪认罚从宽已经成为我国一项最基本的诉讼程序和制度。

（2）关于社会危险性。这一点在《刑事诉讼法》第81条作了明确规定。在审查批捕的情况下，被告人如果认罪认罚，要把这作为重要因素条件来考虑。过去我们不考虑认罪认罚，现在把认罪认罚作为一个法定的因素来考虑。这是批捕当中的基本程序。

（3）关于侦查程序中的告知程序。《刑事诉讼法》第120条明确规定，侦查人员在讯问犯罪嫌疑人的时候，必须明确告知其认罪

以后的法律后果，如果认罪认罚可以得到从宽处罚。这也是我们总结的叫作明确知道认罪以后后果如何，这也是侦查当中的基本程序。

（4）审查起诉阶段的律师参与。在检察院审查起诉阶段，对于认罪认罚案件，明确规定要有律师参与。如果犯罪嫌疑人认罪认罚，则人民检察院应当告知其享有的诉讼权利以及认罪认罚的相关规定，听取犯罪嫌疑人、辩护人或者是值班律师、被害人、诉讼代理人的意见，并记录在案。这是审查起诉阶段的一个基本程序。换言之，审查起诉阶段一定要有律师参与，即便没有辩护律师参与，至少也要有值班律师参与。

（5）关于认罪认罚具结书的签署。这个规定在《刑事诉讼法》第174条。即犯罪嫌疑人自愿认罪同意量刑建议使用程序的应当在辩护人或者值班律师在场的情况下，签署认罪认罚具结书。这同样是一个需要律师参与的最基本的程序。

（6）量刑建议的制作程序。关于量刑建议的制作，明确规定检方同辩方相互协商，达成比较一致的意见，并制作检察建议移送到人民法院。

（7）认罪认罚从宽案件审判程序，这个规定在《刑事诉讼法》第190条，《刑事诉讼法》（2018年修正案）第20条和第21条也作了明确规定。包括告知程序，以及对量刑建议原则上应当采纳或者是不采纳，什么情况下不采纳等作了明确规定。

以上几个基本程序也是刑事诉讼活动的几个重大基本环节，构成了《刑事诉讼法》（2018年修正案）和《刑事诉讼法》一些新的内容和新的变化。还有就是值班律师制度进法典。值班律师作为一个新的制度进入刑事诉讼法典，待会儿我会结合下一个专题进行具体讲述。以上是对2018年《刑事诉讼法》修正的背景和主要内容的介绍。

（二）对认罪认罚程序的理解和适用，特别是对律师参与程序的理解和适用

刚才已经讲了三个认识问题，即政治站位要高，司法改革认识要深以及诉讼转型要快。

（1）在诉讼的理念和认识上，必须把认罪认罚作为我国刑事诉讼的一项基本制度。即《刑事诉讼法》第 15 条的规定，已然成为我国刑事诉讼的一项基本程序和基本制度。换言之，改革的宗旨就是要把坦白从宽、抗拒从严变成一种制度。此前老百姓戏称"坦白从宽，牢底坐穿；抗拒从严，回家过年"，很大程度上就是因为我们没有把这个政策真正落实为一个法律制度。

这次《刑事诉讼法》终于通过第 15 条把坦白从宽、抗拒从严作为一项基本的诉讼制度和诉讼程序明确地规定在了法律之中。不过，最近出现的一些案件，犯罪嫌疑人或被告人已经坦白了，也认罪了，但是办案机关还是不走坦白从宽、抗拒从严、认罪认罚从宽制度的程序。办案机关仍然还是主观认定，不找律师，不协商谈判，没有严格按照认罪认罚规定的新程序办案。所以，对于公检法机关，要把过去刑事政策的主观认定的做法切实地转向法定的认罪认罚程序审理还有大量的工作要做。要转向程序审理，就要坚持权利要告知，律师要参与、交谈、协商，要制作从宽的量刑建议。到审判阶段要告知相应的权利。有了律师参与，然后经过双方同意，哪些经过了协商，哪些经过了双方的同意，为什么同意等，都要双方在场通过协商程序予以解决。唯有如此，才真正是把认罪认罚从宽作为一个基本法律制度，把坦白从宽、抗拒从严变成一个基本的诉讼程序。从观念上讲，律师和检察官应当是彼此平等的主体，要平等参与，改变过去那种单方认定的惯性做法。真正将认罪认罚作为一项基本的诉讼制度和诉讼程序落实在观念和行动中。

（2）在批准逮捕的程序当中捕与不捕，律师为当事人的辩护要考虑是否可能发生社会危险性的因素，要把当事人认罪认罚从宽作为不批准逮捕的一个重要因素来考量以进行辩护。这是律师在批捕程序当中必须要做的。

（3）在侦查程序当中明确规定要有一个告知程序，要记录在案，还要随案移送，并且还要在起诉意见书中加以说明。从第一次见面侦查机关是不是告知其应当知道认罪以后的法律后果，无论对犯罪嫌疑人也好，对被告人也好，这也应该把它规定为一个基本程序。

作为律师同样也要把握好这个程序。下面我们讲案件审理过程中涉及的明知性方面的辩护就是从这个问题出发的，在辩护工作过程中律师必须要把握好这一点。

在审查起诉阶段，关于辩护律师的参与，以及值班律师的参与方面，应当注意以下几点：其一，犯罪嫌疑人认罪认罚的，检察院应当告知其享有的诉讼权利和认罪认罚的法律规定，要听取犯罪嫌疑人、辩护人或值班律师、被害人的意见。其二，从轻、减轻或者免除处罚、从宽处罚的建议。其三，认罪认罚以后案件审理适用的程序。其四，其他需要听取说明的事项。人民检察院依照前两项规定认真听取值班律师的意见，应当提前为值班律师了解有关情况提供必要的便利。至于什么叫提供必要的便利条件，什么叫听取值班律师的意见，听什么意见，在起诉阶段是律师必须了解的基本程序。

此外，犯罪嫌疑人如果是自愿认罪，同意量刑建议和程序使用的规定要签署具结书，《刑事诉讼法》（2018 年修正案）第 15 条明确规定犯罪嫌疑人自愿认罪的，同意量刑建议和程序适用的，应当在辩护人或者值班律师在场的情况下签署认罪认罚具结书。当然，对于不签订具结书的案件和情况，法律也都作了明确规定。对于律师，这些都需要熟悉和掌握。

关于量刑建议，《刑事诉讼法》（2018 年修正案）第 16 条规定犯罪嫌疑人认罪认罚的，人民检察院应当就主刑、附加刑、是否适用缓刑提出量刑建议，并随案移送认罪认罚具结书材料。第 17 条是关于撤销案件的程序。第 18 条对犯罪嫌疑人自愿如实供述涉嫌犯罪的事实，有重大立功或者案件涉及国家重大利益的情形作了特别规定，即经最高人民检察院核准，公安机关可以撤销案件。

关于认罪认罚从宽制度，最后一个法定程序就是人民法院对认罪认罚从宽案件的审判程序。《刑事诉讼法》（2018 年修正案）第 20 条和第 21 条作了明确规定。一个是告知和审查的重点，被告人认罪认罚的，审判长应当告知被告人享有的诉讼权利和认罪认罚的法律规定。审查的重点是认罪认罚的自愿性还有具结书的真实性、合法性。法院的认定还包括证据运用。

法院关于量刑建议的采纳，《刑事诉讼法》（2018 年修正案）第21 条也作了具体的规定。这个量刑建议采纳规定叫一般应当采纳，还规定有五种情形不予采纳，这些都是律师将来进行辩护的重要法律根据。

在量刑建议采纳的情况下，对于认罪认罚从宽量刑建议究竟应该从宽到什么程度的问题，现在最高人民法院量刑指导意见还没有具体作出规定，还是原来的指导意见。不过，最近相关的司法解释正在制定中。关于量刑建议，量刑辩护问题，试点的经验有这么几点，供大家参考。

按照青岛市的经验，如果在侦查阶段认罪了，可以从宽法定刑的 30%。侦查阶段没有认罪，到起诉阶段认罪，可以按法定刑的20% 从宽处罚。侦查阶段、起诉阶段都没有认罪，到法庭认罪、审判阶段认罪的，按法定刑的 10% 从宽处罚。这样一种做法被叫作阶梯型量刑、从宽的办法。对此，最高人民法院指导意见又增加规定：其一，取得了被害方谅解；其二，赔偿到位，从宽量刑幅度最高不得超过法定刑的 40%。总之，这是一个贯彻激励的机制，激励被告人认罪认罚的机制。

三、律师参与认罪认罚程序

（一）律师如何参与认罪认罚程序

值班律师制度作为一项崭新的律师制度已经进入法典，明确规定在 2018 年《刑事诉讼法》中。包括值班律师制度的定位、职责和权利等。可参见 2018 年《刑事诉讼法》第 36 条、第 173 条和第 174 条的规定。

犯罪嫌疑人、被告人没有委托辩护人，法律援助机构没有指派律师为其辩护的，由值班律师为犯罪嫌疑人、被告人提供法律咨询、程序建议选择、申请变更强制措施，对案件处理提出意见等法律帮助。人民法院、人民检察院、看守所应当告知犯罪嫌疑人、被告人有权约见值班律师，并为犯罪嫌疑人、被告人约见值班律师提供方便。《刑事诉讼法》第 36 条明确规定了四个方面的问题：其一，确立了律师值班制度；其二，律师值班的办公机构的设置；其三，规定了四大职权：法律咨询、程序选择建议、申请变更强制措施以及对案件处理提出法律意见；其四，明确规定了办案机关的告知义务以及为值班律师和犯罪嫌疑人或被告人提供便利条件。这些都是值班律师参与诉讼程序的重要法律根据。

（二）《刑事诉讼法》第 36 条的适用

下面结合实践中的经验，就《刑事诉讼法》第 36 条的适用，提供一些可资借鉴的做法和法律上的解释。

（1）人民检察院也应当设立值班律师制度。这个虽然法律没有规定，但是实践中部分检察院实际上也设立了，并且我们认为检察院设立值班制度并不违反法律。

（2）关于值班律师的定位。大家都知道值班律师提供法律帮助，但其性质是帮助定位、辩护人辩护定位，还是准辩护人定位？提法种种，争议很多。直到最后 2018 年 10 月 26 号修正案审议前，全国人大又开一次开会征求意见，会上还是争论不休。最后经过反复的争论，全国人大把它定位为"法律帮助的定位"。事实上，值班律师制度填补了一个空白。1996 年《刑事诉讼法》修正，审查起诉阶段律师才真正介入诉讼。这次修改增加了值班律师制度，大大地提前了律师介入诉讼的时间，也可以说刑辩律师介入诉讼的"最后一公里"的问题解决了。另外，案件刚刚启动时，中国的情况是绝大多数当事人都没有自己的律师，需要另行聘请，如果符合法律援助条件的则要法律援助，而且这都要经过一个过程。所以国家要把法律援助、值班律师建立起来，这是一项民生工程，也是一项暖心的工程。案件刚刚开始还请不到律师，还不知道请什么律师，就由国家拿钱来购买律师服务，请一些律师为当事人提供服务。律师值班制度只是一个暂时性的、临时性的，国家买单的一个法律服务，不可能一步到位，远远达不到通常所理解的辩护律师的功能定位的程度，所以不能对这个制度的功能要求和期待过高。

犯罪嫌疑人或被告人经过帮助以后，确实尝到甜头，认为很好，那就有可能发生转化，比如直接委托值班律师，就办手续把值班律师转化为委托律师。或者当事人请不起委托律师的话，还可以写一个申请，值班律师帮当事人申请，由法律援助机构指派法律援助律师。对于值班律师定位问题，英国和日本也都是这样，都是暂时性的法律帮助，还都不能一步到位。所以对于《刑事诉讼法》第36条的理解，定位要清，职责要明。

（3）什么叫约见？约见与会见的不同，这个问题大家在一起讨论了半天，我们认为就是主体不同，所谓约见来自公安机关、检察机关，要见律师，你来给他提供条件，及时地通知，约见。会见是我们会见他，律师会见他们，二者没有本质的区别。此外，一个最本质的问题是司法机关要提供辩护的条件，会见的场所。对于法律明确规定要提供的便利，我们理解应当包括三点：一个是场所的便利；另一个是时间上的方便；还有一个是不能监听、办案人员不能在场，要提供一个方便的条件，制造一个空间，来适当会见。

（4）提供便利条件，包括为会见提供场所，以及必须让值班律师了解案件情况，现有的情况你必须叫值班律师知道。

（5）值班律师机构最好设在大墙内。约见也好，会见也好，要关闭录音，要做好会见时的安全防范工作。

（6）法律咨询包括程序性咨询和实体咨询，这里的法律咨询到底是指什么？根据试点的情况，法律咨询中程序性咨询的内容，包括值班律师向犯罪嫌疑人、被告人提供法律咨询时，应当根据其在诉讼阶段，以通俗易懂的语言介绍该诉讼阶段的含义、流程，其依法享有的诉讼权利以及放弃诉讼权利和违反诉讼义务时可能产生的后果。我们最近跟法律援助研究院在搞一个咨询手册，手册里至少要包括以下九项内容：①不得被强迫证实自己有罪的权利；②有关认罪认罚从宽的法律规定；③获得法律援助的权利、条件和方式；④拘留逮捕的期限及取保候审、监视居住、羁押必要性的审查等法律规定；⑤对办案人员违法行为、取证行为提出申诉、控告的权利；⑥依法申请办案人员回避的权利；⑦有知悉鉴定意见内容并申请补充鉴定、重新鉴定的权利；⑧有关侦查讯问程序的相关规定，以及对侦查人员制作的讯问笔录有核对、补充、更正的权利以及在笔录确认无误后应当签名的义务；⑨其他相关的程序性事项。

这些就是《刑事诉讼法》第 36 条以及最高人民法院、最高人民检察院、公安部、国家安全部、司法部《关于开展法律援助值班律师工作的意见》（已失效）第 6 条规定的九项至少要包括进来的程序性内容。

关于实体性内容的咨询，值班律师在向犯罪嫌疑人、被告人提供法律咨询时，应当对定罪量刑及其相关证据问题作出认真负责的解释，包括：

第一，刑法及相关司法解释中关于犯罪嫌疑人、被告人所涉的罪名犯罪构成的规定。

第二，刑法及相关司法解释中关于犯罪嫌疑人、被告人所涉犯罪的法定刑及从重、从轻、减轻以及免予处罚定罪量刑的坦白、自首方面的规定。比如，你是什么时候坦白的，什么时候自首的，是案发前还是案发后等。假如当事人说既不是案发前，也不是案发后，而是听说人家要查他了，这个时候他把钱都交出来了，这时的"听说"就值得研究了，听谁说的，是不是纪检部门已经作出的决定传出去了？这时候你坦白自首我们应当怎么来认定？和你完全的在案发前什么消息都没有听说过，主动坦白自首那是另外一个问题。所以，坦白自首的情况也是非常复杂的，我们要根据情况来定。但是中纪委有一个界限，案发前、案发后，是单位整治前、整治后，有好几条线，我们要按照那个线来确定。

第三，《刑法》《刑事诉讼法》及相关司法解释关于犯罪嫌疑人、被告人所涉案件的证据要求及证明标准的相关规定，对证据问题也应该向当事人解释清楚。所谓法律咨询，究竟咨询什么内容？我们也研究了半天，无非是程序内容和实体内容，以上大概列了几项供大家参考。

值班律师还有一项职责就是协助申请法律援助。值班律师会见犯罪嫌疑人、被告人时，应当告知其本人及近亲属有权自行委托辩护人以及获得法律援助的具体条件和要求，特别是什么叫经济困难，经济困难标准的线怎么设定，当地的贫困线是怎样的，以及当事人符合不符合法律援助的条件等。关于法律援助的相关规则现在也在制定中。其中对于贫困线、经济困难都会作出解释。

对于符合法律援助条件的案件，值班律师应当告知当事人，并有权要求办案机关通知法律援助机构指派律师为其辩护。对不符合法律援助条件的案件，值班律师也应当告知当事人可以申请法律援助的条件和程序，如果当事人仍然表示希望申请法律援助的，值班律师应当协助填写申请表，整理有关申请材料并及时申请，把申请材料转到法律援助机构，这是值班律师的一项工作和职责。

关于协助变更强制措施，值班律师会见的时候如果了解到犯罪嫌疑人、被告人符合取保候审或者监视居住条件或者依法应当予以变更强制措施，有申请变更的权利，然后要按照各种强制措施的适用条件帮助他制作申请变更书，包括为什么变更，当事人的条件是什么等，这也都是值班律师的职责，包括把申请的问题交给有关的办案机关。

关于程序的选择问题，我们国家目前的刑法还没有关于无罪、轻罪以及重罪方面的规定。按照 18 个试点地区的实践，对于速裁程序原来的掌握是 1 年，现在掌握在 3 年以下；对于认罪认罚则把 5 年以下基本作为无罪，5 年到 10 年作为轻罪，10 年以上作为重罪来看待。但是刑事实体法还没有作出这样一个划分，现在地方是这样掌握的，包括北京市也是如此。根据可能要判处的徒刑年数、刑期决定是适用速裁程序、简易程序还是普通程序。这些都要向当事人说明，这是值班律师的一项职责。

程序选择还涉及另外一个问题，即要不要建立两条线的问题。认罪认罚作为一项制度和程序，现在我们是与速裁程序、简易程序、普通程序混合进行的。我想经过几年试验以后，我们国家要不要建立一个独立的认罪认罚从宽程序，就是《刑事诉讼法》今后要不要规定两条线，第一条线凡是认罪认罚作为一条线，不认罪的还有那些不能适用认罪认罚从宽的一些重大案件走另外的一条线，这应该也是一个历史发展的趋势，将认罪认罚从宽程序独立设置。现在我们采用混合式，把认罪认罚程序镶嵌在简易程序、普通程序当中混合使用。经过几年试验，将来我们要把这些程序成功地变成一个独立程序，这样诉讼效率、公平正义就能更好地得到保障。总之，程序选择暂时还是按照速裁程序、普通程序、简易程序来走，但将来要变成一种独立的程序。

以上就是律师参与，特别是值班律师参与认罪认罚程序的定位、会见、提供法律咨询等一系列程序问题的介绍。

（三）律师参与认罪认罚程序的基本功能和作用

第一，起把关作用。即帮助犯罪嫌疑人、被告人把关，防止无罪认罪认罚。

第二，保障认罪认罚的自愿性。有了律师的见证和参与，这样的话，当事人是哪一次交代的，是威胁交代、诱导交代、欺骗交代还是其他情况下的交代就更容易明确识别出来。要保证当事人认罪认罚的自愿性，律师参与就能起到见证作用，以保证当事人认罪认罚的自愿。对于适用了认罪认罚程序的案件，司法机关也已经把自愿性作为审查起诉和审判的重点，作为一个主要的证明对象。

但到底怎么界定自愿性，是不是自愿交代，我这里归纳了三条标准：

（1）必须具备明知性。所谓明知性，就是从侦查开始，到起诉到审判，当事人必须明确知道他交代以后的法律后果。这是律师将来辩护的一个要点，你要质疑和审查它的明知性，程序是否完备，这是一个重点。

（2）事实的基础性。所谓事实的基础性，就是指本案事实和证据是不是达到了证明标准。当然，这个问题现在公检法之间也有不同的认识，不过对于认罪认罚案件的证明标准问题在世界各国也存在不同的做法。

所以，尽管我们有证明标准但是对于认罪认罚案件，其在证明方法上是不是可以不要像普通刑事案件那样进行严格证明，而是更多地进行专项自由证明。严格证明要证明何人、何事、何时、何方、何地、何因、何果七个要素。我认为，对于认罪认罚案件只要当事人说这个事是我干的，那就证明一下其主要犯罪事实就行了，时间问题、地点问题、方法问题、原因问题可以省去。这样的话，可以大大减轻办案人员的工作量。对此，律师在辩护过程中也应进行灵活把握。

我们的认罪认罚从宽制度和发达国家的辩诉交易制度是不同的。特别是自愿性。关于如何解决事实基础性的问题，包括三个要素：一是明知性要素；二是事实基础要素；三是交代时候的自愿性，如哪一次交代的，哪一次承认的，是在什么情况下承认的，在什么地方承认的，有没有替人受过，有没有威胁、欺骗的情节，是否确实是自己主动承认的，等等。对于自愿性问题，律师在辩护的过程中就要把握这三大要素，这是我们辩护的标准，对案件事实的认定标准。我们律师参与这个工作的主要功能就是把关，尽力保障当事人不要因为各种干扰和压力，把无罪说成有罪，充分保证和见证其认罪认罚的自愿性。

（3）协助司法机关、法院把量刑搞好。从最大化有利于当事人来讲，把量刑形成从轻减轻免除，把这个环节做好。

这就是我们律师整个参与认罪认罚案件的三大功能或三大作用：一把关；二见证自愿性；三参与量刑协商。这样辩护工作就基本上完成或者说达到基本的要求了。

综上所述，最关键的是大家要努力参与到这种案件的转型过程当中，并在这个过程中不断地体验、理解和践行如何从对抗转向合作的重大变化。如果70%～80%的案件能够在辩护方法和材料上实现顺利转型，我们就可以说把认罪认罚从宽制度已经贯彻好、执行好了。

嘉宾1：你好樊老师，我想咨询一个问题。一审采用认罪认罚制度，现在当事人要求上诉。他现在纠结两件事：第一，他说一开始他说的是挡，不是打。第二，检察机关最开始跟他说的量刑幅度是判六个月、缓刑一年，但是结果却是判一年两个月，缓刑两年。现在我们面临几件尴尬的事：第一，法律援助律师始终在劝告他签字吧、签字吧，对他有好处，而法律援助律师应告诉他享有的权利和义务似乎都没有告知。第二，上诉不加刑，但是如果争议过大的时候，二审法院很可能将案子发回一审重审，打回去可能他连缓刑都没有。

这个事我产生几点疑惑：

第一，法律援助律师所承担的义务及其范围是多大？

第二，针对义务范围，法律援助律师应该承担什么样的责任？

针对这个问题，我想听听您的意见。

樊崇义：根据你刚才的情况，第一，法律援助律师也好，值班律师也好，委托律师也好，绝不能脱离辩护职能去搞控诉职能，这是坚定不移的，这是基本的职责。拿钱买你，是叫你为了当事人说话，救济当事人，不是救济国家。你总叫人家认罪，这种律师这种做法是错误的。《刑事诉讼法》《律师法》规定很清，你的基本职责是做无罪、罪轻、减轻这个方面工作，你怎么跑到那边去？这是立场问题。第二，上诉是权利。上诉发回重审就有条件了，上诉不加刑，一般情况下我们也不准借用发回重审而变相加刑，发回重审是叫你把事实搞清楚，是什么就判个什么，而不是叫你借发回重审来再加刑，这是过去人民法院关于执行刑诉法解释当中明确禁止的一条。你把握一下两个标准就行了。

嘉宾2：你好，樊老师，我有一些问题请教您。犯罪嫌疑人在侦查阶段表现得非常好，该说的问题都说了，交代的问题也比较全面。但是律师介入以后，发现根据罪刑法定、疑罪从无的定罪量刑证据标准来看，我们觉得里面有很多问题，可能要做无罪辩护。这种情况下，开庭的时候，律师根据自己的判断标准，能不能做无罪辩护？如果做无罪辩护，对当事人的认罪态度会不会有不利影响？

樊崇义：这种问题司法解释也好、立法也好，并没有作出具体的规定。现在生活当中你说的几种矛盾，包括我说的矛盾，这都有。我们采取的方法就是客观陈述，被告人你说你自己的理由，我律师我是依照法律说我自己的理由。最后的自由裁量裁决权由法官裁决。你只要是依法进行辩护，把理由说清楚，由法院进行裁决就行了，不要管别人怎么说，一切权利都在自己心中，你自己来把握。但是你最后要听法院的裁决，裁决不对你也可以依法进行上诉，或者由检察机关进行抗诉。对于被告认罪态度及其量刑影响问题，那还是得以被告人为准，人家是犯罪主体，法院当然是应该做认罪认罚处理，根据事实处理。同时，对于认罪认罚，法院也得考虑不构罪，法院不能把无罪当成有罪，把有罪当成无罪，他得依法进行裁决。至于法院怎么裁决，要根据全案的证据来权衡。

嘉宾2：还有一个尾巴，前面先做无罪辩护，后面根据情况，同样一个案子改变了自己的观点，做罪轻辩护，这个对于当事人来讲是不是允许的？

樊崇义：可以，允许案件进程过程中有变化，只要变化有据就可以了。

嘉宾3：樊老师，你好，这是一个盗窃案件，我认为事实是缺乏的，并且证据是不清的，我提出了质疑。但是，当事人认罪认罚，具结书都签了。13笔盗窃，有12笔我认为只有微信记录和转账记录，没有其他证据，这是有疑问的，这是事实不清楚。法官休庭，开庭之后我递交一个详细的辩护词，法官不收，说辩护词跟当庭的不一样。他们不让律师说话，这个怎么来把握？

樊崇义：不叫你说话这是错误的，全国政法会议上，孟书记讲了，包括打断律师的讲话这都是错误的，法庭就是说话的地方，你不叫说话那哪行？不过你有一个毛病，你干嘛要把具结书签了，你签了你应该注明13笔12笔不清楚，你怎么都签了？都签了他就认为你是捣乱。所以签具结书要特别注意，对法官形成一种误导。法庭不叫律师讲这是错误的，不仅准许律师讲话，还不准打断律师的话，这是全国性的问题，中央已经做了表态。

嘉宾4：樊老师，《律师之师》（第2辑）选的主题是律师综合素养与修炼，我接着问一个问题，律师综合素养与修炼方面，您谈一下您的观点，或者您认为刑事辩护律师应该具备什么样的修养和修炼？

樊崇义：原来你们邀请我的时候出这样一个题，我说这不是我的专业，我推荐王教授，他是专门研究律师执业伦理的，对律师修养问题他能够讲得很清楚，你叫我讲我可以随便地讲，也是根据我的体会。我年轻的时候也是律师，我是国家第一批律师，1984 年拿到的证，也做过律师。我认为在新时代我们当好一个律师，首先是做人，人要正，律师们不去搞那些歪的斜的，现在国家提供的机会更多了，到英国去，英国最好的皇家律师一把手年收入一年折合人民币就是 130 万元左右。前天我从日本回来，日本最好的律师年收入也就是 150 万元上下。有的律师把自己定位为一个百万律师，一百万一个案子，这些都没有法律根据。你要首先有为法为民服务的一种心态和一个作风，要做人。人要做好了，我说什么都来了。第一条首先做人，人在社会上打得响，叫得硬，非常之重要。第二个是专业素质，当律师你是一个法律人，不能说外行话，到现在了什么叫认罪认罚，什么叫值班律师，什么叫程序咨询，什么叫审理咨询，一问三不知，这怎么行？所以从专业性质来讲，特别是一个刑辩律师，你要备齐刑法、刑诉法和相关的司法解释，基本常用罪名你要背得滚瓜烂熟，你知道你是干什么的，具备这样一个素质。第三个要把专业学到的法学理论放到现场生活当中，要经常结合实际，办理的案子不能狗熊掰棒子，掰一个扔一个，现在比较成名的律师就是又会办案、讲课、写文章，要把这些知识结合实际、不断上升到理论，哪怕总结一个案例，一年得有三篇、五篇、六篇，起码七八篇的文章把你的专业水平、成果固定下来，明年在这个基础上会有更大的提高。第四个你要勤奋。根据我自己的经验，做好这四条，你的人生基本就规划好了。

非法证据排除理论与实务

主讲人：郭云忠

很高兴能和各位律师同仁一起学习交流，我在 2000 年的时候也通过了律师资格考试。公、检、法、律都是法律职业共同体的组成部分，我们读书的时候接受的都是同样的教育。

有个问题，需要请各位担待和理解，因为我曾经在检察系统待了 15 年，我是 2005 年到国家检察官学院的，按年头算有 15 年了，所以可能下意识地就站在检察官的立场上了。因此，讲课时如果对公安、法院、律师有不尊重的地方，请大家一定要多担待。

今天想跟大家交流五个方面的内容：

第一，从历史上尤其是从《包公案》来看一下非法证据问题。

第二，从公权力和私权利的关系变迁来探讨非法证据排除。

第三，美国的非法证据排除规则。

第四，我国的非法证据排除制度。

第五，简单说一下，现在比较重要的、比较迷茫的"两法衔接"中的非法证据排除问题。原先"两法衔接"指的是行政执法与刑事司法，现在指的是监察法和刑事诉讼法。

这五方面简单概括一下，也可以说是古今中外。通过古今中外这四个字，希望可以把非法证据排除规则把握得稍微深入一点。

一、我国古代的非法证据问题

(一) 从《包公案》看非法证据

通过研究古代的《包公案》，大家可能会得到一些新的收获。我们现在经常说非法证据，但非法证据到底是什么？或者说在古代的时候，为什么非法证据不是一个问题？我们现在说的非法证据排除和美国倡导的非法证据排除是否一样？下面我就从这几个角度来作一个讨论和分析。

《包公案》是明朝人写的，我专门查了一下《宋史》里面的包拯列传，发现《宋史》里面对他的记载主要是孝，他曾因家中老人去世而拒绝在守孝期内当官，并且为人正直、严厉，是一个忠恕之人。这本书我也买过几个版本，写得非常好。好在哪里呢，我认为：

第一，文字非常优美、非常简洁。

第二，书中所表现的侦查意识非常好。

第三，出现场，这个非常重要。我们经常强调司法亲历性，亲历性不仅仅是指阅卷、提审、会见，亲历性首先要到现场。这与新闻比较相似，离事发地越近，新闻越有价值。《包公案》里面特别重要的一点就是强调要到现场去侦查或探访。

第四，证据方面的价值非常大。目前，虽然刑事诉讼法和司法解释增加了很多证据方面的内容，但总体来说，证据内容还是非常少的。《包公案》中存在许多现在大家不太注意或在意的证据，或者法律、司法解释里面没有的证据。比如说，《包公案》里多次出现隐蔽证据，现在的《刑事诉讼法》中没有关于隐蔽证据的规定，而且司法解释中就只有最高人民法院、最高人民检察院、公安部、国家安全部《关于办理死刑案件审查判断证据若干问题的规定》和最高人民法院《关于适用〈中华人民共和国刑事诉讼法〉的解释》作了些许规定。还有行为证据，目前我国刑事诉讼法和相关司法解释也都没有规定。

而且，很多人可能还不知道什么是行为证据，但在司法实践中，尤其是公安机关一直在认可行为证据。当然，除此之外，它的心理学价值、逻辑推理价值都值得我们法律人学习。我曾经也研究过福尔摩斯探案，他主要是利用近现代的科技在破案，像西医一样必须做全面的科学检查，而不会望闻问切等，因此比较机械和局限。《包公案》里面有一些案例是比较有启发性的，比如说民刑不分、侦查、起诉、审判、执行是全套的，跟我们当前的制度不一样。

比如说这里面有一个"夺伞破伞案"，讲述雨过天晴后，罗进贤和邱一争抢一把伞，包公就问："这个雨伞你们有没有记号。"罗进贤说没有记号，小东西不值钱；邱一也说小东西不值钱。包公又问此物是多少钱买的？罗进贤说5钱，邱一也说5钱。包公"啪"一拍桌子，道："5钱你还来打扰我，浪费我时间。"遂把伞撕了，一人一半，并把这两人赶出来了，罗进贤就骂骂咧咧说："这是什么包青天，这么混，哪有这样的，撕开了还怎么用？"邱一说："说你给我吧，你还不给，撕了都用不了，这下你心里踏实了吧。"正说着呢，"啪"，罗进贤肩膀被人拍了一下，差役以辱骂老爷之名将二人押回，包公问谁骂的？邱一指罗进贤。包公遂知邱一非伞之主人，让差役打了邱一一顿并责令其赔偿罗进贤损失。

还有一个是"割牛舌案"。《宋史》里面唯一一处记载的包公判案就是"割牛舌案"，讲的是一个人家里的牛舌被割掉了，来包公这告状，包公让其回去把牛杀掉卖肉。大家知道为什么吗？在古代，很多朝代的牛是不能乱杀的，而且牛肉不能随便吃，小家小户用鸡鸭或者其他水果祭祀上供可以，但牛羊都是皇家、王侯将相、官员家里祭祀用的。再一个是农业社会，牛不能乱杀，须经过许可。包公说："你回去偷偷把牛杀掉卖肉，卖肉还能挽回点损失、止损。"这个人就回去了。过了一天来了另一个人，给包公举报某人在家里偷偷杀牛，包公立马知晓该举报人就是割牛舌之人。《包公案》里面记载得更详细，他是递过来一个状纸，这个状纸用了十几个字："农靠耕，耕靠牛，牛无舌，耕不得，遭割去，如杀命"，关键是后面几个字，"他是命案"。《包公案》里面的判词也写得非常好，古代讲究对仗押韵，文采非常好，我建议大家多看看，对法律文书的写作大有裨益。

《包公案》中还有关于出现场的案件，体现了现在所倡导的司法亲历性。有个故事叫"白塔巷"，讲述包公有一天带着一个人微服私访，走到一个巷子口听到巷子深处传出一个妇人的哭声，哭的声音比较大，但是不悲痛，隐隐约约听着还有点高兴的劲儿，别人听不出什么来，包公听着不地道。包公就让人去问是怎么回事，一问才知道这家里面死了男人，暴病而亡。包公就让土公（土公就是管坟墓、验尸、装殓之类的人）打开坟把尸体挖出来看看，一看没有外伤、没有中毒等迹象。包公让土公三天之内必须查明死者死因，否则就让其走人。在土公发愁之际，其夫人提示其可检查死者头顶、鼻孔等隐蔽之处。土公照做，发现死者头顶被插入两根钉子，且已深入鼻腔中，便立即报告给包公，包公在高兴之余又起了疑心，忙询问土公夫人的来历，又到土公夫人前夫的坟墓前探查，发现其前夫的头顶同样有一颗钉子。

由此可以看出，包公一方面出现场，另一方面讲究逻辑推理，有着很强的侦查意识。实际上这个案子就包括有心理学、逻辑学和隐蔽证据的知识。

此外，《包公案》里面还有一个很典型的案例——"三娘子案"，该案涉及非法证据刑讯逼供的问题。这个案例讲述的是张三和李四约好第二天去做生意，二人当天便带着一些银子去找船夫商议次日租船出行的事宜，后一同返回张三家继续商议做生意的合作事宜。第二天，李四很早就到了码头，但张三一直没到，李四便遣了船夫王五去催促张三，才从张三夫人处得知张三早已出门。三人忙寻找张三，最后在芦苇荡中发现了张三的尸体，并且其随身携带的银两已不知所终。那么是谁杀了张三呢？

这个案子当时报案之后，县官怀疑李四，李四不承认，对其用刑之后依旧不承认；县官便怀疑王五，对其用刑之后，还是不承认；县官又怀疑三娘子，便对三娘子用刑，三娘子承受不住并承认了，但却说不清如何杀害张三以及银两的去处。这位县官想了半天无果，之后有个人复查卷宗时在卷上写了一句话："开门便叫三娘子，定知房内已无夫。"正常情况下，我们找寻谁就会叫谁的名字，但在这个案子中，王五本是去寻张三，却直接开门叫三娘子，不符合常理，这就是侦查，侦查对案件的办理很重要。后来包公巡查的时候看到了这个案子，并看到了卷上的这两句话，通过这个认定犯人是王五，把王五叫来打了一通，结果王五就招了。"开门便叫三娘子，定知房内已无夫"，逻辑推理很重要，大家看卷宗材料的时候一定要好好琢磨研究，而不是简单翻看就了事。

（二）侦查思路

学法律的包括律师、法官、检察官，相对欠缺公安专业的侦查能力。不懂侦查或对侦查没有概念，对法律人来说是种不足，我们对于物证鉴定、DNA、网络视频、心理测试、话单分析等现代侦查技术都应该去关注和了解。

我曾经在东北检察系统上过课，其中有一个辽宁的县检察院的检察长给我讲述了这样一个案件：一个老太太的儿子失踪了，老太太找到检察长说了三句话：一是儿子被儿媳妇杀害了；二是儿子托梦告知尸体被埋在院子里；三是儿媳妇把儿子的东西烧的烧、卖的卖。检察长对此感到奇怪，觉得此事非同小可，便联系当地公安机关去老太太家调查，才发现尸体真的被埋在院中，凶手正是老太太的儿媳妇。这个案子中，检察长抓住的一点就是，老太太的儿媳妇把儿子的东西烧的烧、卖的卖，为什么烧和卖？因为她知道回不来了。有的人可能会问为什么过了一年之后才烧才卖？那是因为案件刚发生时她不敢，她也装作十分伤心，但时间久了之后，这个事情慢慢平息，她不想睹物思人或想把这个人从记忆中抹去，于是便开始处置他的东西。老太太爱儿心切，觉得这样做不正常也不能接受。检察长就根据掌握的这个信息，推测老太太的儿媳妇很有可能杀害了丈夫，即从其行为中表现出她已经知道丈夫不可能再回来。

实践中有很多案子都很难侦破，常见的有三类：第一类是谋杀，有计划和预谋或者信息断了，基本无人知晓。在谋杀里面还有更难破的就是犯罪嫌疑人杀错人，这就给排查造成了极大的障碍和难度。第二类是行受贿的案子。为什么？因为行受贿的案子没有案发现场。也可以说，行受贿的现场就存在于行为人的记忆之中，很难取证和侦破。第三类是有一定关系的人之间的性侵案件，这是特别难以侦查的。比如说刘某东强奸案，可能存在恋爱或其他关系，而且又不存在暴力，就很难去侦查当时是否真的违背了妇女意愿。

这三类案件特别难侦办，这时候就需要用到一些隐蔽证据和细节处的逻辑推理，作为法律人，我们都需要去提升这方面的侦查思维和能力。

其中有几份笔录，我大概复述一下：

死者三十八岁，死者和作证的这些人都是甘肃白银的，离我待的那个地方两百多公里。死者是一个村的，另外一些人是另外一个村的，都是一个镇的。注意这个关系。死者和另外一个人一起开了七八年的出租车，结果越来越不挣钱，另外一个人就不干了，跟他们村的好几个人一块拉煤，他们那个村本来就是拉煤的。现在宁夏、内蒙古发现了很多煤矿，很便宜的煤，他们去那拉煤，用自己的车拉了后去卖或者交给别人。这个人就去干了几天，一看挣钱，这个人真够意思，就给死者打电话说，哥们把这个车卖了换大车，跟着我一块拉煤挣钱。死者就卖了车，第二天就出事了，这几个人的笔录是这样说的。

镇上的小煤矿路比较窄，大车是两车道，边上很窄，只有小货车、小客车能过去。结果那天装上煤的有两三个车，没装煤的有两三个车，前面有一个车坏了，挡住了装上煤的货车，过不去。正好这几辆车凑一块了，几个人就在那聊天。有两个人的笔录里面说聊了7分钟的天，其他人没说。反正都是这意思，聊着聊着突然间看到死者的车开始溜车，死者后面这个人是个二十岁的小伙子，他手疾眼快，窜到车上拉住手刹，踩住脚刹把车停下来，但是这个死者戴着白手套从车下面爬出来拿着扳子、钳子，已经被轧了。说了两句话"救我"，但是没死，意识一直也比较清醒。

他们一看大车也动不了了，有人一路跑到里面叫煤矿矿主出了一个小车桑塔纳过来。这时候大家知道这个人已经动不了了，接近喝醉或者死了的人，司机不管抬，二十岁小伙子一个人也抬不动。死者那个跟他一块开了七八年出租车的好朋友，也没有亲自抬。他正好那几天带着他的儿子，他儿子十四五岁，因为不想上学了，他就说不想上学跟着我去受苦，受得了就受苦，受不了就回去上学。十四五岁的个子也能长到一米七八，都不小了。帮着抬，俩人抬上车，一块送到镇医院。

下面是镇医院的值班医生笔录。他们几个人说是 5 点发生的这个事情，值班医生就一个人，说是 6 点多来的。为什么 6 点多来呢？我们镇医院是 6 点下班，他说都下班了，就只剩一个值班的人了。来的时候，一个司机开着桑塔纳连车都没下，下来一个二十岁左右的小伙子，一个十来多岁的小孩，抬着一伤者送到这。这司机拉着十几岁的小孩走了，剩下这二十岁小伙子和这个伤者，伤者还戴着白手套，说是被车轧的，我一看身上没有外伤，但是身上有泥土和碾压痕，我一检查还很严重，大腿和盆腔是粉碎性骨折，但是没出血，我就赶快让他吸氧输液抢救，然后就打电话叫我们的医生，医生护士陆陆续续来了几个。这小伙子嫌医生来得慢，又嫌我们这里的条件差，镇医院当然条件差了，后来提出要转院，要转到甘肃白银，说白银那里有一个部队医院，条件也好，他们也认识人，陪护也有护士。

下面是医生和护士的笔录。我们就上了车，走了五公里上高速路，在高速路那有一个车，下来一个五十来岁的人，还有一个司机，一说话才知道是二十岁小伙子的车老板，小伙子没钱，给别人打工的。车老板从怀里掏出一个袋子，一沓子钱，现场点了八千元，给这个小伙子说估计住院也够了，可能还有几万块钱又塞到怀里了。我们就上了高速路，大概走了三十来公里，还有一百七十来公里，这个医生说不行，再走下去这人肯定就死了，这人太严重了，回来还有可能抢救活，然后我们就在前面找个地方掉头回来，结果抢救来抢救去，人还是死了。死了之后，其他人都走了，就剩车老板和二十岁的小伙子。于是就报警，派出所来了把这些问了一下，后来就问还有其他人吗？说了还有同村的那些人。警察说把他们都叫过来问话，第二天又叫来问，前前后后问了三四次，笔录就固定下来了。最后公安局的意见认为是意外事件，修车的时候溜车把自己轧死了，不是刑事案件，不予立案。

死者家属不同意。有几个疑问：

第一，二十岁小伙子的车前轮有凹陷痕，并且没过几天他车的轮胎就换了，怀疑是他撞的。后来公安去调查，凹陷痕是有，但是看不出撞人的样子，也没有血，也没有死者身上衣服的丝织品。另外，去那个轮胎店，他说他们的大车磨损厉害，都是三四个月换一次轮胎，没发现什么不正常，换了我们也都卖掉了，找不到了。

第二，家属去现场看说没有大坑不可能溜车，公安去调查了一下，没有大坑，但有小坑，不排除溜车的可能性。

第三，家属提出来5点钟发生的事，为什么6点多才到镇医院。我们在现场跑了一下，这个地方堵不了车，15分钟，用半个小时，是不是把人晾死了。于是就去把煤矿的司机叫过来，司机说我跟人家无冤无仇的，我就直接送过去，送过去就回来了，绝对没耽误。又问镇医院值班医生到底是几点来的，值班医生说这个时间这么重要，我们这是6点下班的，但是5点人都跑光了，一开始我也不能说别的，既然这样的话很可能是5点钟，这时间又查不清了。

第四，家属提出来，车老板带着司机拿着钱，是不是因为我们拉煤影响他的生意，故意把我们害死？车老板说不是，我是车少司机多，司机有事或者休息，但这车不能停，一车煤能赚那么多钱。我为什么带那么多钱？我刚卖了几车煤，收的现金，给他让他住院，又不敢给他多了，因此给他八千块，身上还有好几万。家属再问你怎么在高速路上等着？车老板说一出事就给我打电话了，我就往这赶，两百公里，稍微超点速，一个多小时就到了，后来一看也确实差不多。

我们的问题是"究竟是谁杀了他？"谁是凶手，为什么公安不立案，家属不干？我那天晚上一看，没有白看《包公案》，立马就整明白了。我列了十来条侦查的思路和方向。我电话通知侦监处处长，并跟他说第二天早点过来，约公安局管刑侦的副局长，我说机会来了，我们要立案监督。第二天，我一上班给大检察长报告，让大领导知道。大领导说你觉得他们弄错了，我说你做好准备，如果我查到有猫腻，我得抓公安、抓警察的，他说抓警察事儿就比较大了，我说先看看再说。后来我们就直奔公安，因为我们那是办公新区，都是一整个楼的公检法，走过去就三五分钟。

我进去之后说这个案子你们绝对办错了，他说为什么？我说你们不懂侦查。一下子把他们吓得没词了。怎么能这么说呢？我说因为我不懂侦查，你们的路子跟我一样，因此你们也不懂侦查。还有这么说的？我不行你也不行。后来我说这么着，我这列了一个单子，侦查的思路和方案都有，如果你们还拿不下来我告诉你们怎么审，绝对能拿下来。我说再一个，你们要换人，侦查人员不行。因为那时候我们最高人民法院和公安部有一个会议纪要，可以让他们更换办案人员。说到这里没办法了，他抄起电话叫来两个人，一个光头，一个帽子歪戴，我小声跟侦监处处长说怎么看着不像好人，他说虽然长得不像好人，实际上是好人，这是我们这儿最厉害的两个刑警，我说那就行。我就把单子给了他们，说这是侦查思路你们看一看。然后我就站起来了，说七天要说明不立案的理由，不管什么理由，如果不立案就强制立案，他一听到这儿，说强制立案扣分比较多，我说那是你的事我不管，扣你的分不扣我的分，立案监督给我加分加得比较多。他一看我急了，我说没什么好说的，我走了。

等到了第七天，我也是有点沉不住气，感觉把这话说得太绝了、太大了，太相信了包公，这行不行？当时一冲动说跟《包公案》差不多，但几百年前的事管不管用？我心里没底了。我正好在自治区开会，会都没开完，中午就往回赶，我心想这下完了、麻烦了，第七天人家真告诉你没法立案，就是意外事件，你怎么办案呢。我说回去得商量商量，正好是一个周五，我就跑回去了。快到院里的时候，侦监处处长给我打电话说，领导你在哪呢？我说快到院里了。他说案子拿下了，我说到底真的假的，别开玩笑。他说谁敢跟你开玩笑，就是后面这个人把人家给搞死的。我说你等等，我到了。到了之后，他说公安刚打电话，我说那赶快去。一路小跑，跑到公安部门，一进去公安屋子里有二三十号人，那时候办公室也大，不像现在办公室小。我一进去大家都站了起来，我说你们到底是怎么回事？他说就是你最后这一条太厉害了，我们给他拿下了。

大家能不能想出来为什么是这个小伙子？

这个案子我是这么想的：从《包公案》里要学会推理，要主动出击，深挖余罪，见谁怀疑谁，但是你得找证据。这是一种认识论，但从价值论上来说要坚持无罪推定，要保障人权，给人待遇。

我是这么看的。

第一，这个人死了，别人没死，没死的人作证对死的人就不利。我老家是河北的，有句老话叫"为活人不为死人"。

第二，大家可以看费孝通的《乡土中国》《生育制度》，这是农村里面发生的事。死的人是一个村的，没死的人是另外一个村的，另外一个村的人作证，这就不可信。为什么？《乡土中国》说得很清楚，农村人特别强调亲疏远近，家族观念、伦理观念，特别重要。回去你们可以好好看看《乡土中国》，现在咱们中国还是属于从熟人社会到半熟人社会过渡，大城市都已经到了生人社会，很多地方还是半熟人社会，县里面还是熟人社会。

第三，大车不容易溜车，我问了车队的老司机。

第四，会不会轻易挪车？不会。你直接早早地把车挪走了，要么毁灭证据，要么跟他没有半毛钱关系，我当时觉得特别奇怪。

第五，聊了 7 分钟的天。咱们这么多大律师，现在谁敢按分钟来收费？不可能的，几个拉煤的农民聊了 7 分钟的天。侦查里面有两句话，第一句是细节对不上是假的，第二句话是细节特别对得上更是假的。这个大家要注意，对不上有问题，特别对得上那绝对有问题，假的。他说聊了 7 分钟的天，就是串过供，怕别人不相信，但是露馅了。

别的不说了，最主要的一点是你为什么要给他转院？你送到医院就可以了，谁有资格提出转院？最准确的是第一个医生，这没的说，医生让你转你就转，但我刚才说得很清楚，是那个小伙子提出要转院。第二个是掏钱的近亲属有资格说，你不掏钱你就不能说。不信你回头试一试，家里有亲戚生孩子住院，你问人家去哪个医院，人家说我准备去朝阳区医院，你跟人家说别去朝阳区医院了，去北大妇幼吧，人家说你给掏钱呀？你做大律师了你给掏钱？你说你自己掏，人家说那你说这话，肯定不行，不掏钱就没法说。因此，这里面转院是特别重要的一点。当时，我最后一条写的是你为什么要给他转院，善意救助人的义务送到医院就完成了，打完电话，送到医院，等家里面来人，不来人也可以走。雷锋做好事也是送到门口，进门最多喝口水。

后来我问公安，因为我当时心里面有数，我当时想着肯定是后面的小伙子，这是可以推断的，但怎么死的我没想明白。当时不容易拿下来，但过了三五个月，我想这个更容易拿下来，为什么？因为他们都是善良的老百姓，我准备把死者的照片，把家里面老婆孩子哭天喊地的录像给他们每个人看，看着看着就心软了，就把实话说出来了，我当时是这么想的。

但是公安就拿下了，我也在好奇公安是怎么拿下的。他们不愿意说，我说我都毫无保留地告诉你们，你们现在不给我说，那我可来硬的了。我说你们怎么审的，教教我。后来他们告诉我，当时审问时，他们就问：他是你爹吗？不是；你是他爹吗？不是；为什么要转院？不断地重复这句话，后来就给他整崩盘了。公安就是见什么人说什么话，他就是朴实的老百姓，于是就这么问。他不是你爹，你不是他爹，你为什么要转院，你这么孝顺他？就不断地问，最后他实在受不了了。

实际情况是怎么回事：修车、等车、聊天都是真的，但是当地人不讲规矩，当地开的小车拉煤，因为前面有人挪车有空当了，他就去前面加塞。他说有加塞了快挪车；都散了，小伙子就上他的车，想挪，前面车不动，为什么？那个人刚买车两天，有些东西他自己去收拾收拾，就在下面修车。死者三十八岁，已经比较老成了。另外，开了七八年出租车，要是能把自己轧死早就轧死了，还等现在？犯这种低级错误可能性太小了，这也是我的一个想法。他在下面正修车，这小伙子一看车不动，他一拉人家车门看看没人，但钥匙在那插着。他觉得人家跑哪聊天去了，他打着人家车给人家挪车，咕咚一下，坏事了，他掂量了一下，从后视镜里面也看到了，别人也在喊，他们那些人都看到了，说"停车、停车，轧人了"。

一开始他也想救，他没想到这人会死。到后面发现人真死了，他问车老板怎么办，车老板说这是你的事，我不管，我也不认识他，就说他自己修车溜车轧死的，咱不管。结果，派出所做笔录的时候就坚持无罪推定，没有看《包公案》。里面做笔录，车老板在外面坐着，做完之后换人，问怎么回事？车老板说我不知道情况。半夜做的笔录，第二天一上班给领导一报告，领导说就两份笔录哪行，看看有没有其他人，都叫过来做笔录，死了人的事，哪能这人说死就死了。于是就把这些人都喊过来，这两个人回去的时候，小伙子父亲在家里等着，小伙子问怎么说，就这么说自己轧死自己，咱不管他。结果这帮人来了都这么说，再放回去，再叫回来。

后来有两个疑问，车老板为什么会听小孩的？我问车老板，车老板说我是外地人，我在这租他们地方卖煤，他们都是亲戚，我不敢惹他们，他们怎么说、我也得顺着说。还有这孩子的父亲，我一见面看这个人很恶，不是善良之辈，实际上他把这些人害了。这个案子就是过失致人死亡，因为是在小煤矿路上，不是大公路上，小伙子过失致人死亡，现场的人是伪证，另外两个人车老板和父亲包庇。这个案子立案监督，公安抓了六个人，一个案子涉及三个罪名，后来我发现公安没有别的猫腻，他们就是不懂侦查，没有看《包公案》。

这个案子侦破之后，我给我管的这些检察官们讲，我说你们水平比我高，而且我也知道你们不是故意的。问题在哪呢？时间长，麻痹了，把检察官当作了文书中转站。再一个你不敏感，因为你们办的案子太多了，我来这挂了半年，签了半年的同意，我也想签不同意。"哗"一下从我手里夺过审查报告，赶紧拿到碎纸机里面碎掉，说怕我以后拿出来抖出去。我当时挂职的时候，离他们退休还有二十多年，我说希望在接下来的二十年里不要出现冤假错案，要好好把案子办好。当时我没有告诉他，我是看了《包公案》，今天我告诉大家，希望你们来看看。

现在给大家回顾一下，我给大家提醒要有侦查意识和取证意识。

回到这个题目上，《包公案》是一条龙，侦查、审判、起诉、执行，老百姓，不管是原告、被告都被当作诉讼客体，刑事案件的被追诉人也是客体；这里面有多次拷打，刑讯逼供，有打对的、有打错的，包公也有误打的，把人打死的也有，这里面的人权观念肯定不行。但这里面体现了一个什么目的呢？发现真相，控制犯罪。我们也无可厚非，因为那个时候信息就那么多，办案的手段也就那么多，这是我讲的第一个方面。

二、从公权力和私权利的关系变迁来探讨非法证据

那时候不存在非法证据，什么时候有了非法证据的概念呢？

这是我们讲的第二个方面。我们可以把公权力和私权利的关系总结成三种形态。第一个，神权，这个很好理解，人没有地位，给神磕头，神让你怎么办就怎么办；第二个，君权，就是君主；第三个，民权。

（一）关于神权

通读过《史记》的举下手？《史记》大家一定要读，读早了也没用，但早了总比不读好。可以这么说，三十五岁之前或者四十岁之前《史记》《红楼梦》等很多东西是读不懂的，或者读懂的东西很少，但到了三十五岁、四十岁以后很多东西就能读懂了，因为经历了一些事，尤其是从事一些管理或者经历了挫折之后再读就读懂了。

不仅仅是《史记》，《二十四史》里面的开国皇帝都不是他爹生的。《史记》里面对刘邦的记载，刘老太太是怎么怀的孕呢？那天下大雨，刘老太公去地里面接他夫人，发现她在一个大水潭里面躺着，有一个龙攀到身上，回家之后怀孕了，一看生的是刘邦。刘邦一生下来，经常有五彩祥云在脑袋后面飘着，刘邦走到哪别人都能找到他，为什么？人家说看看五彩祥云在哪里就知道了。但这些开国皇帝的父亲、爷爷生下来的时候都很正常，就他们不正常。宋太祖赵匡胤生的时候也是红光四射，身上发金色，三天才去掉，满身异香，屋里面充满了香味。到朱元璋生的时候，大家知道朱元璋家里条件

比较差，因此住的地方通风采光条件比较好，生他的时候也是红光满射，邻居以为着火了，拿着木盆准备去救火，后来一去看了不是，原来是朱元璋降生了。朱元璋的母亲也是"段子手"，说前一段时间做梦，梦见一个神仙送她一个药丸，吃了后就怀孕了。

（二）关于君权和民权

那时候都强调君权神授。后面就是武力、丛林法则，谁猛谁是王。再往后面是民权，民权的几本书大家一定要好好读，一本是霍布斯的《利维坦》，他用圣经中的怪兽比喻国家。这本书算是比较早谈到社会契约论的，里面说你打我、我打你，战争状态不好，怎么办呢？老百姓把权力通过社会契约的方式交给国王，你不能带武器，要纳税，有了矛盾国王来解决，国王是社会契约的一方。后来洛克不同意，说这样容易导致国王专制，国王有什么资格呢？这不行。他提出了现代政府论，上篇已经过时了，他批判神权政府；下篇提倡现代政府，政府是老百姓的守夜人，讲了很多现代的理念。另外他提出，公民签这个社会契约不是跟国王签，是跟政府签，而且必须是现代政府，不是君主。

洛克比霍布斯进步了一大截，但又受到了卢梭的批判，卢梭说政府没有资格当社会契约的一方。

卢梭的社会契约论区分了国家和政府，全体公民的公共意志就是国家，国家公共意志的代表表现为法律，外在的形式是开会；但不能天天开会、事事开会，怎么办？找政府，政府就是代理人，这就好理解了。假如说咱们这个班是一个国家，王律师是班长，你就是政府。比如经常说在法庭上谁代表国家，很多人整不明白，有人说法官、检察官，那两个人都代表国家？原先戴国徽的时候检察官和法官也争，我们的国徽跟你的一样大，为什么你来我要起立？我坐在下面，你坐在上面，很复杂。现在大家想想，你不代表国家，你代表政府，美国就是这样，法官代表的是国家，执行法律；检察官代表政府，政府的相对人。咱们到底用哪种方式可以另研究，卢梭的最大贡献是区别开了国家和政府，为我们也开拓了一个思路。

既然公民的公共意志就是法律、就是国家，那么问题就来了，我们要限制公权力，政府要谨慎地行使权力。问题又来了，公权力和私权利的边界在哪？比如说死刑，我签订社会契约的时候，我是为了更好地生活，我可不能把命给你，再说命不是属于我的。原先的自杀都是犯罪，犯罪了还会被鞭尸，但后来觉得没什么意义，太残酷了。逐渐地，就不再追究自杀了，你自己都不能决定自己的生死，你怎么能把自己的生命权交出去，与死刑有什么区别？另外，你为什么要判他死刑呢？你的理论依据是他杀了别人，那他杀了别人你要杀死他，你要杀了他会不会别人再把你杀死？死刑的正当性、合法性很复杂。公权力和私权利的边界，这个问题谁来解决。

密尔的《论自由》，大家看过这本书没有，很薄的一个小册子，当年严复把它翻译为《群己权界论》，这个名字更直观。他主要是讲，公权力不能无所欲为，不能限制私权利，我只要不侵犯别人的权利，比如说我剃个光头，你不能说我晃眼，因为我对你没有实质伤害；我染个黄头发你也别说，奇装异服更别说，只要别弄得太明显就行。他提倡一个国家、一个民族、一个人必须要有个性，有个性才会有发展、才会有活力，他认为中国没有活力，没有个性，当时说的中国是清朝。

《论自由》这本书，我们公认的观点就是从他这来的，公权力不授权就不能干，私权利不禁止就可以干。关于他这个思想，这十几年、二十来年在中国有几个案例可以例证。比如说最早的时候，2003年，当时我在中国政法大学读博士，我们宿舍前的报栏里面曾经讨论陕北延安宝塔区夫妻两人看黄碟这个案子，人家夫妻两人在家里看黄碟，有人举报，警察就跳墙而入，把夫妻两人拘留了，把光盘和录像机给扣押了，还罚款。谁给你的权力？夫妻两人在家有什么危害性，你闯到人家家里，谁给你的权力？公权力的边界在哪里？这是大讨论。后来还有劳动教养、收容审查，就讨论你是执法者，你剥夺公民、限制公民特别大的权力、自由时，因为你是争议的一方，你认为他违反了这个、违反了那个，应该找中立的第三方来裁决，重大的权力决定不能由你来作出。

这时权力和权利的关系发生了变化，原先认为权力来自天上、来自神，后来来自武力、君主，再后来来自老百姓。我国《宪法》规定国家的一切权力属于人民。这是权力和权利关系的变迁，大家都变了。当然有人质疑，说谁现在看见签社会契约了，卢梭说我给你谈的是道理，讲的不是事实，你觉得有理了就听，没理就算了。谁见签契约了？确实没见签，但现在投票不都是这样的嘛。

《论法的精神》这本书谈到权力滥用，必须通过权力来制约权力。我们在诉讼中，特别强调改线性结构为三角结构，由中立的第三方来裁决，以至于还有人总结了刑事诉讼不可放弃的原则，控辩、审查、分离、裁判中立、权威、辩护权等。

三、美国的非法证据排除规则

（一）美国非法证据排除规则的实践

美国的非法证据排除规则，最早于 1886 年提出，1914 年得到了进一步确认，1920 年确立了对二次取得的证据或者派生证据进行排除。原来是，就这个证据，你是非法取得的，排除掉；后来是，在非法取得的基础上顺藤摸瓜，二次派生的也要排除掉。这是一个比较重要的里程碑。

美国的非法证据排除规则，后来不断地有各种例外出现，因为这是一个新事物；再有，它也要权衡犯罪要不要打击、要不要控制，你光保障被追诉人的人权，死了这么多人或者这么严重的事情就不管了吗？它也不断地在调整，出现了很多例外。比如说独立来源，我这个证据是非法的，但这个证据有独立来源，跟这个没关系，你就把它切开，这个就不能排除。还有因果关系减弱、必然发现和偶然发现。偶然发现和独立来源有点差不多的意思，比如说，在这个屋里找到一个赃物，我们下决心全部地毯式搜一遍，搜到这个时候嫌疑人招了，说别找了，就在这个板后面，这时候是必然发现；包括有些尸体，这片我们全部要翻一遍，牵着警犬，这时候你说不说都必然要发现。

偶然发现和独立来源是什么意思？我怀疑你在贩毒，我突然去你家里非法搜查，结果发现你还杀人了，这是偶然发现，我没有想过侵犯你这个权利，贩毒的证据可以不用，但杀人证据可以用。这是美国确立的法律，因为州和州不一样，我们只能大概讲一下。另外还有善意，什么叫善意？比如张三在门口被杀掉了，我赶快冲到张三家里面，张三的父亲、爷爷、夫人没被杀掉，我是保护他们去的，结果发现是张三的弟弟杀的人，在家里拿着刀，身上还有血。我是善意地想救你一家子，结果正好发现凶手，这是善意的，这个证据也能用，你也不能说你没有搜查证据怎么就跑到我家里了，不能这么说。

另外，还有一些判例确定了很多个例也是例外。比如说重罪，特别重的罪有时候就搜一遍。还有一个是紧急情况，情况特别紧急，举个例子来说你看着他拿着刀跑到这来，有人说已经跳到这屋里了，这种情况就别等着搜查证了，这很好理解。另外还有告密，有人说谁谁谁要杀人，告密没有证据，不是因为证据多可靠，而是告密的事太恐怖、太重要了，这时候你就不要找搜查证了，不存在非法搜查，直接控制住，拿证据。这个告密，不管他告的真假，只要你沾边都可以，因为这都是很紧急的情况。还有同意，这是你家，你只要同意了我就可以搜。这不是你家，亲戚来串门，我一敲门，问找谁，这也可以，不能说他无权。

因为有的案子太大了，你要说太拘泥于什么就麻烦了。比如说美国有一个老头，后来统计的结果是杀了70多人，警察一直盯着他，但一开始没有想到这么多，怀疑是他，但没有证据，警察盯了好长时间。有一天盯着他的俩警察突然闹肚子想上厕所，没办法了，敲开他家门说想借你家厕所用一下，这老头可能也糊涂了吧。结果警察一进去扑鼻的尸臭味，后来一看，卫生间里和很多地方都能看到骨头和手。你同意我来了，我发现了，这有证据，这时候不能算非法；立马申请正当的搜查，我有证据了，我进来的时候你同意我进来。原先你没有证据，现在我已经看到你这有死尸了，都闻到味了。

另外，在野外。大家知道，在野外你要是邀请这个那个，人都跑了，你知道去哪了吗？这时候你要有怀疑或者搜查得到的证据都可以用。这也是困扰中国办案的问题，比如说缉私、缉毒里面，经常说的有见证人；没法找见证人，在密林里面摁住了，去哪找见证人，你找到见证人，这人就饿死了。原先一直用辅警做见证人，因为辅警没有警察身份；后来有人不同意，说你总是用辅警，这还是你们的一拨人。现在只能是执法记录仪，我有记录，实在找不到见证人，这就是无声的见证人。看一看美国，在野外很多都不需要。另外，汽车上的证据不要求动不动就要有搜查证，他一看这车有怀疑，打开检查，只要有一定的合理怀疑就可以检查，不能说"你有搜查证吗？"不需要搜查证，为什么？我要拿到搜查证你都跑了。大家注意，紧急、告密、边境，尤其是在边境，他迈一步就迈出去了。在野外、在边境、同意、汽车、告密、紧急重罪，很多都是例外，不认为是非法证据。

（二）美国非法证据排除规则的理论基础

刚才我讲的这些，实际上已经告诉了大家，美国的非法证据排除也是在不断地平衡和调整，他也是在控制犯罪和保障人权。另外，他的理论基础和我们不太一样，有三个理论基础：

第一，人权保障，保障什么人权呢？最早是保障隐私权、财产权，主要是非法搜查、非法扣押，咱们翻译过来搜查和扣押是广义的，包括对人、对物，对物就是扣押，对人就是逮捕、羁押。这是第一个理论基础，人权。你要保障人权，保障他的隐私权、财产权，后来就是生命健康，你不能老用这些非法手段。

第二，法院如果认可了他，他是违法的；你认可了他，你也就没有合法性了。假如警察是非法取得的证据，你要认可他，你就是跟他站一块了，法院怎么能干违法的事情呢？因此你必须把他排除掉，不能让他用，以显示你是正当的。

第三，震慑或者威慑，我知道这个证据用了能发现犯罪、能定罪，但我就不让你用。我不让你用，你以后就不会再非法取证了。这个是把真凶放掉了，但为了警察的公正执法打个预防针，让你长个记性。是这个意思，连傻子都知道放掉就完了，但我必须得放掉。这是他的理论基础。

另外，美国的非法证据排除，它的非法体现在三个要素上，这和我们中国也不太一样。哪三个要素呢？

第一，主体。他们的执法或者司法主体，比如说警察搜查的人，主体要有资格、人数和职称。比如法医鉴定，要求高级医师职称，中级的就不行，一会讲到中国你就会感受到区别了。

第二，行为、程序，符合不符合比例原则，必要性、紧急性怎么样。需要考察行为、程序、比例、必要性、紧急性等问题。

第三，对象或者犯罪嫌疑人、被告人、被追诉人，或者说就是私权利，这时候才涉及私权利了，包括生命、健康、自由、财产、住宅、隐私、辩护、沉默等一系列的权利。

说到这儿，我举个例子大家就更清晰了。大家想想辛普森案，警察闯入辛普森家里取得的证据不是非法的。为什么？因为辛普森的前妻被杀死了，我们怕辛普森也被杀死，而且他们两家离的不是特别远。他跑到门口一看门口上有血，敲门没有人应，他就跳墙而入，他是善意的，不存在非法证据。但主体不行，这个警察有歧视黑人的证据，骂黑人是黑鬼，说我手上的黑人都会把他整到监狱里面。人家把录音放出来了，放出来之后这主体就完蛋了。再一个是鉴定，人家怀疑他栽赃陷害。鉴定这血到底是谁的，血液鉴定的医师是一个华裔的医师，中级职称，美国那个州规定干这个行业的必须是高级职称，结果职称资格不够。

说到这，有个问题来了，换一个对黑人特别亲密的、特别喜欢黑人的警察行不行，换一个高级职称的医师行不行？重做一遍行不行？为什么不行？假如他保留的话能不能重做一遍？这里面有一个概念大家记一下——公权力一次用尽原则。权力来自公民，公权力行使的时候比较慎重，我给你的权力你不能乱搞。什么叫不能乱搞？我没搞准，再来一次。杀人、偷东西都是犯错，你没搞准也是犯了一个错。犯了错怎么承担？不能再做了。大家注意，公权力一次用尽原则是对公权力的强有力制约。你看辛普森的案件没有人提出能不能换一个人重做一次，为什么？一次就用尽了。

关于公权力一次用尽这个问题，顺便也先介绍一下中国的情况。

这20多年，司法改革也好，法律修订也好，大家说得特别多的就是反对程序倒流，不能做两次，做一次就够了。一事不再理，禁止双重危险，这都是公权力一次用尽原则。

原先为什么很多人反对补充侦查，侦查完了怎么又补充？尤其原先没有次数限制。最近这20来年法律修改或者监察法都体现了补充侦查以两次为限的规定。有人一开始也是争论，必须得限制，限制多少次？有人说三次，事不过三。有人说不行，三次太多了，国外都是公权力一次用尽，你这还三次；后来说两次吧。对两次的理解也不是说什么事都可以做两次，实在不行了可以两次，最多两次。有的一次弄不成就别弄了，不是说所有都可以做两次。

大家可以结合一下中国的情况，对公权力还是比较宽容的，我们还是比较强调打击犯罪。说到这大家注意一下，我们对公权力的前提是信任。第二是给机会，给两次补充侦查机会，给两次实际上就已经是三次了，做一次可以再补充两次。还有让你解释、让你说明，给点面子嘛。你看看，对公权力我们是这样的态度，大家结合公权力一次用尽原则就很好理解我们的制度为什么是这样。当然我们现在也反对程序倒流，上诉不加刑是原则，但也有很多例外。这是一个，公权力一次用尽。

（三）毒树之果

再有一个，"毒树之果"理论，美国总体来说确立的是"毒树之果"理论，但也有一些例外。什么叫"毒树之果"理论？这个树是毒的，这个果实也被认为是毒的，不能吃。言外之意就是刑讯逼供、用非法手段得到的证据，再根据这个证据得到下面一个证据，下面那个证据也不能用，这两个都要排除掉。这是美国的大致情况，美国的州很复杂、法律很复杂，我讲的不一定准，但大概是这个意思。从辛普森这个案子能体会到很多关于非法证据排除的规则。

四、我国的非法证据排除原则

结合古代的、结合公权力和私权利关系的变迁、结合美国的，再看中国的就好理解了。中国比较早确立的是1998年最高人民法院的司法解释，谈到了非法证据排除。

（一）非法证据和刑讯逼供

原先对于口供都是禁止刑讯逼供，刑讯逼供和非法证据是一个概念吗？区别在哪？大家注意，这个概念要区别开，刑主要针对的是对犯罪嫌疑人和被告人，字面意思就是刑法、私刑，这类的意思；讯，审讯；逼，逼着你说出来；供，供词。扩展一点可以到被害人、证人，基本指的是被告人和犯罪嫌疑人这个意思。非法证据比这个含义广多了，非法搜查我可没有打人，重点是对犯罪嫌疑人的人身，我去你家里面不叫刑讯逼供。很多电视里面的编剧和导演不懂法律，他宣传的警察的正面形象是错的，与现实不符。比如说咣咣咣一敲门，一个农民妇女开门问谁呀？二狗子在家吗？不在，早就跑了。人家也没让你进来，推门就进去了。谁让你进去的？然后去人家里面看看，一看有一张照片，四下无人，还挺机警的样子，往怀里一揣，这都不对。谁让你进来的？谁让你搜查、谁让你扣押？给人家列没列单子，签没签字，有没有见证人？都没有，塞到怀里就走了。再一个，我看了这么多电视剧，从来没有见还给人家的，这哪行？

（二）我国非法证据排除的状况

大家注意，我们现在的非法证据排除主要还是停留在保障犯罪嫌疑人、被告人的生命、健康、自由这个角度。我刚才说了美国的非法证据排除规则，非法要素包括三个：主体、行为、对象，分得比较散。我们的非法证据排除主要聚焦在刑讯逼供，其他不是说一点没涉及，也有涉及，其他怎么涉及的我们后面再解释。我们现在区分的是相对排除和绝对排除，绝对排除就是言词证据，主要是针对犯罪嫌疑人和被告人，也包括被害人、证人。实际上就是把通过刑讯逼供得到的言词供述、证人证言都给排除掉。

怎么来认定刑讯逼供呢？我们在这方面下了很多功夫，现在基本上集中了三点：第一，身体上非常痛苦、难以忍受、违背意愿做的供述，主要是肉体和身体上的痛苦。第二，精神上极度痛苦、无法忍受。当然了，精神上比较复杂，比如说你招不招？不招你老婆就出车祸，有的人一下子精神上就非常痛苦了，有的人一说这个就笑了，这个精神感觉不一样。有的人是孝子，你说他父母怎么怎么着，他受不了，但大多数人都是一说孩子就受不了。传说中有一个大案子，当事人不配合，后来侦查人员说你要配合案子就办了，不配合你儿子可能会出车祸，后来他就招了。这是精神上的痛苦。第三就是自由，自由被非法限制。

这三类，大方面来说言词证据都是要排除的，精神上和肉体上到底怎么算是难以忍受、违背意愿，我们又出了很多细则，如冻、饿、晒、烤，长时间不让睡觉什么的。有人有争议，说夏天冻一冻是好事，到冬天让他晒一晒太阳也是好事，这东西没法规定那么细，你让他吃饱了有时候也不好，吃饭放很多盐不让喝水也很痛苦，五花八门，没法穷尽，这是绝对的排除。

相对排除，刚才我已经说了，对公权力的一些做法，我们要求他解释补正。比如为什么没签字？审讯时为什么就一个人？那个人忘了签字，为什么忘了签？解释一下说得过去就行了。还有，为什么当时同时一天审了两个人？解释一下也能说得过去。对公权力的做法能解释、能补正，认为合理的，认为差不多的就算了。如果解释补正不行影响诉讼公正也可以排除，这是相对排除。

再有，绝对排除就集中在言词证据，对物证、书证不适用，为什么不适用？因为就这一份，不能再生，言词可以重新再提取，这也是我们非法证据排除的特点。这里面涉及的问题是重复供述怎么办？现在比较明确的司法解释说，重复供述，在侦查阶段如果换了侦查人员没有刑讯逼供等非法手段，这个证据就可用；如果换了环节，比如说侦查环节有刑讯逼供，到了检察环节没有刑讯逼供，他还是认，这个就有效。原先学界争论比较大，有的人说一概排除，有的人说换环节就行，后来说换环节也不太好，因为侦查环节太重要了，这时候对侦查环节特殊照顾一下，侦查环节换了侦查人员，只要没有刑讯逼供和非法手段，这个供述证据也能用。

（三）中美的区别

说到这，我们注意一下中美的区别点。通过比较，大家能看出来：

第一，美国的非法证据排除范围比较广。

第二，中国的重点是针对言词证据、对刑讯逼供、对犯罪嫌疑人和被告人陈述，从这个角度考虑的。

第三，中国对公权力要求、解释、补正，宽松了一点。

第四，我们对公权力一次用尽原则放得稍微宽了一些，比如两次补充侦查，能解释、能补充、能说明的再给机会，对公权力一次用尽原则进行了放松，这是中国和美国非法证据排除的几个区别。

（四）如何判断"证据不怎么样，但口供承认，以及无罪辩护"的问题

那你肯定也不能轻易判断，现在是这样，我们笼统地说都不好说，你拿一个具体的案子，不同的人也有不同的看法。说到这里我给大家提一个醒，律师做刑事辩护的案子，提无罪辩护意见一定要慎重，这是我一直坚持的观点。我去很多律所给他们讲课的时候，或者开会的时候说了这个观点，他们就非常反感，就不请我了，不请我，我也就不去了。大家想一想，我可以理解，收了人那么多钱，这么大的一个案子你整成一个全国出名，但是你想想公检法也不是白吃饭的，重大案件选了多少能人高手一起研究了多少遍，你到那看了看说无罪，可能吗？尤其是大一点的地方，人物影响比较大的，这种情况更要慎重。如果是比较偏僻的，普通老百姓或者弱势群体的案子，你这时候提一下，我说的是你拿得准的话，这个可以，但一般来说影响比较大，这个地方执法环境也比较好，公检法又抽调了很多人，那无罪概率万分之一都到不了。

另外，这种辩护意见很可能导致不利的后果。有一个李某某的未成年人强奸案，提这个无罪辩护，导致他几乎是被顶格判了。为什么？这是多方面的因素，因为我和办这个案子的同学讨论过，如果当时赔礼道歉、赔偿、认错、悔罪，从减轻的角度来考虑，这个案子不会判成这样。我是讲课，不是针对个人的，我对最后的处刑深表同情和遗憾。

咱们办案一定要尊重事实、尊重法律、尊重法律职业的同行，

你慎重、负责任的提一些。我也知道，有的是顺着委托人家里面的意见，他说怎么能这样呢？你要考虑考虑他不懂，我觉得有时候你宁可不代理这个案子也不能这样做，有时候这个案子你是做了，但影响不好。

我在检察院挂职的这几年，跟律师打交道有一个认识，大家交流的时候说不能轻易、递过来就是无罪，定无罪就不看了；不可能的，有争议，有司法惯例，法律上有时不太明确，但是有法律原则，有司法解释，有惯例。这时候那么大一个案子，你换位思考一下，你是检察官、法官你会放过吗？你要考虑一下，辩无罪你要干嘛？还不如从轻、减轻，从哪个角度都可以做文章，我不是说绝对反对无罪，我是要慎重。无罪辩护要慎重！

非法证据排除的问题，美国和中国比较一下从这个角度来说，现在尤其是职务犯罪的案件，很多人在做非法证据方面的辩护，我给大家讲的时候，大家可以从这个角度来说，定准位，这时候就不会像原先那样提出来，把物证、书证、把公权力的一些做法等非法证据排除掉，我们的立法、司法解释倾向就不是要这样干的，你不能说把这个排除、把那个排除，因为你知道言词证据排除掉还可以重新再取，补充侦查两次为限。另外，换了阶段、换了环节、换了人就不能再说，非法证据供述也要排除。你按我这个思路，最近这几年可以说非法证据的问题，严禁刑讯逼供，防止冤假错案，非法证据定出了十来个司法解释，而且级别越来越高。中央深改小组都出这个方面的规定了，最起码你要带几句话，这时候你就要好好考虑，这个案子非法证据排除这部分到底要从哪方面提，和我们的立法、司法的原意也好、出发点原则也好，适应不适应。我不是说要把你的观点隐藏起来，我就说你一定要搞明白，不能按西方、按美国的那个非法证据排除掉，包括我讲的辛普森案。

类似辛普森案如果发生在中国，这个警察不行我们会换两个警察，法医鉴定不行我们会换一个法医重新鉴定。还有一个问题，公权力一次用尽，一事不再理，特别大的难题是什么叫一事，什么叫一次？一事不再理，禁止双重危险，什么叫一事？我撤回了算不算？

你说不对，我撤回，包括休庭，暂时中止审理，我赶快补充一线，因此这也是一个问题，什么叫一次？什么叫一事？怎么来理解。在中国比较可行的就是一出门，一出系统这个事就算一次了，你只要能拿到正式盖章的文件就算一次或者一个事了，可能真的还得具体分析。检察机关、公安机关已经做了决定，这就算一次；或者你没有正式做决定，但你已经提交到下一个环节，公安移送到检察院、检察院移送到法院了，这就算完成了。可能这个还得细研究，因为这个太复杂了。理论上好说，实践中比较难办。

五、两法衔接中的非法证据排除问题

这面临着一个大问题，公安的好办，监察委的现在有些检察院不敢排除，或者衔接怎么办？让监察委再去说明补正不给你说怎么办？他是调查不是侦查，现在面临着很多这方面的问题。再一个，依据是什么？现在是这样，我可以比较明确地告诉大家，非法证据衔接一点问题没有。《监察法》里面明确规定，关于监察活动中的证据要依据刑事诉讼法证据的有关规定。又一个，我们的很多解释，包括司改小组的解释，中央政法委牵头的解释那都是要适用的，监察委要适用。最后一个，1988 年全国人大常委会批准加入了联合国的《禁止酷刑和其他残忍、不人道或有辱人格的待遇或处罚公约》。该公约明确规定严禁用残酷无人道的手段获取证据。因此从这几个方面来讲，《监察法》规定，高层次、高级别的司法解释或者相关文件，深改小组、中央政法委签订的也要遵守，第三是联合国的有关文件，《监察法》第 33 条明确规定，证据要适用刑事诉讼法的规定。

这是两法衔接非法证据的排除案，实践中可能还有一些问题需要再摸索，尤其是监察法面对职务犯罪时，我们定的阶段是不敢腐、不能腐、不想腐。我判断现在是属于不敢腐到不能腐过渡，在这个阶段就得用一些手段来做，因为反腐败的形势很严峻。

我再简单解释一下，刚才我说了在侦查中有罪推定、无罪推定，我这几年研究，原先是权力不分，比如说包公是一条龙做下来的，这时候坚持有罪推定对私权利伤害很大。后来因为贝卡里亚提出来

之后，再加上权力分立，跟控辩分离，被告人、犯罪嫌疑人辩护权加强，人权保障意识强化，无罪推定的重要性已经不像原先这么重要了。另外，我觉得应该从两个层面来考虑有罪推定和无罪推定。第一个是价值论，对错好坏当然要坚持无罪推定，这个是咱们法律上经常讲的，这个我不再重复。但我现在在反思的是，在认识论上要重新反思有罪推定的价值。在侦查环节，从保障人权的角度来说当然要坚持无罪推定，但从侦查的角度来说要有有罪推定的意识；在审判环节，我认为应该坚持完全的无罪推定，这没的说；在检察环节，我总觉得是半有罪半无罪，就是半信半疑，因为你要审查决定能不能起诉，有的你就挡住了，有的你就送出去了。因此，我给检察官讲课一直强调他们要有三种意识和三种能力，要有：侦查的意识和能力，辩护的意识和能力，审判的意识和能力，换位思考。

说到这，讲有罪推定、无罪推定，特别像医院的门诊，医生看病。门诊医生看病都是有病推定，咱们去医院你进门到了门诊室，医生连头不抬，问你啥病，哪不舒服。你说我无病，你应该用无病推定来看，这时候我估计医生就会抬起头来，说那这病我治不了，你去脑科看看。但是他会怀疑你，他也得观察你，不是上来就打针吃药，但他坚持的是有病推定，侦查就是这样。咱们做律师，看案卷的时候要多从这个角度想一想。

再有一个，我们说了医生有病推定，但是我们今天很多内容都是"但是"，一定要多"但是"一下。在实践中很多律师也这么做，只要遇到恶性轰动的大案，都要给嫌疑人、被告人申请做法医精神病鉴定。但是我告诉大家，以后这些方面也少想。从理论上来说，没法判断人有精神病，只有上帝或者玉皇大帝行，这是一个观点。第二个观点，我们的惯例不主张轻易启动法医精神病判定，你自己心里要有数。从你自己的经验，这么多年我就想了，当年看着很多人傻，现在发现人家一点都不傻，是自己傻，我不知道你现在是不是看别人傻，你要是看别人傻那是你还年轻，现在想想只不过人家跟你想法不一样，人家是闷声发大财，人家不跟你计较，实际上谁都不傻。这是一个观点。

再一个，给大家再推荐一本书。《疯狂实验史》是美国的一个记者写的，《疯狂实验史》是历史的史，实验很疯狂，但是很严谨。现在有两本，三联书店出版的，记载了人类很多想法和疯狂的实验。其中有一个实验是能不能判断人有精神病。大概有20来个科学家组成了一个研究团队，派出十几个人去美国最著名的精神病院，有单独去的、陆续去的，在门口装疯卖傻，然后就被收诊了。进去之后不能再装疯卖傻，当然也不能告诉人家你是干嘛的，喜欢说话的说话，喜欢思考问题的就思考问题。

有的进去就跟医生聊天，医生，你是哪个医科大学毕业的？不管说什么医生都是三句话，放松心情，配合治疗，你会慢慢好起来的。进去之后吃药，看没人的时候吐掉，但是打针的时候没办法，就得忍着，不过打的也都是镇定的，但时间长了会受不了，时间短的没事。他们的实验周期将近一个月。过了十几天的时候里面的一些精神病人陆陆续续地找医生，并提醒医生要注意后面来的这些人跟我们不一样，别被他们骗了，他们好像不是真的精神病。医生就说放松心情，配合治疗，你会慢慢好起来的。等到了约定时间，带着营救的人来了，精神病院院长说还有这事。人家说这与我们预设的结论一致，这些科学家有医学家、精神病学家、心理学家、人类学家、社会学家，是一个非常庞大的团队。我们就认为人无法判断人有精神病。这个院长非常生气，说我们没防备，优秀的人都出诊去了，门口那几个都是助理，没防备；再约定一个时间你们再来，绝对能看出来。行，再来，约了一个时间，等科学家去的时候院长拿着名单列队，列了一大队人，把这些人都领走。说我们都留了心，这些人都是来捣蛋的。科学家说我们一个人都没派，这些人从哪来的我们也不知道。最后的结局，估计这个精神病医院的院长就快疯了。

前几年鲁豫在电视台采访上海的精神病院院长，其中有一个问题是：有什么办法来测这个人治好了？院长说很简单，我们就把他带到一个浴缸里面，里面放满水，旁边放一个脸盆，再放一个小汤勺，看看他怎么把水弄干，用勺子还是用脸盆的？鲁豫说这多简单，我连想都不用想，肯定用脸盆。这个院长在电视台上有好几十秒钟都没说话，后来说，我们的标准是会不会拔塞子，鲁豫也傻了。你看，人的想法都不一样。

因此，你可以想想最近20来年，凡是恶性杀人的，杀死多人的，很多律师都提出来做法医精神病鉴定。因为普通人没法判断他有精神病，另外你没法判断他当时是这个状态，他要不要承担责任。再有我们都说他不正常，正常人能杀人吗？因此，这个方面大家一定要注意，要看你怎么提辩护意见。

我说一下，在国外比较公认的，我们一说国外就是几个发达国家，在法医精神病鉴定这块坚持的原则是无病推定，普通人看病是有病推定，但精神病鉴定是无病推定，推定你所有都是正常的。那你还说什么呢？你再提别的意义就不大了，因此提归提，但是被采纳的概率几乎为零，因为这是比较公认的法医精神病鉴定的原则，无病推定，就推定你是正常人，你要负责。除非有特别例外、特别明显的其他证据，那就另说了；咱们国内多起案子都想启动，不可能，不会轻易启动这个，大家也都知道轻易启动的话后患无穷，对司法公信力有影响、对司法公正也有影响，另外多头鉴定，一这个结果，二这个结果，没完没了。你可以去查资料，有很多公开资料，我只是给大家提个醒。

站在检察官、检察院的角度，我给大家分享了关于非法证据排除的理论和实务，主要是从历史上，尤其给大家推荐《包公案》这本书，从权力和权利关系的变迁、神权、君权、民权，再看美国的非法证据排除规则，最后看中国的非法证据排除规则，它的定位、出发点、目标，更注重查办案件、查明案件真相、控制犯罪。同时，简单说了一下两法衔接非法证据的排除问题。讲得不对的地方请大家批评指正。因为这个问题比较复杂，我讲得不一定对、不一定准确，尤其是国外的，美国我到现在也没去过，也都是道听途说，真正意义上的"传闻证据"，不一定准确，请大家批评指正。

嘉宾 1： 郭教授，这个问题我是替别人问的，案子是有关行贿的，办案的检察官没有检察官资格，并且也证实了，文也下来了，可是这个案子过时了，又想启动，我们能不能提类似的非法证据排除，排除完怎么办？

郭云忠：想问一下，一般检察官办案的规则有两个人办案，你说的是一个人？

嘉宾1：就是一个人。

郭云忠：办案人员不可能一个。

嘉宾1：这个办案人员是记录的，是书记员。

郭云忠：检察人员往往是广义的，有一个有资格的，原来检察员或助理检察员，然后他再带一个书记员是允许的。

嘉宾2：一个受贿的案子。我们认为公安询问的时候应该有录音录像，从进入这个门口一直到这人走，但每次我们看到所有的录音录像都是人在这坐着了，我们认为这都应该排除，但就是不排除，郭教授你觉得这个事怎么办？一审不排，二审还不排。

郭云忠：这个是这样，原先检察院非常早的时间就启动了对职务犯罪的同步录音录像，这个定位也比较准确，是自己内部的工作流程，不允许外面的人随便看；如果你提出有刑讯逼供这些，要是有线索和证据可以调阅去查。但你说的这个，我是实打实地说，按原来的规定，你没有依据去全部看这些；再一个，让他完整记录，确实是从进门比较好，但他没有进门，这个没办法，有的检察院要操控电脑，技术人员水平那么高，也不可能。大家知道，那个学生水平比较高的话，他就去 IT 行业挣钱去了；即使是他做好了那个录像，不影响你判断有没有刑讯逼供的问题，如果都很正常，只不过没有从进门开始录，我觉得也没什么大问题。

嘉宾3：我补充一下，前提是被告人、嫌疑人说每次询问前就对好，比如说拿别的证人的笔录，比如说行贿人，什么时间、在哪取的款，他说每次询问前都要演练一下，说准备好了开始录，我们跟嫌疑人、被告人聊天是这样情况，但是在这种前提下要坚决主张作为非法证据排除。同时我们也了解到，有点刑讯逼供的事实，不让嫌疑人休息等等这样，把这个完整的录像看了。我们也是参考，主要就是说不是完整录像的问题。

郭云忠：因为你是站在被告人的角度，他说了你就相信；我现在作为一个中立的第三方，我们经常问的一句话是，他让你这么说你就这么说，你不知道这多严重吗？他打你了吗？没有，没有你为什么这么说。这是审理中经常遇到的，你杀了他没有，没杀；没杀你为什么承认，他打了我一拳，作为一个成年人，他打你一拳你就承认你杀了他，你不知道这后果多严重吗？不予采纳。你说受到什么刑讯逼供，受到什么威胁，你得拿出证据来。你老想从他的这个角度找出点什么，我想大家可能也是同意我这个观点的，为什么演练呢？他让你演练你就演练，你还得说出点理由。

嘉宾4：关于录音录像的问题。我们辩护律师可以提出证据排除的申请，但需要提供一定的线索证据，否则我们平白地提这样的证据，人家也不会同意我们的申请。在录音录像中我们也遇到过这样的问题，并不是说要排除我们这边嫌疑人被告人他的言词证据，而是说在一个行贿案中，我们认为行贿方和受贿方对同一个事说的完全不同，但法院采信的是行贿那一方的说法，行贿认了，受贿的人没认。可是我们在二审阶段就发现，行贿的人在长达一段时间的口供询问中都一模一样，标点都一模一样，一丁点都不带差，我们有一些怀疑，这种口供是什么样的问题。能不能以这种理由来申请检方把录音录像提供给我们，因为那个案子没有给我们提供，我们交了，没给我们。

郭云忠：这个问题也有一定的普遍性，问题在哪？原先是案多人少，现在变成了人少案多。原先案多人少大家想着加一点人，后来发现不但加不了人，人更少了，人少案多，很多人都走了，工作量还是很大。另外是电脑普及，现在很多笔录都在粘贴复制。粘贴复制就有这个问题，一样的他要求做几遍，有的负责任的就重新打或者是改一改，有的就直接粘贴复制。你光提这个，我觉得没有别的证据意义也不大。因为你自己写东西有时候还粘贴复制，另外行贿的人和受贿的人对上才能认。你一问都差不多，我就直接粘贴复制过去。我给检察官讲课的时候都告诉他们说一定不能这么搞，一定要改，因为也出现了粘贴复制乱套的问题。粘贴复制乱套的问题很严重。

三个人抢劫杀害一个出租车司机，副驾驶的人用刀捅，致命伤是用刀捅死的，后面两个人用绳子勒，公安拿过来，检察院批捕起诉到法院，才看出来用刀捅的时候他还在使劲挣扎，我就使劲勒绳，勒的时候使劲挣扎就使劲捅。到底是勒的捅的说不清了。最后到法院，法院说要不你们撤回来，要不你们重新侦查取证，这样的话没法判。后来再去找公安补充侦查，这时候律师的作用就比较重要了，去公安找这三人重新做笔录，到底谁捅的、谁勒的，这时候律师作用就很大了，传话过去了。捅的死刑，勒的那两个可能就判十几年，就保住命了，你们好好想想到底是谁捅的谁勒的。结果再去问的时候，这三个人态度非常诚恳，说时间太长了，我们实在记不清了，以之前的笔录为主，我们都认，之前怎么写的，好汉做事好汉当，我们都认。就很麻烦，最后降格，三个人都判了十几年，谁策划的、谁组织的，作用大小排个一二三，等于说都保住命了，这就把死刑变成了有期。

网络知识产权法问题与对策的法治思维

主讲人：来小鹏

我主要想跟大家交流一下关于网络知识产权法律制度在立法和司法实践中所面临的一些问题，以及应当采取哪些对策，其中主要是从法治思维的角度入手。我们知道，互联网的出现与快速发展对法律提出了很多新的挑战，对这些新的问题，我们该如何运用现行的法律制度进行思考和研究？由于互联网所带来的很多问题不能够运用现行的法律制度进行解决，或者说有的问题需要我们从新的立法角度来进行思考，并且这些问题其中很多都涉及多个部门法的问题，所以从这个角度讲，网络技术所带来的问题可能跟任何一个部门法都存在密切关联。

我想从四个方面来谈一下今天的主题：

（1）互联网发展对传统的知识产权法律关系产生的影响。实际上也就是说知识产权法律制度固有的一些传统知识模块因互联网的冲击和发展所面临的新问题或新挑战。这个是我们在研究网络知识产权法律制度的时候，首先要思考的问题。

（2）目前网络知识产权立法、司法实践和行政管理主要的现状以及存在的一些问题。在互联网对整个法律制度带来的影响中，知识产权制度的影响是比较突出的，主要表现就是我国对于知识产权相关部门法不断地进行修改、完善。同时，在司法实践中也出现了大量的与知识产权相关的司法典型案件，尤其是社会关注度比较高的一些热点难点案件，都是跟互联网知识产权密切关联的。另外，在行政管理这一方面，国家机构改革重组了知识产权的整个管理机构，尤其是知识产权的行政执法机构得到了调整、执法能力得到了提升。

（3）在网络环境下，知识产权所面临的这些问题怎样从法律制度或者法律机制不同的视角来解决。

（4）在《民法典》生效之后，与网络知识产权相关的法律问题，尤其是《民法典》第123条对知识产权作了统领性的规定，而第1194条到第1197条又对关于网络所涉及的一些法律问题作了系统规定。此外，最高人民法院也连续发布了与网络知识产权有关的司法解释，例如，2020年9月10日最高人民法院印发的《关于审理涉电子商务平台知识产权民事案件的指导意见》，2020年9月12日最高人民法院公布的《关于涉网络知识产权侵权纠纷几个法律适用问题的批复》。

一、互联网发展对传统的知识产权法律关系的影响

这个问题实际上涉及互联网技术发展和传统的知识产权法律关系之间的内在必然的关联性，因为任何一个法律制度的产生、发展和变化的背后总是有推动因素存在。知识产权法律制度的整个变化发展跟我们国家的经济发展、科技发展、文化发展、市场发展都是密不可分的。

从互联网的角度来分析，其到底对传统的知识产权法律制度带来了哪些新的影响？这需要从知识产权法律制度跟互联网二者之间的内在关联性方面来思考。任何一个技术的发展或者经济的发展对法律制度产生的影响的核心点聚焦在客体、主体和内容三个方面。

（一）客体

实际上，客体在整个知识产权法律制度中往往被作为第一个研究问题，原因就在于知识产权制度保护的对象是某种智力成果，而这种智力成果的产生跟其他的法律关系所保护的对象存在很多不同。但是某种智力成果能不能够成为知识产权法律所保护的对象，就取决于知识产权所保护的客体范围的大小。

当然，从客体这个角度，它最显著的一个特点就是知识产权保护的客体范围会随着互联网技术的不断发展而扩张，扩张原因也就在于知识产权法律制度所保护的这种智力成果从整个表现形态来讲，并没有一个严格的法律限定，无论是域外国家，还是我国，所保护的客体范围往往都是一个开放式的形态。所以，在知识产权的客体制度中，我们可以从固有的三大法律制度分别进行考察。

1. 著作权

先从著作权领域来看，著作权法律关系保护的客体对象是作品，但是随着互联网技术的发展，著作权中的作品范围进行扩张的主要表现为作品外在表达的方式发生了很多的变化。当前社会涉及基于互联网所产生的一些新的智力成果形态能否被纳入著作权保护范围中，主要看它构不构成作品，以及是不是符合作品的法律构成要件。例如，大家比较关注的人工智能生成物或者说人工智能生成的内容是不是具备了作品的法律属性，能不能够受到著作权法律的保护？当前在学理上以及司法实践中，大家都在探讨、思考这个问题。如果说人工智能的制作物构成著作权法意义上的作品，那是不是就意味着该类成果应该依法享有著作权法意义上的著作权呢？那著作权又该归属于谁？这就必然会涉及法律问题。

另外，还有我们现在看到的一些特殊类型的作品，例如，大众点评上的内容是不是受著作权法律保护，我们就要判断它是不是著作权保护的客体，如果说它是作品，那当然要受著作权法的保护。还有之前大家比较关注的法院审理过的音乐喷泉侵权案件。这个案件的争议焦点就在于这种音乐喷泉的造型是不是已经构成了法律上的作品。此外，还有大家讨论比较多的关于游戏画面这一种多媒体、体育赛事的直播、综艺节目的模式是否受著作权法保护等，关键点在于其内容是否能被纳入著作权法保护的客体范围中，这个问题也是我们判断涉及权利归属、权利行使以及侵权与否的一个前提条件。

还有就是《民法典》第127条对数据和网络虚拟财产作出了一个较为笼统的规定。大家知道，这一条在《民法典》草案审议定稿之前，关于数据是在第 123 条中作为知识产权的一个保护客体来规定的，但后来在讨论过程中，大家对该问题的意见分歧比较大，尤其是这种数据可能还涉及技术层面的解读和法律层面的解读，所以最终采取了当前的立法模式。这种立法模式无疑为数据和网络虚拟财产以后立法研究和规定留出了余地。

最高人民法院《关于审理侵犯商业秘密纠纷民事案件应用法律若干问题的解释（征求意见稿）》将计算机软件作为作品和商业秘密，这是因为计算机软件中可能会涉及有关的技术信息、经营信息或者其他的商业信息，导致在法律上计算机软件在作为作品和商业秘密之间会发生一个交叉关系。一旦这种情况发生的时候，计算机软件是作为作品来受著作权法保护还是被纳入商业秘密中适用反不正当竞争法来进行规制，就需要我们进行判断。所以最高人民法院通过司法解释对其作出了一个明确解读。

为什么我们说客体范围问题是整个网络知识产权体系中首先要解决的问题，因为研究知识产权的首要问题就在于确权。如果说它本身不属于知识产权所保护的客体范围，就不会涉及知识产权归属等问题。另外，在当前各种智力成果中，很多都会涉及个人独占和公共利益的边界划分问题，也就是说，尽管知识产权的保护对象是某种智力成果，但是智力成果极有可能会涉及公共领域。比如《个人信息保护法》规定对于个人领域的信息可以独占，但是只要进入公有领域，就不再属于独占范围。

通过对著作权客体范围的分析，我们可以看到近年来出现很多涉及互联网技术发展的特殊类型作品，那这种新的智力成果形态是否应纳入著作权法的保护范围呢？这就是互联网技术发展对著作权法律制度带来的一些挑战。

2. 商标权

在商标领域中，我们知道商标本身就是商品或者服务的标记，这种标记在整个互联网的发展过程中最突出的问题无非是两个点：一是商标的构成要素，即基于特定的互联网络技术的发展对商标构成要素产生的冲击，比如我们经常看到的平面的、立体的商标标识在网络环境下怎么去体现？而另外一个问题就是商标领域中涉及的最核心的问题——商标的使用问题，也就是在网络环境下，我们怎么样来判断一个商标的使用是不是商标法意义上的商标使用问题。尤其是在电商领域中，跨境的电商交易所涉及的商品必然会涉及商标性的使用问题。

当然，就一些名称、标识能否作为商标来进行注册也可能会产生争议。在疫情期间，很多人把与疫情相关的人名或者名称向商标局申请注册为商标，比如"钟南山""李文亮""雷神山""火神山"等，那这一类的人名或姓名能不能作为一个商标来进行注册或者说它是不是商标权法律关系所保护的客体呢？这就要求商标审查部门在判断的时候要考虑它是不是恶意注册或不以使用为目的进行注册、会不会产生不良影响以及产生什么样的不良影响等。

3. 专利权

在专利法领域中，同样也涉及很多因互联网技术的发展而在客体方面产生的影响，而这一块涉及的核心问题主要就是商业模式、商业方法能不能具有专利性的问题。尽管《专利审查指南》中也涉及了关于商业方法的授权专利的判定问题，但是在专利法律层面来讲，它的具体判断标准可能还需要进一步考虑。

此外，还涉及关于生物序列的专利权保护，药品专利期延长制度以及专利链接制度等，这也是《专利法》第四次修正过程中所涉及的几个重要问题。同时，专利法律的保护客体问题也受到大家的广泛关注，比如局部外观，虽然法律规定其可以得到专利的保护，但在司法实践中，如游戏产业及相关的网络产业中的 GUI 图形用户界面如果与产品分离能否受到专利法保护？因为专利中的外观设计是基于产品的，但是 GUI 在设计阶段的时候可能还没有依附在具体的产品上面。

所以从客体这个角度来看，在网络知识产权领域研究中，第一个视角所涉及的就是网络技术的发展对客体的冲击。我们暂时仅从传统的三大法律制度中给大家简单地交流一下，除此之外，可能还涉及其他领域的扩张，如在商业秘密的客体方面也会产生很多新问题。

（二）主体

结合以上的考察，互联网技术的发展对知识产权法律制度带来的影响在主体制度方面主要体现为两点：

第一，从权利主体角度来讲，往往难以确定，也就是说，某一个智力成果如果被纳入知识产权保护客体中将会产生一个新的权利，那么这个权利到底归属于谁？这必然涉及法律上的判定标准。

第二，一旦发生网络环境下的知识产权侵权行为，侵权的主体往往是难以确定的，主要体现为侵权可能是多主体分步骤实施的知识产权侵权行为。比如无人驾驶汽车致人损害，或者人工智能生成物致人损害，包括当前在专利中某些专利的外在体现可能是一个专利产品，但是这个专利产品含有多个专利，如果这个产品致人损害，那么我们该如何判定侵权主体呢？这时我们是适用传统的共同侵权理论还是适用直接侵权、间接侵权理论呢？无论适用哪种理论，都必然会涉及后续的举证和责任分担问题。

著作权中的权利主体难以确定的种类就是数字音乐和网络音乐，因为它可能会涉及原作品著作权人和网络平台服务提供者、集体管理组织等。对于这一类作品，如果第三人对他人的某一个音乐作品在网络上实施了侵权行为，就需要判断哪些人是权利主体，并且每个权利主体可以就侵权行为依据何种请求权基础来提请法律保护。

（三）内容

内容的核心点实际上是互联网技术的发展对整个知识产权法律关系内容带来的冲击，将会涉及很多方面，比如说互联网数字技术的发展使得知识产权产生了一些新的权利内容，也就是原本固有的权利内容出现了扩张。

1. 关于著作权

我给大家举一个简单的例子，比如出版，传统《著作权法》意义上的出版包括出版权，它是著作权中的一项权能，也就是说，著作权人依法享有出版权，可以通过复制发行的方式将作品对外传播。但是在当前的司法实践中，很多出版内容发生了变化，出现了数字出版、数字优先出版等形式，其中数字化出版跟数字出版也有所不同。尤其数字出版实际上突破了传统出版的复制发行的固有内涵，还包含了传播的内容，而一旦涉及传播，比较常见的就是信息网络传播权。可见，这种整个数字技术的发展，对传统出版的内涵和外延必然会带来很多新的解读。

同样，我们看到《著作权法》修正中所涉及的关于摄制权、表演权等内涵的界定。其中《著作权法（修改草案第二稿）》第17条关于视听作品的规定就存在很大争议，视听作品是基于原有《著作权法》中的电影作品和以类似摄制电影的方法所创作的作品所产生的。《著作权法（修改草案第二稿）》第17条把视听作品作了类型化的划分，即电影、电视剧以及其他的视听作品，那么按照这样划分之后，它的权利归属也相当于规定了不同的法律依据。如电影、电视剧的权利归属于制片人，但是其他视听作品又需要区分是职务作品还是非职务作品，是合作作品还是独立作品，是委托作品还是其他类型的作品等，并因为作品的产生依据不同而导致权利内涵及法律归属不同。

可见，这种分类可能会使得固有的视听作品权利的内涵和外延产生变化。无论是从现有的国际公约来看，还是从国家影视行业的行业规则来看，《著作权法（修改草案第二稿）》第17条规定这种类型划分或者说判断标准，是不是契合整个互联网技术发展对著作权固有权利所带来的一些冲击并体现了《著作权法》本身的一些要求，还是值得进一步思考的问题。除此之外，整个的《著作权法》修正中还有新增加的一些权利内容，例如追续权的问题，同样大家对此也有不同的观点，《著作权法（修改草案第二稿）》对此也作了新的修正，这也体现了著作权的内容的发展和变化。

2. 关于商标权

商标权的内容因互联网技术发展的冲击，主要指网络环境扩大了商标权的影响范围，也就是说，互联网技术的发展使得商标权人很难控制自身的商标使用范围，这就可能间接加剧他人恶意注册或者说恶意抢注这种行为的发生。比如，跨境交易的商品上面所依附的商标或者标识能否叫作商标性使用，这不仅仅涉及一个商标的权利问题，也涉及商品的平行进口的法律判定问题，所以关于商标权的内容以及是不是商标性的使用，可能不同国家或地区对此会产生不同的理解。同样的情况还有定牌加工这种形式，它的商标一旦涉及使用的时候，是否属于商标法意义上的商标性使用。

3. 关于专利权

对专利权内容的影响实际上主要体现为互联网技术不断发展导致专利权通过标准与专利的融合而使得专利权的内容不断地扩张。标准必要专利是大家比较关注的问题。在法律上，标准必要专利主要涉及两个法律问题：一个是禁令的问题；另一个是专利许可使用费的费率问题，而这两个问题都跟网络环境的发展有关系。所以从这个角度来讲，互联网技术的发展对整个知识产权，无论是作品的内容，还是说商标权、专利权的内容都带来很大的影响。当然，我们今天交流的主要是实体上的影响，也就是涉及权利、义务和责任的问题。除了这些，还产生了很多其他的影响，因为知识产权的获取是具有授权性的，而这种授权性也意味着要通过特定的程序才能够获取。获取的过程由于互联网技术的发展产生了很多新的形式和表现形态。例如，商标、专利都可以电子申请，并且在管辖及送达上也会涉及与互联网技术密切关联的一些法律问题，以及诉讼过程中电子证据的法律判定和认定问题，都会对整个知识产权法律制度带来很多的冲击。

二、网络知识产权立法、行政执法和司法现状，以及所存在的问题

(一) 关于立法

首先是网络知识产权立法的问题，主要涉及的是互联网技术的发展与我国现行立法滞后性之间的矛盾以及如何解决。大家也知道，由于法律本身天然的滞后性特点，相关技术的出现会对社会经济生活产生影响，这时我们就需要从立法层面来考虑和解决法律调整问题。

就互联网涉及立法的核心问题大体上有三点比较重要：

（1）现行的网络知识产权的立法体例，这一点的最主要表现特点是碎片化，即整个立法没有总体的立法框架，而导致我们无法在立法结构层面掌控整个网络立法的体例，而仅仅能看到互联网技术的发展对部门法所带来的一些影响。

（2）立法趋势，即网络环境重点领域的立法在不断强化，如目前网络环境下立法理念的重点领域之一是电商领域中所涉及的相关法律问题，对此我国制定了《电子商务法》和《个人信息保护法》，而个人信息在整个互联网环境下所涉及的相关问题对于我们来说也是一个新的挑战。

除此之外，大家比较关注的就是数据安全立法问题，而这些立法都是我国在重点领域中通过互联网立法进行规制的。另外，重点领域立法中有一个显著的特点，即都与知识产权的关联度特别强，因为很多问题都跟知识产权相关。

（3）除了重点领域立法，立法解决的途径还可以是通过政策来进行指引，如司法性解释、指导性文件，或者是指导性案例等，这些政策指引在互联网领域中非常多，实际上也意味着网络知识产权的立法核心问题表现为互联网技术快速发展与立法滞后之间的矛盾。

关于网络立法以及互联网知识产权立法如何能够更科学、更体系，或者说如何通过一种具有逻辑性的立法来达到一个整体立法体例，这都是我们未来需要思考和研究的问题，尤其是在《民法典》出台并实施之后，我们该如何在知识产权这一种私权理念下构建网络环境下的私权保护体系，仍是一个亟待思考和解决的问题。

以上就是网络知识产权立法中所涉及的核心问题。当然，目前知识产权立法中的《著作权法》第三次修正与《专利法》第四次修正后，跟互联网有关的一些最新规定，也是我们需要关注的问题。

（二）关于执法

关于网络环境下的行政执法大体上主要面临以下问题：

（1）国家机构改革之后，网络环境下的行政执法机构还有待进一步完善，例如，重新组建之后的国家知识产权局对整个知识产权体系（专利、商标以及地理标志、商业秘密等）统一进行规制，虽然从国家层面上来说，这个机构基本完成了改革，但是在地方上，尤其是地方层面的行政执法机构的落实方面还有待进一步推动。

除此之外，知识产权的行政执法由于其专业性很强，尤其是专利行政执法，根据《专利法》第四次修正，专利行政执法权限下放到县、区一级，这必然会面临如何实现执法队伍或者执法效果更专业的问题。

（2）网络环境中存在不少侵权行为，甚至是跨区域、跨领域的侵权行为，那么传统的执法手段如何在网络环境下具体地加以运用，尤其是跨区域执法情况下如何查处大规模或者恶意的群体侵权行为？

另外，在执法机制上还可能涉及网络环境下的知识产权方面的行政机关该如何根据知识产权侵权隐蔽性、多样化的特点，全面提升执法手段和执法能力的问题。由于承担相关研究课题，我们在对有关知识产权的市场侵权行为进行调研的时候，就感觉到大量的基层行政执法部门线上和线下差异性很大，尤其是线上可能会查处到这是一个侵权行为，但是真正落实到线下查处时，就带来很多问题，往往难以落地。所以，在网络环境下的执法手段能否到位也是网络环境下的行政执法所面临的一个问题。

当前行政执法所面临的另一个问题就是执法的流程问题，因为现在在网络环境下查处知识产权侵权案件的时候，涉及最难的问题就是线索发现比较难，这就导致知识产权侵权案件处理如何落到实处同样也比较难。

（3）证据的获取比较难，当然证据获取难、举证难是整个知识产权侵权案件体系中一个固有的特点，更何况是在网络环境下所涉及的侵权行为的证据固定问题、证据保留问题以及证据真实性判定问题。

再就是处罚执行比较难。我们在实际部门和企业调研期间发现，行政执法部门现在面临着网络环境下知识产权行政执法所产生的一系列问题，因为大量案件无论是从程序上还是实体上都可能超越了传统的地域限制，并且侵权的证据也多以电子化的形式存在，对侵权行为的处罚执行往往阻力较大。

（4）行政执法的标准。这个问题确实是立法、司法和行政执法的衔接过程中所面临的一个难点。大家都知道，在整个的审查过程中，像授权部门（专利的行政授权部门、商标的授权部门等）都涉及授权的标准适用问题，另外在行政执法过程中，也同样会涉及执法标准问题，例如商标侵权的判定标准、专利侵权的判断标准、著作权侵权的判定标准等。而在司法实践中，行政执法机关与司法机关认定的标准可能会存在一定的差异，这就导致在个案中会面临具体的标准不清晰、不统一的问题，也就使得最终执行结果可能难以让当事人信服。所以，立法标准、行政执法标准和司法标准统一，或者说建立一种机制能够使它们有效地衔接，可能就会使得行政执法的权威性、影响力得到大幅提升。当然，这些标准中可能涵盖很多认定的具体标准，尤其是对有关侵权的判定标准。对此，大家也可以关注最高人民法院发布的《关于涉网络知识产权侵权纠纷几个法律适用问题的批复》，其中就对网络环境下涉及的有关具体判定的标准作出了司法性解释，同时还对通知、声明的要素等进行了明确的细化解释。此外，最高人民法院还发布了《关于完善统一法律适用标准工作机制的意见》，这个意见的核心点就是法律适用的标准要统一，即在权利认定、侵权判定、法律的适用上应该达到统一的标准。可见，法律适用统一标准问题也是在整个知识产权网络环境下的行政执法过程中面临的新问题。

（三）司法现状和问题

第三个方面就是网络知识产权的司法问题。经常参与案件办理的律师对司法都是比较熟悉的。我通过知产宝做了一个简单的统计数据，2010年至2019年我国发生的网络知识产权案件一共是286 000多件，其中涉及网络知识产权的著作权案件一共是23万多件，网络专利权案件是13 000多件，网络商标案件是33 000多件，不正当竞争案件是3300多件。通过这个统计数据我们可以看出，涉及网络知识产权纠纷案件中数量最多的是网络著作权案件，所以这类案件引发的相关法律问题是我们要关注的核心点。

三、解决网络知识产权现存法律问题的对策

(一) 立法方面

网络环境下所涉及的知识产权客体不断扩张，侵权行为不断多样化，而我国网络知识产权立法又缺乏系统性，立法、行政执法和司法缺乏有效的衔接，这些都需要从网络知识产权的科学立法来考虑。下面我给大家举几个例子予以说明：如目前有关网络知识产权犯罪问题，包括刑法解释修正案中涉及的网络知识产权犯罪，现在大家争议比较大的一个问题就是关于刑法犯罪中的网络环境下电子侵入行为的内涵和外延到底是什么？《反不正当竞争法》把电子侵入也作为侵害商业秘密的一种具体的行为，即电子侵入他人的商业秘密会构成一种不正当竞争行为。但是到底如何在法律上界定电子侵入，可能还需要进一步考虑。

另外，有关网络平台的知识产权侵权责任问题。《著作权法》《商标法》《专利法》《反不正当竞争法》实际上都引入了跟互联网有关的一些新规定，当然在理论和司法实践的衔接上，我们还要考虑或者要思考能否制定一些共同的规则以在知识产权具体部门法中进行适用。比如，当前大家都在研究的通知删除规则，也就是避风港原则，这个规则最初是基于版权所产生的一种法律制度，但这一种法律制度在互联网的环境下能否被引入商标法和专利法中，也就是说，网络环境下的商标产品或者专利产品能否适用通知删除规则，这些问题可能都是我们要考虑的法律问题。

从《电子商务法》可以看到，其第42条到第46条都是跟知识产权有关的规定，该法还特别强调了关于电商平台要制定一个知识产权保护的规则，对此我们该怎么理解？这个规则怎么来制定？规则包含哪些具体的内容？因为当前的网络平台很多且种类不同，它们都有自己的知识产权保护规则，但彼此之间的规则又是不太一样的，所以如果谈到网络知识产权保护的共同性规则，是否应在立法上统一建立一种系统性、科学性和可操作性的规则就是我们需要考虑的问题，尤其是《著作权法》第三次修正和《专利法》第四次修

正之后，怎样把互联网所带来的新问题从立法上和法律适用上更好地予以体现。当然，除了立法，可能还会通过行政法规、部门规章以及司法解释的形式来贯彻网络知识产权的法律保护问题，从而弥补立法的一些不足。而且从当前我国网络法规的现状来看，一部《宪法》、200 多部法律、500 多部行政法规、12 000 多个部门规章和地方性行政法规等，都在起着一定的法律规制作用。

另外，由于知识产权本身涉及的职能部门较多，所以当互联网介入的时候，必然会涉及法律法规制定主体的立法权限及边界划分问题。对于这些问题，就需要我们考虑如何在网络知识产权的法律制度中使得立法真正达到科学立法。

（二）执法方面

执法这一方面我们主要强调的还是以下两个方面要不断加强：一是执法队伍的人员配备、人员整体素养和专业知识提升方面，尤其是涉及专利、商业秘密等专业性和技术性比较强的领域；二是要明确执法的标准，这也是我们整个行政执法的核心点，即建立相应的执法标准以达到具体行政执法的规范化，比如国家知识产权局已经发布了《关于开展知识产权行政执法案例指导工作的通知》，意味着在全国范围内涉及网络知识产权行政执法都需要通过行政执法的案例指导来确定执法标准和执法流程。

（三）司法方面

司法方面涉及的最核心问题之一是司法体制改革；另一个是关于知识产权的指导性案例。因为司法判例可能更灵活，可以解决技术的发展和法律滞后性之间的矛盾，所以，我们如何正确理解和适用网络知识产权指导性案例，以及如何正确理解现行的法律并把它适用到网络环境下知识产权所面临的问题解决方面，是当前需要我们考虑和解决的。尤其是《民法典》生效之后，这类指导性案例的功能和作用也亟待明确。

除此之外，还有一个比较重要的问题就是，知识产权法律制度的国际化程度很高，并且很多知识产权问题是大多数国家都会面临的，所以我们可以考虑怎样借鉴国际上有效或有益的经验对我国网络环境下知识产权保护的规则、制度进行完善。比如关于数据的相关法律问题，尤其是网络空间的治理问题，就需要我们对国际上的一些共同规则进行研究并衡量能否为我们国家所借鉴。

另外，我们还需要思考和区分网络环境下的技术问题和法律问题，技术问题需要通过技术来解决，法律问题就要通过法律来解决。对于有些问题尽管在我们看起来是互联网对整个知识产权法的冲击，但可能从本质上来说只是传统问题在网络环境下的新体现，所以我们能够通过解释或者适用原有的法律规定来解决这些问题，而不需要单独立法。因此，对有的问题我们一定要客观、科学地看待，具体情况具体分析和解读，区分哪些是新问题及哪些问题可以通过原有的或者应有的法律制度进行解决，而不是只要出现网络环境中的知识产权问题就必须在现行立法中有所体现或进行新的立法规制。

四、《民法典》中与网络知识产权法相关的问题

《民法典》公布之后，涉及网络知识产权的一些问题，也受到了充分的关注。大体上涉及四个问题：第一个问题就是关于《民法典》里个人隐私与个人信息之间的关系；第二个问题是网络环境下侵权问题，即《侵权责任法》所涉及的网络侵权的条款，在《民法典》里又规定了哪些新的内容；第三个问题是网络环境下生物识别信息在法律上的地位以及怎么来保护，《民法典》专门对声音作了特别的规定，即可以参照肖像权来进行保护；第四个问题是关于数据和网络虚拟财产的法律保护，《民法典》也概括性地作了规定。

（一）关于个人隐私和个人信息的问题

隐私问题是互联网时代大家特别关注的一个问题，尤其是近几年严重侵害他人隐私的事件频频发生，涉及个人的权利保护以及社会公共利益的保护，也涉及信息与数据安全问题。所以，《民法典》第四编第六章专门对隐私权和个人信息作了规定，在现行的法律基础上对隐私权和个人信息进行了一个强化的保护。

关于隐私的具体内涵，《民法典》第1032条第2款先对隐私作了一个立法性的解读，然后在第1033条概括了六种行为，其中第一

种为私人生活安宁权，说明我国的立法把私人生活的安宁纳入了隐私范围，并把它作为一项重要的人格权利在法律上来进行保护。这和我们传统理解的隐私内涵有所不同，实际上把私人的私密空间、活动以及信息，都归属到隐私的范畴里，无论你通过什么样的方式，如果侵扰破坏了他人私人生活的安宁，统统都属于侵害隐私的行为。把安宁权引入隐私权的范畴，实际上是在法律上对隐私权内涵作了一个扩充。

关于处理个人信息必须要遵循的原则和条件。《民法典》第 1034 条对个人信息作了明确的规定，以电子或者其他方式所记录下来的，所涉及的自然人的单独的或者其他的相关信息以及能够识别特定自然人的各种信息，共同构成了个人信息的范畴。从该条第 2 款我们可以看到个人信息中的私密信息，实际上适用的是有关隐私权的一些规定。同时，个人信息与个人数据的关系在学理上仍有一定的争议，两者在法律上是否等同还是有所差异从技术层面和法律层面上可能存在不同的解读。

个人信息在法律上涉及的最核心的问题是信息的收集和处理，例如在网络环境下，对个人信息的收集、存储、使用、加工、传输、提供、公开等，《民法典》第 1035 条明确了处理个人信息的合法、正当、必要的原则，以及四个条件，分别是征得同意，公开处理信息的规则，明示处理信息的目的、方式和范围以及合法或者符合双方的约定。所谓的征得同意，在个人信息保护里体现为同意原则，所有收集利用个人信息的服务商，首先要通知用户并征得同意。它的主要法理基础在于个人信息所涉及的是个人自主的理论，实际上是个人自由、个人空间、个人意志的体现。所以，任何主体使用个人信息首先必须要征得用户的个人同意。

在法律上哪些个人信息的使用需要征得同意，哪些个人信息的使用不需要征得同意，涉及个人信息保护的边界。有的个人信息，例如一些名人或者个人已公开的一些识别的信息，可能已经进入公有领域，需要跟个人隐私或者说其他受隐私权保护的个人信息相区分。

所谓公开处理信息的原则，意味着网络服务提供者所制定的隐私保护的规则必须要有民法上的依据。所有的网络服务提供者在网络环境下都应该让用户知晓他们的个人信息将会被怎么处理。例如，在司法实践中存在一些网络服务提供者，可能用少量的优惠就能够得到一些用户提供的个人信息，但是这些网络服务提供者是否征得了用户的同意，用户是否真的知情则很难确认。《个人信息保护法》中有处理信息的所谓的公开规则，同样涉及公开的范围和公开方式。

所谓明示处理信息的目的、方式和范围，需要与《网络安全法》《电子商务法》的规定进行衔接。例如，《网络安全法》规定，网络运营者要收集使用者个人信息，需要公开收集使用的规则，明示收集使用信息的目的、方式和范围，并且要经过被收集者的同意。上述《网络安全法》的规定，是否与《民法典》明示处理信息的目的、方式和范围相一致？同时，由于《网络安全法》已经作了规定，《个人信息保护法》以及《数据安全法》里所涉的个人信息、个人数据，涉及的明示的目的、方式和范围是否需要和《民法典》的规定保持一致？这可能是我们在具体的部门法制定过程中需要面临的问题。

另外一个问题是，《民法典》规定了行为人处理个人信息不承担民事责任的几种情形，也就是免责条款。《网络安全法》明确规定了被收集者同意匿名化处理，是合法提供公民个人信息的情形，《民法典》第 1036 条对处理个人信息，行为人不承担民事责任的情形进行了明确规定。此处涉及几个核心点，第一个是说自然人或者监护人在同意的范围内，"合理"地实施这种行为；第二个是"合理"处理该自然人自行公开的或者其他已经合法公开的这种信息；第三个是为了维护公共利益或者自然人的合法权益"合理"实施的其他行为。当涉及公共利益时，怎么来区分是否是为了维护公共利益"合理"地实施某种使用公民个人信息的或者处理个人信息的行为？这种"合理"的判定，判定的要素、标准是什么？可见，在《网络安全法》和《民法典》具体实施过程中可能都会面临对"合理"的解释，这是我们所要关注的又一个主要问题。

（二）关于网络侵权条款的问题

这一问题主要涉及的是《民法典》第 1194 条到第 1197 条。不同于以往的规则，《民法典》关于网络侵权的规则已经不限于过去的避风港的规则，当然从条文本身来看，第 1195 条规定的是必要措施，如何来理解这个"必要"措施，可能涉及两个方面：一个方面是权利人，他有权通知网络服务提供者可以采取必要的措施，这个必要的措施就指的是我们所谓的删除、屏蔽和断开链接，这是必要措施的一个内涵。而另外一个方面就是网络服务提供者，他接到通知之后，应当及时地将这个通知转送给相关的网络用户，并根据构成侵权的初步证据和服务类型采取必要的措施，此处必要的措施，显然不是上面所说的删除、屏蔽和断开链接。如何理解哪些是"必要"的措施，可能在《民法典》实施之后还需要进一步细化。最高人民法院有关的司法解释也涉及，当接到用户通知后，判断是否构成了侵权的初步证据，需要对一些因素予以考量。例如，侵权成立的可能性，侵权行为影响的范围，侵权行为具体的情节，包括是否存在恶意侵权、重复侵权的情形，还有防止损害扩大的有效性与对平台类经营者利益可能的影响，以及电子商务平台服务类型和技术条件等，这些都可能是判断电子商务平台的经营者是否采取了必要、合理的措施时需要考量的因素。

同时，不同于《侵权责任法》第 36 条的规定，《民法典》明确了转通知的程序。这种转通知程序的规定，使得《民法典》的避风港的规则在逻辑的思维上更加完整：通知，转通知，再采取必要的措施。《民法典》这个变化完善了网络侵权条款的逻辑，根据其第 1195 条第 2 款的表述，这种转通知成为与必要措施平行的一个义务，转通知和必要措施被作为两个并行化的规定，而不像我们过去所谓的必要措施里包含了转通知。从这个角度来讲，《民法典》所规定的转通知，并不属于必要措施里面的内容，这就是我们看到的在《民法典》第 1195 条里所做的一个变化。

必要措施具体包含基于删除、轻易删除的必要措施、删除的措施和重于删除的必要措施。这实际上是对必要措施做了三个层次的一个划分，是《民法典》的一个新规定。

关于错误通知的责任。原《侵权责任法》第 36 条没有涉及错误通知的责任问题，《电子商务法》第 42 条对错误通知的责任作出了规定，因通知错误造成平台内经营者损害的，依法承担民事责任。恶意发出错误通知，造成平台内经营者损失的，加倍承担赔偿责任。相对于《电子商务法》的规定，《民法典》中网络侵权的规则有两个明显的不同：一是仅规定了错误通知的责任，而没有规定恶意通知的责任；二是《电子商务法》仅仅规定了对造成平台类经营者损害承担民事责任的问题，而没有涉及其他的网络服务提供者。《民法典》增加了不仅是对平台类经营者，在对网络服务提供者造成损害的时候，同样提供救济的规定。可见，《民法典》在原有的《电子商务法》和《侵权责任法》的基础上，对此做了一个明确的划分。

具体怎么理解恶意通知，或者通知、转通知中应当都包括哪些内容，最高人民法院《关于涉网络知识产权侵权纠纷几个法律适用问题的批复》对此作了一些明确的规定。例如，根据《电子商务法》第 42 条，知识产权的权利人如果要向电子商务平台的经营者发出通知，这个通知的内容一般要包括权利人的权利证明，以及权利人的真实的身份信息；能够证明实现准确的定位的被诉侵权的商品和服务的信息；构成侵权的初步的证据；所有的通知采取的法律上强制要求，必须是书面形式，书面形式意味着权利人必须要保证所有的通知的真实性。

《电子商务法》第 42 条第 3 款规定了通知人存在恶意的情形。如何认定恶意通知？因为恶意通知是有责任后果的。最高人民法院的司法解释中同样对恶意的考量因素作了规定：提交伪造的、变造的权利证明，可以认定通知人是恶意的；提交虚假的侵权对比的鉴定意见、专家意见，可以认定通知人是恶意的；明知通知错误，还容忍不撤回或者不进行修正的，也同样可认定为恶意通知。如有错误通知还反复地提交，也可以认定主观上具有恶意。《民法典》没有明确认定恶意通知的责任，但是它规定了一个错误通知，怎么来区别这个错误通知和恶意通知，最高人民法院的司法解释里面实际上对它已进行了细化。

此外，如果电商平台类的经营者，依据《电子商务法》第43条的规定，向电子商务平台的经营者提交不存在侵权行为的声明，这个声明到底应该包括哪些要素？最高人民法院的司法解释也对此作出了细化，声明应当包括平台类的经营者的真实身份的信息；要求终止必要措施的商品或者服务的信息；权属的证明，授权证明等不存在侵权行为的初步的证据；以及对声明真实性的书面保证。

通过研究最高人民法院司法解释的内容，我们看到在《民法典》规定了这些内容之后，如何将之落实到具体的司法实践中，还需要通过对现行的法律进行解读，以便在司法实践中适用法律的时候能够达到标准的统一。

（三）生物识别信息的法律保护问题

《民法典》第1023条对声音这种生物识别信息作了一个特殊的规定，对自然人声音的保护，参照适用肖像权保护的有关规定，实际上引申出了对生物识别信息的保护。随着互联网技术的不断发展，这种生物识别信息和人格的特征的结合越来越密切，很多的生物识别信息跟个人的人格身份和利益密切关联，并且这些生物识别信息可能会产生商业价值。在这种情况下，如何在法律上对这些生物识别信息进行保护，是我们面临的新问题，《民法典》第1023条第一次将对声音的保护在立法上作了规定。

目前中国政法大学已专门开设了网络数据法硕士、博士专业，主要研究的是互联网所带来的一些新问题，其中生物识别信息是大家比较关注的重点，它不仅涉及信息安全、数据安全甚至国家安全的问题，同样也涉及个人隐私保护和个人数据信息保护的法律问题。很多的生物识别信息一旦被商业化利用，本身是能够带来某种经济价值的，在这种情况下，它跟我们传统的那种人格和身份所产生的利益有很多是相近的，如果利用了他人的生物识别信息，从事的是一种商业性的获利行为，是否对权利人或者个人构成侵害？如果是，如何认定赔偿？这些都是生物识别信息带来的新问题。

除了声音，还有广泛的其他生物识别的信息，例如，人行走的步态、人的背影，在法律上是否能被认定为生物识别的信息？是否能够达到受法律保护的条件？或者说是否符合一定的标准就应该把它们纳入生物识别信息里？

当然，对自然人声音的保护参照适用肖像权的保护，尤其是通过《民法典》来进行保护时，我们需要考虑对他人声音的使用是否必须以盈利为目的，反之，如果说对他人声音的使用不是以盈利为目的，是否就不构成侵权？在原《民法通则》里，对他人的肖像以盈利为目的来进行使用才可能会构成侵权，造成损害的时候才可能会承担赔偿责任。因此，涉及肖像与声音这种生物识别信息，它的利用目的是否对使用行为的法律属性产生特定的影响，这些问题需要我们来进一步思考和讨论。

此外，将声音单独拿出来作规定，这有一定立法背景，因为声音具有人格属性，个人的声音是具有识别性的，这种差异性能够对特定的主体起到一个识别的功能，当然，是否能够达到肖像识别的程度，还需要我们在司法实践当中根据具体的个案来判断。

关于声音的商业价值，同样会涉及与声音、肖像相关的法律问题。在网络不发达的年代，声音在社会大众间的传播范围和速度非常有限，很多个人的声音，还有通过音频合成、技术合成的特种声音，被利用的概率很低，但是在网络环境日益普及的当代，盗用他人声音，恶意模仿甚至丑化他人声音的，必然会对相对人造成损害。如果将特定声音进行商业化使用，在网络环境下与特定的主体相结合，会给消费者或者观众带来某种联想，例如，在各种短视频平台上，经常会有一些具有标识性的声音，能够吸引许多用户去听、去看，这种使用声音所产生的商业价值也是当前网络环境下所产生的新的法律问题。

同样，把声音比照肖像权来进行保护，也会面临合理使用的问题，在什么情况下属于合理使用他人的声音，这需要设定一个评判标准。如果是为了进行新闻报道，履行法定的国家职责，或者为了维护公共利益，维护肖像权人合法权益，这些情况下使用他人肖像的行为可以认定为属于合理使用、合理实施的范畴。而对于声音的使用，是否也可以参照肖像权的权利限制的具体范围和方式制定统一的评判标准，这也是需要我们进行思考的一个问题。

（四）除了以上三方面的问题，还有最后一个问题，即关于《民法典》第 127 条所规定的数据和网络虚拟财产的保护问题

从立法上来讲，《民法典》对数据和网络虚拟财产作出了规定，确实有法律引导的功能，但也只是宣示性的条款，主要的含义在于对数据和网络虚拟财产作了原则性的规定，基于数据和网络虚拟财产所产生的相关的权利和义务，可能会涉及的民事权益，并在立法上为数据和网络虚拟财产的后续立法留出空间。《民法典》是整个民事法律制度中的一个基本法，如果对数据和网络虚拟财产没有规定，会对后续的整个法律体系的构建产生影响。《民法典》在此对数据和网络虚拟财产的保护进行原则性的规定，显然是具有前瞻性的。

既然《民法典》对数据和网络虚拟财产的保护问题作了规定，我们就需要从学理和法律解释以及适用上面来理解数据和网络虚拟财产。首先面临的问题是数据和网络虚拟财产的基本内涵，什么是数据？什么是网络虚拟财产？数据可能还会涉及个人数据、企业数据和政府机关的数据，根据不同的分类，这个数据可能构建的法律制度体系是不一样的。目前我们国家也正在制定《数据安全法》，主要是从数据本身的安全角度来对数据进行总体上的立法。如果从《民法典》所规定的角度来理解，它属于民事权益交易的对象，这必然会涉及数据权益的界定、数据权益的归属、数据权益的交易和使用，以及数据的转让，甚至数据跨境的交易等法律上的问题。因为一旦涉及权利所依附的客体对象，那就会涉及权利主体、权利的具体内容、权利的行使、权利的转让，以及权利的救济等，在法律上还可能会涉及整个保护的体系问题。

在《民法典》制定过程中，从物权的角度涉及了网络虚拟财产的问题，网络环境下的虚拟财产与传统财产不一样，但由于网络虚拟财产确实能够带来某种权益，如何在法律上对传统财产和虚拟财产进行界定，也是后续立法需要思考并加以解决的问题。

在司法实践当中，基于网络虚拟财产所产生的很多纠纷已经发

生，我们如何判定网络虚拟财产的法律定位，是我们未来首先要关注的问题。当然，我们从网络法的角度思考网络虚拟财产的时候，也可能涉及互联网与有关的财产法对接的问题。目前《网络安全法》的研究范围：一个是网络空间里基于网络所带来的相关的法律关系，涉及网络的基础安全、基础设施的安全；另一个是数据相关的法律制度所带来的一些问题，数据的流转、交易，引发的就是网络的虚拟财产问题。此外，如果对数据本身的收集、运用、开发、挖掘等处理的过程中又加入了一些算法，引申出来的就是人工智能，所以人工智能所引发的一些相关的法律问题，同样可能是《网络安全法》所要面临的问题。

因此，我们目前关注的关于网络法律制度的三个核心点：网络基础、数据和人工智能，几乎每一点都与知识产权相关，因为每一点都可能会含有创新点，一旦含有创新点，就会涉及创新智力成果的法律确认和法律保护，也就是采用著作权保护，还是采取专利保护的问题。一旦这些产品进入市场，都需要通过商标、专利来进行保护，这都是网络环境下知识产权所要面临的一些新的问题。

所以关于数据和网络虚拟财产，我个人觉得还是要随着我们国家整个互联网技术的不断发展，通过实践经验的总结，在立法上确认数据和网络虚拟财产的法律地位，明确它的法律属性，而采取怎样的法律保护手段，可能还有待司法实践的进一步发展和总结。尤其是数据，欧盟、美国等对数据相关的一些新的规定，可能会对我们有一定的启示，但我们也不能照搬，毕竟我国在网络数据领域有自身的需求，我们可以参考国际上对数据和网络虚拟财产采取的一些保护的手段，制定一个既符合国际惯例，又符合我们国家的要求，对我们国家整个互联网产业和创新型国家的发展有用的关于网络和网络虚拟财产，包括数据保护的一个法律制度。以上就是我国《民法典》对数据和网络虚拟财产提出宣示性的规定之后，给我们带来的一些思考。

互联网技术不断发展，对整个的知识产权体系提出了很多新的问题，这些问题需要我们通过法治思维进行思考，法治思维的核心点我认为还是要以现有的法律为基础，运用现有的法律逻辑和法律价值来思考面临的一些新问题，来解决知识产权领域里新的挑战。这样可以使我们对网络知识产权法律所提出的一些对策或者建议，既有合法性、合理性，又能够体现公平、公正，达到利益平衡，最终体现出我们法律制度应有的价值。

以上就是我想跟大家分享的关于网络知识产权法问题与对策的法治思维话题，不足之处请大家多批评，最后再次感谢朝阳律协给我提供这次机会，谢谢大家。

竞争法中的知识产权问题与案例研究

主讲人：刘继峰

今天很高兴能跟大家共同聊一聊竞争法中的知识产权问题。

知识产权问题在整个竞争法中是一个比较重要的内容，当然知识产权法也会从侧面去讨论部分竞争的问题，下面我们对这两个角度的相应问题都会展开探讨。在我国，竞争法属于分立式的立法，包括《反不正当竞争法》和《反垄断法》，通过比较这两部法可以发现，前者显现出来的知识产权问题更明显一些，主要体现在案件的数量、内容等方面，尤其是在互联网经济蓬勃发展的这种前提下，知识产权和不正当竞争将会存在更多交叉问题。

从很多诉讼案件的案由和诉讼请求都可以看出，在中国的制度运行过程中，有一个比较特殊的现象，即知识产权和不正当竞争的交叉问题，例如某某公司诉某某公司商标侵权及不正当竞争案，还有著作权侵权及不正当竞争案等。但对于反垄断中涉及的知识产权问题，迄今为止我国还没有颁布相应的规范性文件，仅有2015年的《关于滥用知识产权的反垄断指南（征求意见稿）》，这个文件至今也没有正式通过。所以，目前我们关于反垄断视角下的知识产权问题，只有这个意见稿可以作为一个研究对象，并且从案件的数量上来说，关于反垄断的知识产权问题的案件并不多。

一、竞争法和知识产权法的交叉关系

这个问题很直面，如果从理论角度挖掘的话，可以理解为知识产权作为一种重要的竞争工具，在对外企业或经营者对外竞争过程中，都被拿来维持自身企业的竞争优势，或者被拿来作为取得竞争优势的一种非常重要的手段。

（一）知识产权与商业秘密

广义上的知识产权其实还包括商业秘密，但我们今天探讨的问题是从狭义上来说的，即知识产权不包括商业秘密。商业秘密是否属于知识产权这个问题目前是存在争议的，因为从制度规范上来看，商业秘密被规定在《反不正当竞争法》中，而不是《商标法》《专利法》等部门法中，所以从这个角度上来说，我们不把它列为一个知识产权类型。当然，在知识产权学界，更多的学者们会把商业秘密列入知识产权范畴，并且也有一定的制度依据和认识依据，如《保护工业产权巴黎公约》等。另外，从形态上来说，商业秘密本身也包含技术信息，或者说商业秘密和技术信息之间也有着紧密的交叉关系。但是考虑到商业秘密具有极强的特殊性，包括自身的权利生成以及生成后的权利特点、案件判定的特殊标准等，如果我们要特别突出这些特殊性，就可以把它列为区别于知识产权的一种特殊的财产权益。

（二）知识产权法中的垄断性与《反垄断法》中的反垄断

因为知识产权具有三大特性，其中之一便是垄断性（又叫垄断权）。但是在《反垄断法》中，知识产权的垄断性和反垄断权之间的直面矛盾就产生出来了，一个要赋予垄断地位，另外一个则要反垄断，那么两者之间的这种关系到底如何界分？肯定不是完全打破垄断，也不会颠覆知识产权，只能是在一个特殊的侧面上给予处理，这就会涉及一个技术问题——我们应该在什么层面上反垄断，又在什么层面上尊重知识产权中所给予的垄断地位？所以在两者之间所谓的直面矛盾冲突中，也包含着解决问题的基本原则，即在尊重知识产权的垄断性的基础上，设置一定的条件，防止垄断和垄断权的滥用。

（三）《反不正当竞争法》和《反垄断法》中的不正当竞争问题

从历史的角度来看，我们会发现无论是《反不正当竞争法》还是《反垄断法》，即使在欧洲国家，也都和知识产权有一定的关系。如在德国，1896 年《反不正当竞争法》出台之前，有关竞争的问题是适用《商标法》来解决，而有关垄断的问题则适用《商法》来解决；在法国，对于不正当竞争的问题，是视之为一个侵权行为并适用《民法典》来解决。另外，《保护工业产权巴黎公约》第 10 条第 2 项把不正当竞争行为纳入工业产权中。我国学者在讲授知识产权的课程时，会依据《保护工业产权巴黎公约》的相关规定，把《反不正当竞争法》纳入知识产权中。但这种情况下，可能就把《反不正当竞争法》给撕裂了，因为不正当竞争的问题并非仅仅是涉及知识产权或者说智力创造的问题，还有一部分属于完全经营活动、经营方法、经营程序等，而这一部分是没有办法纳入工业产权中的。

我国关于不正当竞争的制度是以两个形式出现的，而其他很多国家是用一个制度来解决竞争与反竞争的问题的，在操作层面上来说一个制度会更便利，尤其是我们在遇到问题时可能会面临二选一的问题：到底是违反《反垄断法》还是《反不正当竞争法》呢？因为如果把两部法律分开设置，意味着这两部法有各自独立的调整对象，且它们之间是具有严格区别的。这就需要界定到底是一个不正当竞争行为还是一个垄断行为，但实际上可能无法完全界定清楚，或者无法与任何一个完全吻合，这就导致两者之间产生了一个夹缝。例如，我们在现实生活中可能会遇到通道费、进场费、促销费等问题，也是介于不正当竞争和垄断中间的一种状态，在理论层面上讲涉及的是优势地位问题。2017 年我国修订《反不正当竞争法》的时候，修订草案中曾经有一个条文专门规定了相对优势地位，但是后来因为大家在讨论过程中对此意见分歧比较大，最后把相对优势地位这个条款给删掉了。其实，从形式上看，相对优势地位可能更接近于垄断中的纵向关系，例如《反垄断法》第 14 条就是一个纵向关系中的具有相对优势地位的主体间发生的限制、阻碍竞争的问题。

如上所述，在我们现有的制度中，《反垄断法》和《反不正当竞争法》之间可能会存在一些模糊地带，如果要采用一种合并式方法进行理解和处理，那么这个问题可能就会得到较好解决。很多国家，例如俄罗斯、保加利亚、匈牙利等，都是采用合并式的立法模式。所以，基于立法模式的不同，可能会导致我国在后期完善、丰富制度的过程中产生要不要针对中间模糊地带再单独制定一部法律等类似问题。

二、《反不正当竞争法》中的知识产权问题概述

关于《反不正当竞争法》中的知识产权问题在现实生活中已经出现过很多案例。

当前，我们在对《反不正当竞争法》中的知识产权问题展开探讨时对知识产权的理解仍然是采用一种狭义的观念，即传统上以商标、专利、版权为中心的知识产权。其中，从条文的表述和案件数量的比较结果上来看，存在比较多的案件是关于商标问题的，然后就是版权问题。

在我国《反不正当竞争法》的立法过程中，1993年《反不正当竞争法》第5条明确地将假冒他人的注册商标列为不正当竞争行为之一，这就导致其与《商标法》所列的商标侵权行为形成一个竞合关系，即假冒了他人注册商标应当解读为既是一种商标侵权行为，又是一种注册商标的不正当竞争行为？直面去解读条款的话当然就是这样，但事实上两者之间的差异确实很多，而这些差异并未体现在当时的法律文本中。众所周知，1993年是一个特殊时期，因为1992年我国确立了社会主义市场经济体制，所以1993年制定了大量的法律，尤其是关涉市场关系的一些基础性的法律，例如《公司法》《消费者权益保护法》《反不正当竞争法》等。

通过解读1993年我国出台的第一版《反不正当竞争法》，可以发现当时的立法者在立法经验上还存在不足，比如上述假冒注册商标问题所涉及的《反不正当竞争法》和其他有关部门法之间的冲突到底如何解决，该部法律中并没有明确规定。这也就导致司法实践过程中，大量的假冒他人注册商标的案件同时被诉为商标侵权行为和商标不正当竞争行为。在2017年修订、2018年施行的《反不正当竞争法》中，实现了三大修改目标，其中一大目标就是剥离，具体

体现在解决该法律和有关部门法之间竞合的问题，其中就包括 1993 年《反不正当竞争法》第 5 条第 1 项"假冒他人的注册商标"的规定首先被剥离。同时我们也会看到，现行的《反不正当竞争法》第 6 条虽然同样都是说商业标识的问题，但是已经没有关于商标的表述，尤其是注册商标，如果坚持说商标的问题还存在，那么它已经变成了商业符号，而原法律中所规定的注册商标问题的文字表述已经完全不存在。另外，同样被剥离开的还有广告问题，1993 年《反不正当竞争法》明确规定：利用广告或者其他方法来做引人误解的虚假宣传的，会构成不正当竞争。这也会产生同样的一个冲突问题，因为《广告法》中有广告违法行为的明确规定，此处又将利用广告进行虚假宣传规定为不正当竞争行为，那么这两者之间的关系到底是竞合关系还是交错关系？所谓的交错就是有各自独立的部分，又有重合的部分。因此，广告问题同注册商标问题一样被从 2017 年修订的《反不正当竞争法》中剥离出去了。第二个修改目标简单来说就是增加互联网条款，对 1993 年立法时的社会背景下没有出现的那些新型不正当竞争行为予以及时的回应，并反映在现行的法律制度中，也就是 2017 年修订的《反不正当竞争法》第 12 条，通常我们称之为互联网条款或者互联网专条。第三大修改目标就是完善有关的法条表述，对旧法中不是特别准确的表述作了梳理，并用更准确的语言和方式乃至视角去完善。比如说注册商标问题，从新法文本的表述上来看，目前确实见不到"知名商标"这四个字，但是我们能看到新法表述与旧法表述之间的关系，即《反不正当竞争法》从《商标法》移植过来一个概念叫"一定影响"，也就是将原法中的"知名"两个字替换成了"一定影响"四个字，并且"一定影响"修饰的是所有的商业标识。这就意味着如果要将商业标识混淆的问题认定为不正当竞争行为，必须满足标识品质具备一定影响的条件。当然，这里也产生了一系列问题，如用原有"知名"的概念不行吗？为什么要用"一定影响"呢？并且大家对原有"知名"的概念已经熟悉了，2007 年最高人民法院还对如何认定"知名"出台过司法解释，对在诉讼过程中的"知名"举证问题进行了一定的明确，如从产品入市的时间、营销的地域、广告投放、消费者的知悉程度等一系列方面来证明标识的"知名"。2017 年修订后的《反不正当竞争法》把"知名"替换成了"一定影响"以后，那么最高人民法院对"知名"的司法解释能否转移到"一定影响"上？如果说可以转移的话，那"知名"和"一定影响"还有没有区别？这导致在司法实践中不同的法官对这两个概念的理解是不一样的，有的法官认为一定影响其实就是"知名"，两者之间是等号，还有法官认为两者之间是约等号，即"一定影响"其实比"知名"所表现的地域性要小。

我认为，"知名"和"一定影响"应该没有区别，继续使用"知名"的概念是没有问题的，而且过去大家对"知名"的概念有一些基本的理解，如果用了新概念就意味着新的观念的加入，但事实上"一定影响"和"知名"都在强调标识的知誉度问题。从严格意义上来说，"知名"换成了"一定影响"，并不是经过学者充分讨论后就它们之间的差别形成的理论共识。所以，在这种情况下，如果我们再仔细地去分析的话，会发现现有的《反不正当竞争法》和《商标法》的关系有点微妙，这在以往包括最高人民法院所颁布的相关标识的不正当竞争乃至商标侵权的有关解释中也能体现出来。

三、注册商标与反不正当竞争的问题

到底现有的商标问题，包括注册商标的问题，是不是就从《反不正当竞争法》中被完全移走了呢？从形式上来说，是，但实质上又会看到商标的影子，在《商标法》第 58 条中有一个特别的转致规定——将他人注册商标、未注册的驰名商标作为企业名称中的字号使用，误导公众，构成不正当竞争行为的，应适用《反不正当竞争法》。这个规定里面就有关于注册商标的问题，所以这也是《反不正当竞争法》和《商标法》之间微妙关系的表现之一。

（一）商标侵权与不正当竞争的关系梳理

无论从历史上还是从现实过程中，如果对注册商标侵权和不正当竞争之间的关系进行一个梳理就会发现，现在司法机关是有一定的共识的，就是关于注册商标的侵权、典型的使用他人注册商标，或与他人注册商标相同的或者相近似的，构成商标侵权，而不能从《反不正当竞争法》的角度给予保护。

过去基于制度表述的原因，我们会看到假冒他人注册商标就同时构成两个行为。针对涉及竞合问题的类似案件，我特意在"北大法宝"上做了一个相关检索，搜索"商标侵权及不正当竞争"显示一共有313个案子，搜索"商标侵权、不正当竞争"显示有105个案子，搜索"商标不正当竞争及商标侵权"显示有5个案子，那么这些关键词的位置调换与此有什么关系呢？即意味着当事人首先诉的是不正当竞争，然后才主张是商标侵权。这类案子的发生时间基本是在2018年之前，当时案件在诉讼过程中适用的是旧法，但司法机关对于假冒他人注册商标这类行为并不认为是竞合，而是认为应适用商标侵权来保护和救济当事人的权益就已经足够充分了，不再需要以不正当竞争进行重复认定。

有一次，我在清华大学给某个法院系统做学术交流讲座的时候就涉及对这个问题的讨论。中国的《反不当竞争法》的属性一直以来都是有争议的，相比较而言，关于《反垄断法》的争议反倒小一些。当然从我国的学科属性上来看，它们都属于经济法，而不是知识产权法或民法。但其他国家对此属性的认定与我国有着明显的不同，《俄罗斯竞争法》属于民法，《德国反不正当竞争法》属于经济私法。而经济私法与传统的民商事法律存在很大区别，最重要的就是保护的利益不同，德国学术界认为，经济私法所保护的利益叫作"集体利益"，相当于我国立法中的社会公共利益。另外，2016年《德国反不当竞争法》把不正当竞争行为的关系主体列得极其细致，分为五个主体：经营者、竞争者、供给者、购买者、消费者，但我国的《反不当竞争法》是分为三个主体的：经营者、其他经营者、消费者。因为主体越多、关系越多，所以在法律上，多一个主体就可能涉及增加以一个主体为中心的多种关系。例如现在比较流行的直播带货，那么直播带货人的身份到底该如何界定呢？是广告主体还是代言人抑或其他身份？

我国把《反不正当竞争法》归为经济法学科，但德国则把它作为私法，并且仍然沿用侵权行为的观念来处理不正当竞争的问题。如果我国也基于这样的一个观念，将会导致我们在司法实践和具体的案件处理上出现一些问题，例如我们在行政案件处理过程中，无论涉及商标还是商业贿赂，在行政处理上总觉得这就是对权利的限制；而在司法处理过程中，我们刚才谈到的问题就又会体现出来，到底它是一个竞合关系还是一个补充关系？如果当事人提出了相关的诉讼请求，那么法官就应当对该诉讼请求给予一个回应，对是否涉及不正当竞争作出一个认定。

司法实践中，很多案件可能形式上真的涉及商标法问题，尤其是注册商标，但事实上这个案件的本质又并不完全是《商标法》上的问题，可能还涉及其他法律关系，严格意义上来讲属于稍微有一些变形的新型商标侵权行为，如果此时再适用传统《商标法》，可能会存在一些问题。

（二）相关案例的分析

接下来我们谈几个案件，体会一下不正当竞争和商标尤其是注册商标这种关系的微妙性，然后做一个总结。

我们看一下这样一个基本的案件情况：有一个叫云南思茅兴洋茶叶有限公司（以下简称"兴洋公司"）的经营者，该公司有一个"知名"的注册商标叫"兴洋"牌。另外有一个关系人是从事茶叶经营业务的甲店铺，该店铺和兴洋公司之间是竞争者的关系。

在旅游旺季时，很多游客会买很多茶叶，然后就会跟店主要一些包装箱，对此甲店铺就找到本案中的第三人叫鸿丰纸箱厂购买了一批纸箱，其中有一些纸箱是兴洋公司委托鸿丰纸箱厂制造未通过验收的残次品，上面印有兴洋公司的名称信息。后来这个甲店铺的主柜台的玻璃破损了，店主就把纸箱剪了一下放在破损的玻璃下面防止塌漏，恰巧对外露出了这个纸壳箱上的兴洋公司信息，包括兴洋公司的注册商标；另外，甲店铺还用这些印有兴洋公司信息的纸箱给客户包装茶叶产品。至于这个案子中的鸿丰纸箱厂是否有权出售他人的这种委托加工产品，是另一个法律关系，我们在此不予讨论。

　　然后兴洋公司知道了甲店铺的这样一种使用方式，就把该店诉讼到法院，诉的案由就是商标侵权，就是兴洋公司认为甲店铺没有经过许可，擅自使用了与兴洋公司注册商标相同的商标，构成对兴洋公司商标权的侵权。在诉讼过程中，兴洋公司（原告）还提出这样的理由：为何不用方便面的箱子，不用酒厂的箱子，偏偏用我公司的茶叶包装箱来包你的茶叶，其实就是利用纸箱上的有关商标来误导消费者；并且你们的茶叶质量远不如我公司，你用我们的包装箱来包装你们的茶叶，会给消费者留下一种印象，认为我们公司做的产品质量这么差，给我们的商品信誉乃至于企业声誉都会造成不良的影响。诉讼请求就是停止使用包装箱并要求赔偿，诉讼依据就是《商标法》，定性为商标侵权行为。

　　甲店铺的店主也在强调自己的理由：他并没有指定去买哪个纸壳箱，只是碰巧看到兴洋公司这批纸壳箱，而且茶叶包装箱的大小又合适，价钱还便宜，于是就买过来了。也就是说他不是故意购买，只是偶然撞上了，当然也不是针对兴洋公司。当然还有一个细节：甲店铺在销售自己茶叶的时候使用的都是自己独立的小包装，只是最后把这些小包装再打包成一个大包，然后用兴洋公司的纸壳箱装在一起。所以，这和你到市场上去收茅台酒的酒瓶子然后灌上北京二锅头后按茅台酒去卖的性质是完全不一样的，因为在那种情况下，茅台酒产品的特定化没有办法提前分辨出来，只能打开使用或品尝之后才有可能知道，那时候你的损失已经体现出来了，而我们关注的不仅仅是事后的问题，还应更关注事前的问题。在这个案子中，甲店铺有自己的产品包装，而且自己产品的包装上也有自己的商标，在这些方面其实并不近似，那么所谓的双方焦点也就是甲店铺使用了兴洋公司的包装箱的行为是否为故意？

　　我们先给大家说一说这个案子总体的一审、二审情况。一审法院认定构成侵犯商标，依据的是当时的《商标法》第52条，即现在的《商标法》第57条第1项、第2项。然后甲店铺不服又提起了上诉，二审认定这个行为不构成侵权。从个人的观念上来看，我不认为这是一个商标侵权，因为它不是一个商标标识的使用，案件的事实行为的定性应该不是标识的使用，而是包装箱的使用，这就意味着法律关系发生了转变，也就是说对于他人的包装箱，尤其是竞争者的包装箱，再准确地说，是知名的竞争者的包装箱可不可以用？这样去解读的话，就立刻转到《反不正当竞争法》中来了，并且无论是新法还是旧法中，对于包装的问题都有明确的规定："擅自使用他人知名商品的名称、包装、装潢"，现在叫作"一定影响的名称、包装、装潢"。所以这个案子的性质应当更接近于是包装的不正当竞争的问题，而不完全是商标侵权的问题。从结果这个角度来说，我认同二审的结论，但是从当事人的角度来说，我觉得这个案子没有做完，还应从包装的角度上来进行不正当竞争的考察。当然因为有一个条件不清楚，就是包装箱是否具有独特性，所以我们也无法确定从这个角度是不是一定能胜诉。

我们再看一个案子，虽然这个案子是发生在一年前，但是这一类案子到现在仍然存在，也就是我们现在说的平行进口问题。意大利的古乔古希公司，它在很多类别上注册了"GUCCI"，这个是一个奢侈品的品牌，而且商标具有很高的知名度和美誉度，可以说它是一个驰名商标。另外一个公司叫葳琳公司，它通过合法路径进口销售了"GUCCI"产品，然后在其店面牌匾处突出使用了英文的"GUCCI"字样，并且在媒体上也发了广告，自称是"GUCCI"商品的经销商，于是古乔古希公司就向法院提起了诉讼。

我们现在的问题就是，葳琳公司构成什么行为？这个案子诉的是商标侵权行为，是以《商标法》为诉讼请求权的基础来提起的诉讼。关系上本案涉及平行进口，在中国的制度上，平行进口关系中的商标一般是合法的商标，当然指的是在商品上使用商标是合法的，而本案所涉及的问题是将"GUCCI"这个产品商标放在突出店面的空间以及广告媒体发布上使用，那么这个算是商标侵权行为还是商标不正当竞争行为？可能一些人会看重"突出使用"这四个字，因为按照最高人民法院的解释，"突出使用"一般会被转化成一个概念，叫商标性使用，这就意味着这个行为可能构成商标侵权行为。

值得讨论的是，这个行为不是对于商品的宣传，更多的是对自已经营身份的宣传，主要想告诉大家这个店铺是古乔古希公司的授权店，至于能不能读出来是在中国或在某一个城市中的独家授权店、独家经销店，这个好像还看不出来。肯定是它想说它是直接授权店，或者叫直营店，但实际不是直营店而仅仅是平行进口。从产品角度上来说，这个案件和已有的商标侵权的明显区别就在于，我们已有的商标侵权更多地是针对假冒伪劣产品，但本案中的这个产品是真品，因此，我个人认为在这种情况下的平行进口，应当按《反不正当竞争法》来处理，因为毕竟指向的不是商品，而是指向空间或者经营身份，而商标主要的功能在于识别商品，但在本案这种情况下，商品识别的结论实际已经出来了，这是一个真品，在这一点上来说商标的功能已经发挥了，基于它更多的是涉及身份问题。实践中只有一部分案件是从《反不正当竞争法》角度来提起的诉讼，大部分案件基本上还都是从商标侵权的角度来认定。

（三）商标侵权和商标不正当竞争

在历史上它们之间的关系已经基本有一个结论，即不是从属关系，而是相当于有所交集的两个圆，但这一部分产生交集的条件是很苛刻的。苛刻来自哪里？来自《反不正当竞争法》，虽然1993年《反不正当竞争法》对于注册商标没有附加前提条件，但是在司法实务中对前提条件基本上是有一定的认定标准的，也就是这个商标应该是一个知名商标，这和《商标法》之间的区别就出来了。第一个区别，也就是我们所强调的商标的问题，不仅仅是一般的注册商标，而且要是知名的注册商标，由此，并不是所有的商标侵权都属于商标的不正当竞争。

还有一点，我们可以给大家举几个案子，比如说最典型的一个案子，南京有一个非常有名气的超市，它的商标是"苏某"和"苏果"两个注册商标，而且这个"苏某"有很多的经营店。然后上海某一家经营者也开了一个超市，注册的企业字号是"上海苏某超市百货有限责任公司"，并且在开业前在自己的店面上就挂了四个字"苏某超市"，自己营业员的统一服装上也都印着"苏某"两个字。南京"苏某"知道这个情况之后就把上海的"苏某"超市诉到法院。本案诉的是不正当竞争，涉及的是地域性的问题。

哈尔滨有一家饺子店叫"韩酱"，大连也有一个叫"韩酱"的饺子店，但是哈尔滨这一家是很有名气的，可以称之为老字号，且只在哈尔滨开业。而大连这一家企业也是做饺子，也仅在大连开业。换句话说，就是有一个事实，即两者在特定地域上是不交叉的，这应该怎么诉？能不能诉不正当竞争？能不能诉商标侵权？这个案子如果诉不正当竞争是会有问题，但是你要诉商标侵权就不会涉及这个问题，也就是地域性的问题，商标侵权不存在所谓的地域，具有跨地域性，而有关商标即使是注册商标，它的不正当竞争会涉及地域性，就一定要有一个相关地域市场的概念，虽然这个概念是《反垄断法》中的概念。一般来说，一些餐饮企业的相关地域市场往往都是以城市为中心，所以上海和江苏一定是两个相关地域市场，哈尔滨和大连也同样是两个相关地域市场。这两个相关地域市场就代表着它们之间其实没有竞争关系，所以从《竞争法》的角度上来主张不正当竞争就会存在问题。即使我们认定这个商标是注册商标，且属于知名的注册商标，但在进行诉讼的时候也要强调这样一个客观的条件，就是会不会存在相关地域市场的问题，如果没有相关地域市场就不应该算作是不正当竞争，但算不算商标侵权呢？应该是商标侵权，并且商标侵权的问题会有跨地域性，主要原因在于知识产权的公示公信，尤其是工业产权。就商标而言需要申请，然后经过商标评审机构进行审定给出结论再异议，给予商标核准后取得商标专用权。这整个过程我们可以用一个民法的观念来概括，就是公示公信，而且这种公信在全国范围之内，甚至一定程度上在世界范围内适用，这使之具有极强的跨地域性，由此在主观上所谓不知道或不知情都不构成一个合理的抗辩，但是不正当竞争行为有地域性，并且需要关注双方的利益关系和竞争关系，如果争议双方之间没有任何制约关系，那么它们之间就不是竞争关系，也就不是反竞争关系，这是我们判定竞争关系时需要关注的问题。

还有这样的一个案件，哈尔滨那边有一家饭店叫"天龙阁"，饭店牌匾上边就挂了三个字"天龙阁"。然后饭店的左边有一个木牌子，上面写着天津狗不理包子第四代传人高渊、第五代传人高耀林在本店做面案厨师，后来天津狗不理包子知道了，就把天龙阁诉讼到法院，诉的就是商标侵权。那么这是否构成商标侵权？已知的事实是，这个天龙阁确实是做包子的，也确实有这两位狗不理包子的传人。上面所描述的事实是真实的。天津狗不理包子诉天龙阁商标侵权，当然是指天龙阁没有经过他的许可，擅自使用了他的驰名商标。这个案子争议也很大，一审认定不构成，二审认定不构成，再审认定构成。这个案子最终认定是构成商标侵权，并被登载在最高人民法院公报上。我个人认为按我们现在的观念来看，这个可能不应该算商标侵权，而是一个商品的混淆问题。所以，对于这个案件，两级法院也是认定不构成商标侵权，但是最终的结论又认定构成商标侵权，这里边有一些比较微妙的部分。

（四）非商标性地使用他人注册商标的行为认定

我们现在会涉及一类问题是什么？就是我们之前给大家初步提到的一点，最高人民法院在2002年的时候发布过一个司法解释，并且现在的《商标法》第58条也有这样一个解释，实际上这两者之间有紧密的关系。我们先看《商标法》第58条这个规定："将他人注册商标、未注册的驰名商标作为企业名称中的字号使用，误导公众，构成不正当竞争行为的，依照《中华人民共和国反不正当竞争法》处理。"最高人民法院《关于审理商标民事纠纷案件适用法律若干问题的解释》第1条规定，属于《商标法》第52条第5项的情形，构成商标侵害，就是其他侵害行为，具体包括三种情况：第一种情况是将与他人注册商标相同或相近似的文字作为字号，突出使用容易造成误导。这跟现行《商标法》第5条和第58条体现的问题是一样的，都是讲注册商标用作字号，只是一边强调了未注册的驰名商标，另一边强调了一个突出使用，这是两者之间交错的地方。然后再看第二种情况是模仿复制翻译他人注册的驰名商标，或其主要部分在不相同不类似的商品上作为商标使用，误导公众，致使该驰名商标注册人的利益可能受到损害的。这讲的是复制主要部分的。第三种情况是将与他人注册商标相同或者相近似的文字，注册为域名，并且通过该域名进行商品交易的电子商务，容易使相关公众误认。这里边没有强调突出使用。对此可以看出，第一种情况和第三种情况与传统的商标侵权有一个很大的区别，这个区别就体现在它是把他人的注册商标用作非商标的他种商业标志，但在这个解释中只列举了两种，一种是作为字号使用，另一种是作为域名使用。现有的作他种商业标识使用的定性是商标侵权行为。

那么，再来看《商标法》第58条：将他人注册商标用作字号，然后构成不正当竞争行为。这显然是一个转致，能不能转过去呢？这个部分一定是要符合《反不正当竞争法》的规定的，《反不正当竞争法》对这部分的规定有一个前提条件，就是所有的商业标志一定是具有一定影响的。所以，如果注册商标具有一定影响，并且被他人作为字号使用，我们可能就转致到《反不正当竞争法》了，最终的结论就是构成商标不正当竞争行为。由此，会看到这样一类问题：以注册商标为中心，把商标用作非商标的他种商业标识的一类行为，包括用作企业名称、商品名称、装潢、域名、徽记，甚至用作关键词等。这类行为如何定性？

《商标法》第58条所规定的只是单一的一个现象，其后面没有"等"。换句话来说，如果我们把他人的注册商标用作关键词该怎么界定？算是按照这条规定转致适用还是按照哪个条款来认定？最高人民法院的司法解释中也没有讲到关键词，并且2002年的时候还没有遇到这样的情况，现在用作关键词的现象已经大量存在了。我再抽象概括一下这里边的问题，就是该条规定涉及的问题是：将注册商标用作非商标的他种商业标志的这一条规定要解决的到底是一个问题还是一类问题？如果是一个问题，也就是我们只解决将他人注册商标或驰名商标作字号的问题，如果解决的是一类问题，那就是我们后边遇到所有的这些问题都可以囊括了。但如果解决一类问题，这个部分就应该有一个"等"字。其实从我们司法实践中可以得出一个结论，实际上它解决的是一类问题，也就是把注册商标用作关键词等新兴的案子可以提出商标不正当竞争的诉讼，当然也有个别案子用商标侵权来诉，但实际上用商标侵权没有制度依据，因为

2002 年最高人民法院的相关司法解释中仅规定了两类关系：商标与字号、商标与域名。我们现在可能会遇到这类问题，就是知名的注册商标用作非商标使用到底应该怎么样来诉？如果是涉及用作名称、企业字号、域名，就是用作商标侵权行为来诉，对于原告来说更有利，因为商标具有跨地域性，并且如果认定是商标侵权，那么最终的结果是可以排除异己的，这是由商标的垄断性决定的，但如果认定是商标的不正当竞争，则有可能会保存另外一个有争议的商标，缘于我们《反不正当竞争法》中所确定的不正当竞争的前提是混淆，所以在处罚决定过程中完全有可能最后就使之不混淆，但那样一个商业标志仍然存在、仍然有效，对此大家也可以看一下泥人张的案件，涉及北京泥人张、天津泥人张，最终的处理结果是这两个泥人张都有效，但需要加识别性标记。对于原告来说，如果这两条路可以选的话，当然最好选商标侵权，但是如果是涉及商标侵权的认定过程中还有一些不确定，需要由《反不正当竞争法》来兜底的话，那可能就要从《反不正当竞争法》这个角度来选择，甚至是把两个全部都列出来。我们现有制度比较微妙的地方就在于，按司法解释中商标与字号之间的关系，认定为如果符合突出使用，就可以把它认定为一个商标侵权行为；如果按现有《商标法》第 58 条的规定，使用他人注册商标的字号，并且是一个知名的或者叫一定影响的商标的话，会被认定为不正当竞争，所以性质上是有区别的。

第二个问题是，如果说它是一类问题，我们在《反不正当竞争法》中是可以找到兜底条款的，就是《反不正当竞争法》第 2 条，但如果认定是一个商标侵权的话，是没有直接依据的，除了列举的这几个之外。比如说把他人注册商标用作关键词、用作徽记，要想诉商标侵权是找不到直接依据的。这个在制度转制过程中，我们也会发现它们之间的矛盾，同样一种情形，在历史上被认定为是一个商标侵权行为，然后稍后的时间内又把它认定是一个不正当竞争行为，就缺乏严肃性。在我个人的观念中，凡是上述提及的非商标性的使用行为，其实应当认定为不正当竞争更合理，所谓的合理是指符合法理。所以，《商标法》第 58 条的转制规定中应该加一个"等"

才对，这就会使得所有的这一类行为被划转到商标不正当竞争中，即便是突出使用。因为在实践过程中我们通常进行的两条路的转化，最重要的一点就是突出使用，被法官认为是作商标化使用，就认定为是商标侵权，但事实上经认真分析后会发现，像域名是主要用来描述主体的，已经不是商标、商品，而我们传统解决商标侵权的问题是在两个层面，也就是商标相同或相近似，以及商标所附着的商品相同或相类似。

我们现在要解决的问题不是相同或近似，因为用作域名，已经不是商标的问题了，硬要用商标化使用，即便是商标化使用，所谓的"化"就是努力向那靠，但它也不是，它毕竟是个域名，是个字号，而且也要特别在意的一点是，域名的取得和字号的取得都是经有关部门核准的，这个不是个人自由设立或自由使用的，经过有关的部门审核后最终确立的一项权利是不是应该被尊重？因此在法律这个问题上，我个人觉得，最终结论像这一类行为全部把它划转到不正当竞争行为应该更符合法理。

（五）将他人注册商标用作关键词的行为认定

在制度描述上存在模糊性一定程度上也反映了制度不够完善。我们当时梳理出这样几种类型：前提是把他人注册商标用作非商标的他种商业标识，然后梳理出第一种类型，如果是把他人注册商标用作字号、用作域名，且被突出使用，这类行为构成商标侵权，如果不是突出使用，那这类行为构成不正当竞争；然后再往下就是将他人的注册商标用作这个之外的，比如用作关键词该怎么界定？当前制度对关键词没有规定，所以这一类是完全模糊的。冲突解决的办法是看是不是突出使用。如果不是突出使用，并且商标是知名商标，就适用《商标法》第 58 条；如果是知名的注册商标并且突出使用，这就变成一个选择性的了，就是既构成商标侵权又构成商标的不正当竞争，就变成一个竞合的问题了。

我们从实践过程中又看到另外一类现象，即我们刚才说的纯灰色地带，就是将他人的注册商标用作关键词，这类行为在《商标法》包括相关的解释中是没有明确的，如果按《商标法》第 58 条处理的话，该条款中又没有"等"该怎么办？在诉讼过程中我们会看到有诸多的案子，有的当事人在诉的时候就用商标侵权，如无锡中院审理过的梅思泰克诉安固斯商标侵权案件，一审二审均认定为商标侵权。另一个案件的一审是上海杨浦区法院审理的，这个是按不正当竞争来诉的，最终的结论也是被认定不正当竞争。还有金夫人诉米兰的案子，一审认定是商标侵权，二审认定不构成商标侵权，也不构成不正当竞争，再审也认定不构成商标侵权和不正当竞争；另外新会江裕诉爱普生的案子，海淀法院一审认定构成商标不正当竞争，二审认定构成不正当竞争，再审也认定构成不正当竞争。

从这些案件来看，如果要作为一个大概率事件的话，就只能说它更倾向于向不正当竞争进行转移，但实际上把注册商标用作关键词还是蛮复杂的，因为它会涉及用作关键词往往都要附加另外一种行为，就是竞价排名，那么竞价排名在整个案件过程中会发挥什么作用？在认定的过程中，竞价排名及其结果会发挥的作用有的时候也需要考虑。因为把他人注册商标用作关键词，通常这个商标都是比较有名气的，因为名气越大，被作为关键词点击然后被搜索的可能性越大，当然同时也要辅助一个竞价排名。但在操作过程中还有两种不同的手法，一种手法就是显性使用，也就是把它作为关键词以后一点击搜索，最后在下拉的点击的结果中会呈现关键词；还有一种就不是显性，就是在百度上设关键词，然后用关键词搜索，结果呈现上我们看不到，但后台会有链接，那么这种情况我们把它叫作隐性。现在的案件中关于显性的和隐性的其实都有。还有一些涉及的比较细微的关系是什么呢？就是在竞价排名过程中，涉及的排名不是第一位，是第二位，或第三位，因为不同的结果中呈现不同的位置，涉及的费用是不一样的，对于我们法律人来说，涉及的行为的性质也可能不一样，比如说放到第三位，混淆的可能性会大为减弱。目前案件中排名前两位的基本上都被认定为是不正当竞争了，第三位的没有认定。换一句话来说，把他人的注册商标用作关键词，排名在三位以后，会不会因为它的位次问题，进而法律性质也发生一定的变化。

从法理上来说，这样一种行为和我们说的交易和商品，当然也包括服务相差甚多，因为它一定是个间接关系，就是我们需要点击进去之后才能再判断一下这是不是你所要搜索到的目标，如果不是的话我们当然就退出来了，所以从《反不正当竞争法》这个角度上来说，即便你到那去发现了不是目标主体就回来了，那这也构成不正当关系，因为已经搭建了你的注意力，基于关键词产生搜索，虽然没有交易，但是在注意力这个问题上它已经获得了不当利益了，或者说它不当地获取了你的注意力。所以关于互联网的混淆问题的说理上其实有另外一套，不是说交易上的混淆或者拟交易的混淆，而是说搭便车。有一个关于关键词的案件，这个案件在诉的过程中是同时诉了商标侵权及不正当竞争，涉及的对象是一个建筑材料的"TWT"图形及商标专用权人，这个公司是很有名的，然后另外一个公司就把"TWT"用作关键词在网络上进行竞价排名，用户搜索的时候就会出现"TWT"图形。法院经审理后认定构成商标侵权，但同时也构成不正当竞争。值得注意的是什么呢？这个案子还涉及字号，就是不仅仅把商标用作关键词，于是这又可能出现另外一类情形。这类情形是什么呢？就是我们前面的总结，以注册商标为中心画出一个扇面，这个扇面辐射到的可能是六七类其他商业标识，同时，也可能不是以注册商标为中心，是以企业名称为中心，再画出一个扇面，就是他人的企业名称被别人用作商品的名称、用作域名、用作关键词，形成这样的一个新的扇面，这种情况就可以看企业名称的知誉度大小。"TWT"案涉及企业名称的问题，是将他人的企业名称用作关键词，这个就是我们说的第二个扇面所要描述的问题，所以这个部分被认定为不正当竞争，这个现象值得大家关注，因为毕竟2002年最高人民法院的解释没有解释到这个程度，中心点没有解释到企业字号的问题，它仅仅解释了注册商标。

（六）商标标识不正当竞争行为的认定问题

从我们目前的制度上看，形式上注册商标已经被划转走了，从《反不正当竞争法》中给删除掉了，但事实上由于《商标法》第58条的规定，又将这些非商标的他种标识的使用认定为不正当竞争。

当然在目前的制度上，基于 2002 年的最高人民法院解释，还有一部分是放到商标侵权行为上的，这值得关注，即在适用中到底以哪一部法律为请求权基础，因为毕竟两个法律的制度不同，其实也就是视角不同、标准不同、方法不同，那么很大程度上这些影响到行为的风险。我们在前面的表述中给大家说了地域问题，其实方法问题也不完全，这个也会出现风险的问题，因为按商标的方法基本上就是整体观察，也就是把一个商业标志放到整个商品上，和其他诸多的标识共同来发挥识别性的作用，这应该是反不正当竞争的方法。

但是我们也不得不承认，我们对于标识的不正当竞争行为的认定，具有明显的商标侵权行为认定的方法移用的痕迹，就是标识的不正当竞争行为认定过程中的侵权行为化。侵权行为化，就是完全把商标的那些认定标准拿过来适用，本质上来说，两者之间是有非常大的区别的，所以现在有一些学者也开始关注这个问题，并且做了一些个人的理解，因为毕竟中国的语境和德国等是不完全一样的，德国把它当作私法来看待，所以视为侵权行为是没有问题的，俄罗斯等国也把它当作民法的特别法来看待，所以视为民事侵权行为也没有问题。

为什么说这样一种归属对于认定会有影响？因为按民事侵权行为，就是需要这样几个关系：行为、主观要件、结果、因果关系。这是一般侵权行为的要件。如果不正当竞争行为不从属于侵权行为，而是一种特殊的独立的违法行为，那么上述要素就不是我们认定行为要考察的要素。再换一个角度来表达，我们现在认定标识的不正当竞争行为，要不要考察主观要件？要不要考察因果关系要件？这个问题其实就涉及它是不是一个商标侵权行为？是不是一个民事侵权行为？实际上也就是商标法或者民法和反不正当竞争法的关系问题，我国学者对此还是存在一定争议的。学术界基本上还是将反不正当竞争法当作经济法的范畴，这和德国、俄罗斯等最大的一个差别就是我们会强调保护公共利益，同时，我们通常不需要主观要件，尽管法院在判决过程中，有的时候也仍然会说它有明显的主观故意，但是法条其实是没有要求的，擅自两个字其实也不表达主观状态。

如果按制度语境来说的话，即使是两个人之间的事，一个是竞争者，另一个是涉嫌行为违法者，那么这样一个行为对于竞争者的利益的损害的因果关系和传统的民事侵权，甚至知识产权侵权的因果关系，也有截然不同的效果，或者说存在关系的差异性。在民事侵权中，甲偷了乙的东西，乙的财产一定会有损失，甲是非法占有关系，乙就没有办法使用了，所以甲在这些方面的收益就体现出来了，因此它一定是一个行为结果、因果关系。一个行为对他人产生的影响不是直接的，没有形成利益方产品卖出去的直接结果，即没有结果，因果关系就不能被认定，只是说有结果（损害）的可能性。换言之，在《反不正当竞争法》中，基于标识也好，基于其他的行为也好，没有直接的因果关系，只有一个因果率，所以完全用民事侵权的那样一种观念来认定不正当竞争行为是有问题的。

学者已经开始强调《反不正当竞争法》的竞争法属性，该观念就是要从《商标法》的这种使用、思路、认定标准等方面剥离开，不按《商标法》的路径来审理不正当竞争案件。也就是说，这个问题学界已经开始关注了，但是整个制度还没有发生明显的变化，我们在制度运用过程中仍然带有浓重的知识产权侵权认定的痕迹。所以制度如何进一步清晰，我们只能看有关制度修改过程中到底怎么样去描述。当然从法理角度讲，在中国的语境下，反不正当竞争的问题还是一个有别于知识产权侵权尤其是商标侵权的特殊问题。

（七）商标与反不正当竞争法的剥离问题

关于上面提到的剥离问题，我们注意到有关国家和地区的制度并没有完全剥离，比如日本，字号、姓名、商标、徽章等都是徽记，它都是这样完全列举的，商标问题还在。这意味着什么呢？商标问题并不是完全从反不正当竞争法中分离出去了，反不正当竞争法仍然会规制商标的问题。由此我们可以看到，刚才讲的那类问题，如果做一个类型化的划分，就是《商标法》规制的商标侵权行为都是商标和商标之间的问题，如果是商标和非商标之间就应当归到反不正当竞争中去，所以商标问题的规制在日本的反不正当竞争法中是有相关规定的。这些国家的商标问题都没有完全从反不正当竞争法中移走，也不可能移走。为什么呢？因为商标是一种极其重要的竞争工具，是一种重要的竞争力的来源，或者说是企业竞争优势的来源。如果这种竞争优势被他人不当地去搭借，或者被淡化，那反不正当竞争法要不要管？当然要管，所以它不是一个剥离就可以了结的事情，毕竟知识产权法管的仅仅是智力成果，而我们所关注的更多的是购买者的利益或者是消费者的利益，这是两个不同视角上的问题。

四、专利与反不正当竞争的问题

关于专利的问题，实际上涉及《反不正当竞争法》，更多的是外观设计专利，因为发明专利、实用新型专利的技术性比较强，不像外观设计那样更外显化。如果从这个角度来分析外观设计专利，它会和产品的标识有紧密的关系，于是就会和《反不正当竞争法》第6条形成一定的交叉，既是一个外观设计专利，同时也可能是一个装潢。比如健胃消食片的案子，最后当事人是通过和解解决的。经过检索，在2007年之前只有11件外观设计专利与不正当竞争交叉的案子，相比较而言，外观设计和注册商标在案件的数量上差距很大。

（一）关于外观设计专利的不正当竞争案

有一个比较特殊的涉及专利的案子，其中的特殊关系体现了《反不正当竞争法》的一个特殊的功能。该案涉及一种晨光笔，"晨光"是它的商标，也应该是一个驰名商标，争议的地方就是晨光笔的上边笔帽的部分申请并获得了外观设计专利，但是当事人只交了几年的专利年费，按照《专利法》的规定未按规定交年费就丧失相应的专利。这有点类似于王老吉案。这个外观设计专利终止了以后，另外一家制笔企业在自己生产的笔上使用了这个部分，当然使用的商标跟晨光没有关系，所以双方的争议就是这个部分。法院的判决书上对这个部分作了特别细致的描述，之所以这点描述特别细致也是想突出这个部分的新颖性和创造性，专利局是基于新颖性和创造性才给晨光授权的，现在的问题是该专利权已经终止了，双方所发生的这样一个事件到底是一个事实关系还是一个法律关系呢？从晨光这个角度来说，到底能不能构成一个独立的诉？

显然，如果我们仅仅从专利这个角度出发，基本上是没有请求权基础的，请求应当是要求对方停止侵害、赔偿损失。如果基于《专利法》，需要有有效的专利。这个案件最终是按《反不正当竞争法》来处理的，最终也胜诉了，按《反不正当竞争法》就是按知名商品特有装潢来处理。

在这个案子里面，要特别注意的一个地方就是，在描述上"装潢"两个字被做了特别的解释，或者说进行了扩张解释，就是装潢包括平面的也包括立体的。该案所涉及的装潢是立体的，这个和我们已有观念还是有一定的差异的，我们以往通常会说装潢基本上是二维的，但本案中涉及的部分是一个三维的，所以之后修改《反不正当竞争法》时，曾经在草案的一个版本上，把基于这个案子所形成的客体——形状独立化。即这样列举："擅自使用知名商品的名称、包装、装潢、形状等"，当然最后这个部分还是被去掉了。所以关于立体的装潢问题，我们现在还没有明确的条文规定，仍然在沿用过去的装潢，包括立体的装潢。还有另外一个最高人民法院发布的指导性案例，也就是费列罗诉金莎的那个案件，其实也是强调包装、装潢的立体，实际这两个案子所涉及的客体是一样的，都是这样一种特殊的装潢形式。

（二）《反不正当竞争法》是否会颠覆知识产权的期限性

这和我们这个专题有一定的关系，就是它形式上是外观设计专利，如果外观设计专利的权利已经丧失，都出现类似晨光案这样的一个转化，即《反不正当竞争法》对专利还存在一个兜底性保护，那么专利的期限性是不是就会被打破？相当于说外观设计的知识产权已经终止了，但《反不正当竞争法》还继续给予一种保护，而且这种保护是没有对价的，并且也没有时间限制，只要你维护好且一直在用，那《反不正当竞争法》就会始终将其作为一种权益来对待？这是不是会颠覆知识产权的期限性，而且还获得了比用专利保护更优的一种对待？应该说，不会。为什么呢？因为它一定要有一个特点就是知名，这是一个基本的条件，并且也一定是仅有个别的专利形态才可能转移过来。如果是发明专利就一定不会出现这样的情况，但实用新型有可能出现这样的情况。不是所有的专利都会出现这样的情况，从这个意义上来说不会颠覆知识产权在权利属性上的期限性。

五、著作权与反不正当竞争的问题

《反不正当竞争法》涉及著作权问题的案件也是比较常见的。那一个具有著作权的作品怎么也会与《反不正当竞争法》形成一种交叉关系呢？这里主要是有一种转化，没有这种转换是不可能形成跨法律的问题的。通常这个作品要成为商品，这是一个基本前提。如果这个作品不是商品的话，那就不会涉及不正当竞争的问题，所有的不正当竞争行为一定是在市场中发生的情形。

由于著作权是一个自然产生的过程，只要这个作品具有完整性、独立创作，就具有著作权，不需要登记等，所以即使写一篇日记也是拥有著作权的，但是能不能出现一个不正当竞争呢？一般应该不会出现，但如果把这样一个日记正式出版了，然后作为一个商品进行销售，就和不正当竞争的关系紧密地联系起来了。通常情况下，它一定是商品，基于作品转化成商品，那么这个商品可能会出现商品的名称，同时还可能出现作者的姓名问题，再往后还可能会出现作品内的主人公的姓名问题。当然，抄袭故事情节是著作权的问题，甚至语言问题也是著作权的问题，所以在这些层面上就不是《反不正当竞争法》上的问题。反不正当竞争法可能涉及三个层面的问题：作品名称、作者姓名、主人公，这部分的案件相对比较少，以下依次举几个例子。

（一）刀郎诉西域刀郎著作权侵权案件

有一个比较有名的案子，就是刀郎诉西域刀郎的案子，刀郎的原名叫罗某，是早年前比较火的一个歌手，他的代表作就是《2002年的第一场雪》。另外一个叫潘某峰的人，他的艺名叫作西域刀郎，他把两首歌合成了一个唱片并包装后放到市场上销售。在产品的外包装上有西域刀郎这四个字，但西域这两个字有点小。这个案件的请求权基础是什么？原告提出的诉讼请求所援引的法律是两个，一个是《著作权法》，另一个是《民法通则》（当时有效，下同）。法院对于这个案子作出的判决书中花了很大的一部分笔墨来讲这个关系的性质。判决书的这个部分挺有意思，对于我们认识关于姓名的法律保护的问题有一定的启示。其中就说关于姓名在中国有三部法律来调整，即《民法通则》《著作权法》和《反不正当竞争法》，然后进一步说《民法通则》中所调整的姓名保护的是自然人的人格权，《著作权法》中的署名既包含着人格利益，又包含着财产利益，《反不正当竞争法》中的姓名主要保护的是作品的财产利益以及作者的财产利益。然后进一步说，当使用他人的知名的姓名，以此来获得交易机会的时候，侵害的是姓名中的财产利益。这句话之后得出的结论是什么呢？是当使用他人的姓名想以此来推销自己的产品，这时候侵害的是财产利益，也就是说仅仅关注人格利益的法律就不能适用了，所以本案不属于《民法通则》所调整的关系，也就不属于民法的问题。

判决书又进一步说，因为援引的法律有两个，一个是《著作权法》，另一个是《民法通则》。《著作权法》《反不正当竞争法》并非《民法通则》的下位法，且因侵犯署名、不正当竞争之构成要件与侵犯姓名之构成要件存在上述交集，就是我们刚才说的人格权、财产权这样的情形，相对于姓名权而言，应属于特别规则。什么叫特别规则？就是相当于从法官的观念看，《著作权法》《反不正当竞争法》之于保护姓名而言，是《民法通则》的特别法或者特别规则，因此就本案争议而言，在原告罗某主张已超出一般姓名权保护范围，而不主张不正当竞争的情况下，按照特别法优于普通法的原则，优先适用《著作权法》。

这在很大程度上是一个找法的过程，我们法律人通常将其叫作寻找准据法。所以一个转折点就是特别法优于一般法，不过本身这个结论也是值得去讨论的，真的是特别法与一般法的关系吗？

通常会说《公司法》和《外商投资企业法》都是组织法、行为法，基本前提一定要一样，才说《外商投资企业法》是《公司法》

的特别法。《反不正当竞争法》是否属于授权法是一个特别大的问题，这个问题以至于影响我们法院对于相关案子的处理，比如说有一些案件，尤其是互联网的有关案件，商业模式是不是应当被保护？很大程度上，商业模式是被作为一种权利，如果你通过一种技术的方式来屏蔽了我的商业模式是否就侵犯我的权利，能不能这样认识？当然如果仅仅从商业秘密角度来说，《反不正当竞争法》是授权法，因为什么情况下给予商业秘密权，《反不正当竞争法》是规定了的。这又是一个很大的疑点，我们会看很多国家商业秘密的问题是单独出来的，不是放到《反不正当竞争法》中，但是中国是把商业秘密放到《反不正当竞争法》中的，这会大大干扰我们对于《反不正当竞争法》属性的认识，学理上通常会认为《反不正当竞争法》是行为法，而不是赋权法，但是商业秘密又确实是在赋权。

如果这样把这个问题作为一般问题来看待的话，可能我们的姓名问题、商标问题，就是字号包括包装问题都会变成一个权利，然后他人使用就会变成侵犯权利，此时，《反不正当竞争法》就被看成一个权利法。如果把它看成行为法，那权利问题就不是其要解决的，权利问题是由那些基本法、基础法来解决的，包括姓名，是否拥有姓名、姓名的权利是民法来解决的，我们解决的是姓名的使用问题，不是姓名的赋权问题。我国《反不正当竞争法》的制度盘子有点大，把很多东西都堆到了里面，以至于可能会干扰我们对这部法的性质的认定。

再回到这个案件，这个案件还是按《著作权法》支持了原告的诉讼请求。当然我们要提出的问题就是这属于侵犯著作权吗？因为在这个案件中我们会看到，情节上西域刀郎的词和曲并没有抄袭刀郎的词和曲，他有自己的特色，也就应该拥有自己的著作权和署名权，至于想署什么，那也是著作权人自己决定的问题，所以我个人认为这个不应该是《著作权法》上的问题，当然这个案件当事人没有主张不正当竞争。

（二）王朔著作权侵权案

再举一个例子，看看是不是用《著作权法》能处理。同样也涉及姓名，某一家出版社在广东省图书交易会上，在自己的展厅前竖了一个很大的牌子用来做广告，广告上的核心表述就是说王朔又出新书了，王朔是个知名的作家，他的很多作品被拍成了电影，包括《甲方乙方》《顽主》等都是根据他的作品改编出的剧本拍成的电影。后来一些人买了这个新书后发现文风包括内容等似乎不是王朔的风格。细问出版社，才知道署名上的王朔实际是沈阳的一个高中生，他之前出过一本书，现在又出第二本。

现在的问题是，这是一个著作权的侵权吗？跟我们说的刀郎案件有区别吗？在王朔案中，没有证据来证明这本书写的内容有抄袭王朔的作品。所以在《著作权法》上，用什么名字是自己的权利，可以用真名也可以用艺名，甚至还可以用其他的字号等。可见，如果使用的名字和已有的有关人的名字发生了相同或相近似，且他人的名字是知名的人物，这时候行为人可能就要礼让，但这个礼让绝不是基于作品的问题，而是基于商品的问题，所以我个人以为这个案子其实不是《著作权法》上的案子，而是《反不正当竞争法》上的案子，应当从《反不正当竞争法》的角度来诉。

（三）马爱农诉新世界出版社不正当竞争案

另外一个案例名称是"马爱农诉新世界出版社不正当竞争案"。马爱农是一个知名的翻译家，他先后译有《绿山墙的安妮》《哈利·波特》等非常有名的作品，无论从销量还是时间，马爱农都算得上非常有名。某一天，马爱农发现在当当网、卓越网上有销售署名为马爱侬编译的三本文学名著，这三本文学名著都是新世界出版社出版的，于是他把新世界出版社起诉到法院，告的就是不正当竞争。在诉讼过程中，有这样几个核心问题。第一，马爱农是著作权人，是不是《反不正当竞争法》中的经营者。因为通常《反不正当竞争法》调整的是经营者的关系，如果纯粹是一个自然人的话是不会调整的，被告从这个角度提出了答辩意见。第二，马爱农的姓名也不是商业标志。第三，马爱农不属于《反不正当竞争法》调整的主体，他与公司之间不存在竞争关系。第四，马爱侬是他们编译部负责人孙某某的笔名，该笔名的起叫有它自己的特殊的含义。

鉴于我们在《反不正当竞争法》关于商业标志的认定问题上，更多采用的是外观主义，只在意字体、图画的外形，至于说文字之间的含义相近似或相同以及各自含义的区别是什么不是我们所考察的方面，这个跟著作权是有很大区别的，因为著作权不是外观主义，它更多考察的是内容、文字、情节。很多案子中的当事人都从这个文字意思有所区别的角度去主张某个文字意思跟对方那个文字的意思是不一样的，这个答辩是没有意义的，因为不正当竞争只考察认识结果。如果这个案子换一个角度来诉，诉著作权侵权可能会是更好的路径，会比诉不正当竞争要简单得多，关于姓名这些问题就不是争议的核心问题了。关注点主要在如下方面：第一，著作权是不是还在有效期内，本案当然在有效期内；第二，是不是用了他人的在有效期内的作品，本案中肯定是用了的；第三，有没有经过著作权人许可。被告如果有反证就可以提交证据。所以，从著作权的角度来诉会更便捷，并且如果真的是一个典型的不正当竞争的话，应当是马爱农作品的出版社诉新世界出版社不正当竞争。当然，这个案子最终也还是给马爱农以法律保护，认同了他的意见。

最高人民法院的指导性案例——"小拇指案"是把竞争关系扩展为间接竞争关系。因此，我们现在所理解的竞争关系，包括直接竞争关系和间接竞争关系。现在几乎所有的互联网的案子，当事人之间即便不能用直接竞争关系来描述，那基本也是符合间接竞争关系的，因为大家都在争流量和关注度，这也是公共资源，争抢资源的过程就是竞争。所以在互联网的相关案子里面，可能当事人的主业有很大的差异，例如360诉腾讯等，但最后诉的却是竞争的问题，这一点上没有问题，无须更多地纠结于它存在竞争还是非竞争。

（四）金庸诉江南著作权侵权和不正当竞争案

还有一个案子也给大家简单提一下，就是金庸诉江南的案子。金庸的作品大家都知道，包括《射雕英雄传》，那么本案涉及《射雕英雄传》的主要有两点：一点就是作品的名称，被告使用作品的名称是《此间的少年——射雕英雄的大学生涯》，实际这个作品的内容讲的是大学生活，但是他加了一个副标题——射雕英雄的大学生涯，那和《射雕英雄传》这个作品的名称就紧密相关了，另外一点就是被告作品中的主人公以及核心的角色都用了射雕英雄传中的人物名字，所以金庸最后诉的是著作权侵权和不正当竞争。最终法院在审理这个案件的时候，没有认定是著作权侵权，因为两者在内容和文字上的差异很大，所以法院也把最高人民法院所发的指导性案例第 81 号拿过来进行比较，进一步来确认不属于著作权侵权，因为在判断是否构成实质性相似的时候，应该比较作品表达中的取舍、选择、安排、设计等是否相同或相近似，而不应该从思想、感情、创意对象等方面进行比较。当然，我们知道琼瑶案其实扩展了关于著作权侵权中的认定标准，抄袭他人的小说情节也构成著作权的侵权，但本案中也不涉及情节，所以就不构成著作权侵权。法院最后认定构成商品名称和姓名的不正当竞争。该案中由于多个人物都使用了金庸作品中的人物，最后形成一个相同的关系链，就据此认定构成侵权。这就引出一个问题：不同作品中的同人构不构成违法？那么从金庸诉江南案中可以看出，目前在描述上，"射雕"这个小说名字的问题被使用是一个传统问题，而内容上使用小说人物姓名是一个很少见的新问题，但是使用一个人物姓名一般很难认定，所以通常要有诸多的主要人物的姓名都被使用、被借用，才有可能构成著作权侵权。

（五）软件作品著作权与不正当竞争问题

软件作品著作权的问题也是比较新的，尤其是 2018 年、2019 年有很多案件都涉及软件作品著作权，需要辨析在使用过程中到底是著作权的问题还是既是著作权问题又是不正当竞争的问题。一个游戏软件中有很多角色分工，通常这些游戏尤其是涉及那些枪战游戏的，要有子弹和其他工具。原游戏软件中对这些角色、功力、工具的威力等都是有技术设计的，但有一些软件的开发商在原软件的基础上，没有经过原著作权人同意，通过接口外挂来自己设计一个新的软件，把原软件中的特定的角色以及工具进行强化，并引发了很多人尤其是爱好游戏的年轻人的喜爱。由于这种强化的外挂软件没有经过原著作权人许可，基于市场的需求被当作商品来卖，慢慢形成一个市场，这个市场就是一个灰色产业。那么这类案件所涉及的问题就是到底它是一个著作权问题还是一个不正当竞争问题？首先，我们认定它是著作权侵权是没有问题的，没有经过许可就对原有的作品进行了改造。另外，由于这类外挂产品形成了有关流量上的一些转移，就涉及不正当竞争。所以这类案子应该是既涉及著作权的侵权，同时又涉及不正当竞争。

类似的还有像深圳"数据精灵"这类的案子。深圳有一个公司搭接腾讯的微信，通过软件的外挂可以使腾讯上的广告等信息进行批量点赞，还涉及像抢红包软件等都属于这一类，都是没有经过原软件版权人的同意就改变了原软件的有关功能。腾讯发现了微信被改造以后，就把微源码软件公司给屏蔽掉了，相当于不允许它外接，然后微源码软件公司就把腾讯给诉到法院，诉的就是腾讯滥用市场支配地位，但这个案子最终没有被法院支持，因为它本身就是一个侵犯著作权的行为，有法谚说，不能支持当事人在违法行为中获利。既然这个微源码软件公司本身的行为就是违法的，现在想来证明自身的利益被侵害，这是不可能被支持的。最后，腾讯公司又把微源码软件公司诉到法院，诉它著作权侵权和不正当竞争，并且得到了法院支持。

六、反垄断中的知识产权问题

反垄断中的知识产权问题，主要涉及专利权的滥用问题。因为专利权的工业的技术特性以及工业化所带来的竞争利益会相对更显著一些，所以涉及反垄断的问题更多集中在专利方面，包括发明专利的问题。在这一点上来说，反垄断和不正当竞争存在着区别，因为实用新型和外观设计涉及的更多是不正当竞争问题，而有关发明专利基于技术性更强、产生的技术效果更显著、时间持续更长久，往往就会成为一个垄断问题，或者是专利权滥用而形成的垄断问题。而其他方面的知识产权构成反垄断问题相对较少，主要原因在于条件难以成就。

（一）反向支付协议的问题

给大家说两个有关知识产权的垄断问题。垄断问题处于我们知识产权的边缘，不是真正的知识产权问题，但又和知识产权有紧密的关系。一个是反向支付协议的问题，这个在欧美比较普遍，在中国相对来说比较少，但将来也会有。反向支付是和正向支付相对应的。我们通常说正向支付就是专利权人基于他的专利的许可，被许可人要给专利权人以专利许可使用费。而反向支付就是专利权人给使用人支付费用，通常发生在专利权即将到期的阶段，或者已经过期，并且这类专利的有效会形成垄断及形成相应的知识产权价值，但一旦这类专利权终止之后就变成一个公共资源和信息，此时竞争者就会出现，导致产品的价值包括价格随之降低。所以专利权人为了维持这种垄断性，往往会主动找到有生产能力的那些主体，然后跟他们谈判，要求他们不要生产或生产之后将产品给专利权人，并给他们支付一部分费用，这就形成了反向支付协议，这种情况一般不是《专利法》上的问题，而是《反垄断法》上的问题，可以说它是一个借专利权形成的垄断行为。

（二）"最惠国待遇条款"

还有一种垄断问题是最惠国待遇条款，这实际上不是知识产权问题，但是又和知识产权有关。最典型的一个案例就是美国的Kindle 案件。亚马逊设置了一个"最惠国待遇条款"，这个最惠国待遇条款跟国际贸易中的专业术语是不一样的，相当于在《反垄断法》中形成的一个垄断协议，即向所有的客户做一个许诺——我向你销售的价格是最低的，如果你在市场上购买到价格更低的同款产品，那么我给你退差价，从而维持一个垄断的价格。这是一个特殊的情况，跟知识产权其实没有特别大的关系，并且在传统商品销售过程中也同样可以存在最惠国待遇的问题。

中国在 2015 年发布了一个关于知识产权滥用的指南，这个指南涉及两种核心行为，就是知识产权协议和滥用知识产权支配地位的行为，横向的和纵向的都可能，比如说横向的竞争者之间相互之间约定不进行技术创新，但纵向也可能出现。这里有一点值得大家关注的是，我们现有的指南中设置了一个安全港，包括横向安全港和纵向安全港，横向安全港的指标是15%，纵向的是25%，但是这个安全港将来能不能存在值得讨论。并且这个也是借鉴别国的经验，如果不到25%，则这个行为是可以豁免的，也就是只有25%以上的才可能构成违法行为。

从行为类型上来说，滥用市场支配地位的各种具体形式都可能涉及知识产权滥用。比如美国高通案，确实涉及比较明显的知识产权滥用，因为它涉及的问题就是标准必要专利，这是一个专利池且本身也是一个单独的相关市场，然后它在许可费的问题上收超高价，包括对那些已经超过了专利有效期的专利还要求收取专利费，我们把这种行为叫作不公平高价。除此之外，还涉及搭售基带芯片以及拒绝交易等，整个的模式就属于知识产权的滥用。反垄断执法机构对此最终作了一个行政处罚，这也是目前我国处罚额度最高的一个案例。所以在中国的知识产权的反垄断问题上，大家就进一步去关注这个指南，但毕竟相比较于发达国家，我国在知识产权的垄断的问题上还没有那么显著，所以总体上知识产权的反不正当竞争问题应该比知识产权垄断问题更为明显一些。

法律说理与法律职业共同体

主讲人：金克胜

我和大家交流的题目是法律说理与法律职业共同体。为什么选这个题目呢？这是因为法官、检察官、律师、法学教育工作者都是一个职业共同体。

简单报告一下我的经历，我在大学工作了20多年，在外交学院担任国际法研究所的所长和法律系主任。我在50岁以后有幸通过了最高人民法院的法官选调，进入了司法改革办公室工作，2009年在最高人民法院通过竞争上岗，担任民三庭即知识产权庭的副庭长，并且在民三庭一直工作到退休。退休以后我仍然在学校从事研究生培养教育工作，同时也在做仲裁业务。此外，我以前在学校期间也做过兼职律师，并兼任过高校主办的律师事务所主任。所以对于法律职业共同体我有所参与和了解。

一、法律说理问题

法律说理是非常重要的一个话题，特别是我在最高人民法院曾经的工作经历中对此感悟颇深，选这个题目有两个主题词，在法律共同体的基础上一个是"法律说理"，另一个是"典型案例"。增强法律说理，运用典型案例，这应该是我们法律共同体共有的基础和平台。我觉得在法律说理和运用典型案例这两点上，律师和法官、仲裁员是处在同样的平台与话语体系中的。

北京知识产权法院是全国司法改革的排头兵，也是试验田。那么，在什么样的情况下当事人、律师与法官是处在同样一个平台呢？那就是法律说理和在先案例，以及在这个层面讨论法律适用的规则。

（一）法律说理的作用

这些年我每年都会参与全国律协知识产权专委会的十佳知识产权案例评选，所选出的案例均旨在通过法律说理说服法官。我们律师做的工作也都是为了说服法官，以便于能够在代理过程中提供优质的法律服务来最大限度维护委托人或当事人的合法利益。所以，律师是社会主义法治非常重要的力量，律师水平的高低在某种意义上决定了审判水平的高低，也能够倒逼法官司法能力和司法水平的提高。

全国律协针对律师发挥作用及贡献程度做了一个权重加分表：律师发挥作用及贡献 70 分，首创观点获得法院支持 10 分，社会影响力 10 分，指引典型意义 10 分。看看这个权重，律师为何能占 70 分的作用？他在案件中究竟起什么样的作用？主要就是说服法官。用法律说理说服法官可能就是律师对案件公正审理作出的贡献，最后的结果可能是有利于律师所代理的这一方。

我认为举办一个关于说服法官的论坛是十分必要的，并曾经和一家大型律师事务所的主任探讨过这个问题，因为律师代理案件就是通过法律的说理说服法官，而论坛的举办可以帮助大家去了解和训练法律说理。2011 年最高人民法院曾经和美国一些机构合作举办了全国知识产权庭长的讲习班。当时曾经有一个美国的律师讲到，一方败诉是因为对方的律师用法律理由说服了法官，这足以看出律师在诉讼中的重要作用，而法律说理也是一个具有正能量的东西。

外交学院的姚壮老师曾经在仲裁方面很出名，当时姚壮老师给当事人说找一个好的律师，胜诉的概率就会很大。目前，无论是仲裁还是审判，律师的水平良莠不齐。当然，优秀的律师还是很多的，而优秀的律师通过充分的法律说理能为公正的审判与公正的裁决起到非常重要的作用。因此，法律说理是非常重要的，而说服法官其实也是一个特别大的主题，对于律师来说尤为重要。

（二）新华字典的商标侵权与不正当竞争案

我了解到新华字典的案件被选为典型案例，商务印书馆的《新华字典》之前大概一共发行了五六亿册，但却一直未注册商标。在新华字典与华语教学出版社的侵权案件中，最后在判决的时候"新华字典"被认定为未注册的驰名商标，因此华语教学出版社的行为构成侵权与不正当竞争。这个案件由万慧达律师事务所代理，万慧达高级合伙人黄晖博士就毕业于外交学院。

《新华字典》的影响力和普及度是非常大的，近年来华语教学出版社陆续发行了带有"新华字典"字样的工具书。因此，商务印书馆认为华语教学出版社生产、销售《新华字典》的行为侵害了其"新华字典"未注册驰名商标，要求其停止侵害商标权和不正当竞争行为，并消除影响、赔偿损失。最后一审法院判决华语教学出版社立即停止侵权行为，消除影响并赔偿商务印书馆经济损失费 300 万元及合理支出 27 万余元。关于这个案件的典型意义，律师是这样写的：涉及未注册驰名商标保护的典型案件是兼具事实认定、法律适用及利益平衡的多重难题。这个案件明确了未注册驰名商标的裁判标准，所以成为一个典型的案例。

这个案例到底典型在哪儿？我认为不是结果，而是它所形成的规则，通过法律说理而形成的规则。第一，像新华字典这类兼具产品和品牌混合属性的商品名称符合具备商标显著特征的裁判标准。第二，认定它是未注册的驰名商标；其余几点就是讲了它的意义。这个新华字典案件被评为 2017 年中国法院十大知识产权案例，而且案件的主审法官张玲玲很快从北京知识产权法院调到了北京市高级人民法院，现在任职于最高人民法院民三庭。

在这个案件的办理过程中，原告代理律师搜集了 60 多年来公众普遍使用《新华字典》的证据和资料。本案在证据收集及法律适用上均存在较大挑战，而办案律师通过扎实的证据收集工作和法律研究能力最终说服法院支持原告的请求，为国内处理类似未注册驰名商标案件树立了一个典范。

接下来，我们从法院认定的事实进行分析，《新华字典》的编撰及出版的经历是重要的法律事实，这时它的焦点涉及几个问题：第一，涉案"新华字典"是否构成未注册驰名商标，如果构成未注册驰名商标，华语教学出版社实施的被诉行为是否构成侵权行为？第二，《新华字典》已出版，是否构成知名商品的特有装潢？如果构成了知名商品的特有装潢，那华语教学出版社是否因擅自使用《新华字典》（第11版）知名商品特有装潢而构成不正当竞争？第三，构成侵权和不正当竞争的华语教学出版社应该承担什么责任？

这个案例给我们的启发就是，律师要通过法律的说理说服法官，并且通过说理努力使案件成为典型案例，或者是学会用典型案例支持说理。无论是仲裁还是诉讼，都是针对法律的争议焦点来说理和说服仲裁员和法官的。在这个过程中，法律争议的焦点就是法律说理和裁断方向的路标，我们需要归纳、提炼好法律争议点，并以此为方向在法律和事实基础上展开说理。

（三）为什么要提倡和鼓励法律说理

第一，习近平总书记说过，努力让人民群众在每一个司法案件中都能感受到公平正义。这句话其实是一个特别高的标准，也是特别难做到的。第二，法律共同体是我们法律人的责任和共同方向，律师代理每一个案件都能够使人民群众感受到公平正义，律师确确实实是推动法治进步的重要力量，但律师之间的水平和职业素养等各个方面也存在极大的差别。

优秀的律师是注重法律说理的，并且优秀的律师对于法官和仲裁员作出公正的裁决和裁判起着极其重要的作用，而法官和仲裁员也应当尊重律师的法律说理。律师的法律说理对于冤假错案的避免及纠正也起到了重要作用，也就是说，律师做到了有效充分的法律说理，在很大程度上能够避免冤假错案的发生。实现真正的法律公正是我们每一个人的责任。习近平总书记讲过，法治是最好的营商环境。法律说理是说得出的正义，法律说理是法治的力量，法律说理是法律永恒的主题，法治力量来自法律说理和法律的说服力。

最近，最高人民法院大法官江必新审理了一个案件，案件中的被告原国土部败诉，而败诉的关键原因在于其忽视法律说理。党的十八届三中全会、四中全会决定中都讲到说理，四五改革纲要（即《人民法院第四个五年改革纲要（2014—2018）》）、五五改革纲要（即《人民法院第五个五年改革纲要（2019—2023）》）都讲到我国需要推动包括法律说理的裁判文书的改革。现在，最高人民法院要求各级人民法院完善类案和新类型案件强制检索报告，也就是类案类判，统一裁判的标准和尺度。这对我们来说，有利于当事人、律师、法官及仲裁员在同一平台上进行法律说理。北京知识产权法院指出，如果当事人或律师提交了类案，那么法官在审理案件过程中和裁判时都要对类案进行回应。但基于我国是成文法国家，对于当事人提出的以类案作为上诉理由和改判依据的主张，目前还是不予支持的，但不排除以后有实现的可能性。

美国一个法官曾讲过这样一句话，法律的生命不是逻辑而是经验。那么这句话到底对不对呢？北京大学的张祺教授认为这个法官是在特定环境下讲的这句话。所以，我个人认为在特定意义上讲法律理由和法律说理才是法律的精髓。

我认为应该是这样的一个关系，律师是代表当事人通过法律说理说服法官接受其理由和观点，并促使法官作出对其有利的判决。我下面举个例子谈一下说理和说情。中央政法委曾经开会批评个别律师没有将精力放在说理上，而放在说情上。大家试想一下为什么司法实践中有那么多的法官出了司法不严、不公的问题？原因在于说情。最高人民法院的一个大法官曾审理过 360 和腾讯的知识产权案件，其专业能力极为优秀，并且互联网知识也非常深厚，但最后却没坚守住职业道德和素养，犯了受贿罪这类严重的原则性错误。但他这样做的原因是不懂说理吗？是没有法律知识吗？不是，是因为在说情中迷失了自我。所以，我认为说理不仅是技巧，更是责任和素养。法院在审理案件时最担心的是领导干部干预司法审判，说情会严重影响到案件的公平、公正审理，因此应杜绝说情，提倡法律说理。

法律是最讲理的，围绕权利与义务的法律说理是整个法律活动和法律过程的核心。其实法律的纠纷就是利益的纠纷，权利的背后就是利益。试想，从大到小，从一个生活琐碎案件到中美贸易摩擦不都是利益吗？所以，古人就曾说过："天下熙熙皆为利来，天下攘攘皆为利往。"马克思也曾说过："人们奋斗所争取的一切都同他们的利益有关。"总结来说，权利的背后是利益，法律的冲突就是权利和利益的冲突，人和人之间的关系也就因此形成了法律的关系，权利和义务的关系，而法律的纠纷也就是权利和义务的纠纷。

知识产权开拓者郑成思老师曾经被问过这样一个问题："你不是搞技术的，你为什么做知识产权？"他说："因为我懂法律。知识产权的问题不是人和技术的问题，是人和人的问题，是一个法律的问题。"最基本的法律问题就是权利和义务的关系，是人和人的关系，而不是人和物的关系，也不是人和技术的关系。特别是知识产权，虽然技术性很强，但我们应学会透过表象看到本质的问题。在所有法律纠纷中，双方的争议无非一个是主张权利，一个是进行抗辩以达到免除和减轻义务的目的。法官定分止争的关键也就在于维护合法权利、履行应尽义务。知识产权在上述问题中表现得更突出，是寻找权利的划界和边界。我对知识产权审判有两条重要的体会：第一，司法政策对于知识产权的审判起着至关重要的作用；第二，法律上的权利划分在知识产权领域是最突出的。在知识产权案件中，商标、专利和版权等在侵权认定时，存在很多主动认定的内容，所以极易混同、混淆。有的知识产权法院说现在审理商标的案件，80%都是与诚实信用有关的，存在大量恶意抢注商标的情况，所以现在很大部分都是垃圾专利和虚假的版权，这些都是纯粹为了利益而争。

我认为法律说理的运用是法律职业共同体的共通、共识，是化解社会纠纷、争议的依据，也是理性法治社会的标志。

（四）建立多元纠纷解决机制的重要性

最高人民法院于2019年8月初发了一个文件，要求全国法院建立诉讼服务中心和多元纠纷解决中心。现实生活中，和解、调解、仲裁和诉讼是我们化解矛盾与解决法律争议的方式。近两年，仲裁在纠纷解决中起到了越来越重要的作用。所以，我认为下一步调解也会成为公众所推崇的纠纷解决机制。调解的前提是不违背法律，仲裁是符合法律，诉讼是依照法律规定，其公权力的介入也越来越深。今后律师参与多元纠纷解决更应该重视说理。和解与调解是同样的概念，与仲裁和诉讼等解纷机制有十二方面的特点，这是我个人归纳的。调解能将自愿、自主运用到纠纷解决中，这一点是优于其他纠纷解决方式的。而双方当事人的情绪与法律立场的对立和对抗在诉讼中表现得越来越明显和激烈。

在退休之前，我在2015年办了一个网叫中国法律说理网。当时我觉得中国法律说理很重要，大家有机会可以在网上看一看，完全公益性，不参与讨论任何个案，不发展任何会员，是我的研究生在维护的。这个网站我觉得是一个好的平台，它完全是一个资讯类的，不涉及任何具体的案件，我的初衷就是把它搞成比较简单的网站。

最高人民法院发过一个文件，提出全国法院要建立诉讼服务中心和多元纠纷解决中心。大家有没有注意到，我们过去太注重用诉讼的方式解决纠纷，但这两年仲裁成了比较热门的纠纷解决方式。之前我提出了一个观点，下一个关于纠纷解决机制的竞争是调解的竞争。关于今后律师参与多元纠纷解决的说理方面，我总结了多元纠纷解决几个环节依次递进的十二个方面的特点：第一，双方自愿和自主起决定性的越来越少；第二，双方的对立和对抗越来越明显和激烈；第三，逐步从更讲情到更讲理、更讲法；第四，对于规则程序的要求越来越高，双方对过程和程序的选择灵活性越来越小；第五，公权力和国家意志介入的越来越深入；第六，"以阐述法律理由、表达法律理性、明晰权利和义务"的要求越来越高和突出；第七，解决纠纷事件的周期越来越长；第八，保密的越来越少，公开的越来越多；第九，从强调利益平衡与双赢到依法全面维护权利人和守约方的利益；第十，从注重当事人的观点理由到更加重视提交的证据；第十一，从解决纠纷的低成本到更高成本；第十二，争议双方对争议解决过程中的可控性降低。

（五）刑事案件中的法律说理

有一个刑事犯罪案件，开始是销售有毒有害食品罪，后来我们通过司法建议书的方式建议改为销售不合格产品食品罪，案子起诉到法院之后，我们认为被害人对自身死亡结果有极大的过错，因为这个产品标准是大概一天吃 2 粒，她可能是在 48 小时吃了 5 天的量，结果导致严重腹泻。那么在庭审过程中该如何说服法官让他认可被害人是有过错的呢？我觉得这个案件的关键还是检察院认不认可我们的证据，如果主张被害人服食过量产品的证据是很关键的一点，那么就需要检察院认可这个证据以后，再来看两者之间的因果关系。如果能够把证据和因果关系都展示出来，那么对案件处理结果就可能是有利的。最高人民法院把事实问题和法律问题，包括证据的问题，都放在法律说理里面。我觉得证据扎实了，下一步才能够看看怎么说服他们。

（六）怎么看待律师跟法官互相赞扬的问题，以及律师在庭审中的进攻性

我没有说要赞扬法官的意思，只是说最后可接受性都是通过裁判文书和结果来说的。当然律师比较尊重仲裁员和法官，法官和仲裁员也要给律师充分说话的机会。我没有说庭审中不能带任何进攻性，刚才我还表扬了广州刑事案件的律师，他比较敢于说话，并且都能说到点子上，而不是胡搅蛮缠。我们应当明白律师参与庭审不是要炫耀技巧，而是要通过法律的说理去说服法官，即使是庭审中表现出些许进攻性也应当以法律说理为前提和基础。

（七）法官和律师的关系

原来前些年提到过"防火墙、隔离带"，现在这几年又不提了。我觉得只要在法律说理正当的情况下，就没有什么需要隔离的。因为法官和律师之间的关系可能不在于他们之间的交流，而在于彼此交流中所坚持的底线。

二、司法的作用和功能

现在讲讲司法的作用和功能，也就是彰显规则、化解纠纷、维

护秩序。特别是审级越高的法院可能对于统一裁判标准的责任越大，最高人民法院针对全国法院都统一了法律的尺度，形成了一定的司法的标准。

就价值取向来看，刑事、民事、行政对于权利的保证方式是不一样的：刑事是保障人权；民事是维护私权；行政是限制公权。

刑事领域讲严格标准、罪刑法定，讲求犯罪的要件、犯罪构成；民事领域讲求诚实信用、平等者之间的关系；商法讲求效益和利益平衡；行政审判讲求合法性。

特别要注意司法到底是什么权力？大家一定记住这两句话：

第一，司法是中央事权。国防、外交、司法都是中央事权。

第二，司法权是裁决权和判断权。司法是居中裁判，区别于行政关系。行政是命令和服从的上下级关系，而法官是自己独立作出判断和裁决，所以他是不同于一般公务员管理的特殊管理。

实现裁决权有两个方向，就是去地方化、去行政化。它是一个裁判权，是居中裁判，是对是非对错作出一个裁判，所以要求法官有很高的专业水平。程序的公正是看得见的正义，实体公正是说得出的公正。

三、法律说理与司法判例的关系

现在讲一个很重要的问题，法律说理与司法案例的关系。阐明法律说理形成司法判决，比照司法类案论证裁判理由。案例一般可以称为司法案例、指导案例、在先判决、典型案例、司法先例。

（一）案例的作用和功能

我们提供的案例、法院运用的典型案例等，只能作为说理的依据，而不能作为裁判的依据，不是以理来规制，而是要以理来服人。所以这是一个问题的两个方面，也是我们律师进行代理工作的两个重要武器、工具、方式。

"理"就体现在典型案例所承载的裁判思路、裁判规则、法律逻辑和自由裁量的尺度，通过典型案例的甄别、争辩、定型和沉淀，内化为法官的认知，汇聚成业界更为广泛的共识，引导法律适用规则进一步细化，为社会提供更好的法律预期，也为司法解释起草奠定基础。

提供案例不是看它的结果，而是看它的说理和说理所形成的裁判规则。类案类判就意味着类似的情形应适用类似的标准，这是核心。所以，最高人民法院，包括法院系统都有一些强制的检索要求，一个案例要检索出类似案子作为指引，作为能够统一裁判的标准。

有人说，过去的司法不廉、司法不公等很多问题其实都是司法不明导致的，法官没有把理说清楚，当事人不能服判息诉，不能案结事了。胜败皆服可能很难，但是法官应该要做到胜败皆明。

有一些概念是特定语境下演进的。有人说判例是资本主义的东西，不是我们的东西，不在同一个话语体系。过去没人提人权，因为人权是资本主义特有的东西，我们提的是公民的人身权、财产权。到了现在，人权入宪，国家尊重和保障人权被写入宪法。其实我们现在所做的事情包括司法改革，不都是为了实现宪法所载明的人民法院独立行使审判权吗？只是不同的语境，不同的解释罢了。刚才讲到中央事权，去地方化，讲到裁决权，去行政化，不都是为了保证审判的独立吗？

（二）指导案例

指导案例比较特殊，即只有最高人民法院通过的典型案例才能够作为指导案例，且系对各高级人民法院都具有参考性的案例。北京知识产权法院作为试验田和排头兵，目的是实行以"遵循典型案例"为核心的知识产权案例指导制度。该制度应该以成文法为基础和前提，在司法权限范围内，充分发挥典型案例的审判指引作用。即在法律有明确规定时，法官在处理相同或类似案件时对法律的理解应当与上级法院及该院典型案例保持一致；在法无明文规定或法律规定不明确时，法官应当在司法解释权限范围内，根据立法目的、法理、习惯和良知作出裁判。要在审判工作中形成"遵循典型案例"的意识和习惯，赋予典型案例"事实上的约束力"，即在属于"同类案件"的前提下，后案审理如果作出与典型案例相冲突的裁判，则可能成为当事人上诉及上级法院改判的理由，或者成为审判委员会决定提起再审的事由。

我认为现在只能把类案规则作为说理的依据，不能作为裁判的依据。如果以法官没有适用当事人提交的案例，没有作到类案类判为理由进行上诉的话，是缺乏法律依据的。律师在诉讼包括仲裁程序中都会向法院、仲裁机构提交检索到的案例，各方提交的案例都是支持各自的观点，其实有的东西看起来就不一定能够那么准确地适用了。

说理和典型案例是一个问题的两个方面。通过说理形成了典型的案件，那么类案特别是典型类案又可以作为说理的依据，法官如果要推翻典型案例或者是不遵循典型案例必须要在裁判理由中充分说明理由，并按照一定程序规则进行。所以，今后律师做代理一定抓住法律说理和案例这两个武器。

北京知识产权法院还讲究诉、审、判一致性，诉、审、判一致是指法官应当根据当事人的诉辩主张进行审理和裁判，保障当事人的诉辩主张及意见陈述在庭审与裁判中得到针对性的审理和回应，确保诉辩、庭审与裁判彼此呼应、相互一致。这一点非常重要，北京知识产权法院也不断改革，律协知识产权专委会为此专门发了一个律师如何在北京知识产权法院进行诉讼的指南。其中要求当事人只要提交案例，法院就应该对此有一个评述。有一份统计材料显示，一年内北京知识产权法院有 168 起案件援引了在先判决 279 件，其中最高人民法院的 31 件，各高级人民法院的 132 件，各中级人民法院的 92 件，各基层人民法院的 24 件。

北京知识产权法院的案例指导制度改革带来三个突破：第一，突破知识产权领域；第二，突破北京市法院系统；第三，突破整个司法系统，对立法等整个法律体系都会产生积极的影响。这在立法上有着非常大的意义，可将其作为成文法的补充。为此，北京大学法学院专门搞了一个中国指导案例研修班，邀请中国顶尖的专家和国外专家讲这个问题，不过在国内还有一些阻碍和不同的认识。这个案例指导制度是不是要动摇我们成文法的基础？当然没有这个意思。周强院长也认为这个做法的意义很大，后来派最高人民法院刑庭的庭长到北京知识产权法院交流学习。

（三）律师在法律共同体中的作用

这里涉及我们律师的作用，律师可以帮助法官广泛搜集先例和资料，拓宽思路的清晰度、广度和深度。上面提到全国律协专门有一个指南，就是帮助律师如何在北京知识产权法院做诉讼。

作为法律共同体，律师能够帮助法官审理案件，在一个平台上共同讨论问题，促使案件公平公正地审理，主要体现为：第一，约束法官个体的自由裁量权；第二，运用法律推理区分案件事实，论证不同案所以不同判；第三，保持司法谦抑，减少错案和法官造法；第四，确保用法释法统一连贯；第五，积累司法经验，为决策调研提供参考。

（四）读懂法官思维

前面讲到当事人通过法律说理有可采信性，法官通过说理让当事人有可接受性。有一句话是这么说的，说理是裁判的灵魂，没有说理裁判就没有灵魂。公正来源于说理，说理是公正的支撑。因此，之所以会出现这么多的信访、涉诉上访，就是有些人认为不公，还有些人是不明。所以有两点就很重要：第一，阐明法律说理形成的司法判决。有一本书叫《读懂法官思维》。怎么读懂法官思维？其中的观点是要好好地研读法官的判决，看看法官基于什么样的事实和法律，以及怎样通过论证和说理得出最终的判决结论，法官的思维就是裁判的思维，所以读懂法官的思维只有一个途径，就是去读法官的判决。第二，比照司法类案已经形成的规则来论证法律说理。最高人民法院于2018年6月发布了《关于加强和规范裁判文书释法说理的指导意见》，这是一个非常重要的意见，该意见第13条列明的都是说理的范围。除法律、法规、司法解释外，法官可以运用下列论据论证裁判理由，以提高裁判结论的正当性和可接受性：第一，最高人民法院发布的指导性案例，这是说理的最重要的来源；第二，最高人民法院发布的非司法解释类的审判业务规范性文件、院长讲话、座谈会纪要等，这些是司法政策，同样可以作为说理的依据；

第三，比如公理、情理、经验法则、交易惯例、民间规则、职业伦理等，也可以作为说理的依据；另外，立法说明等立法材料，采取历史、体系、比较等法律解释方法时使用的材料，法理及通行学术观点，与法律、司法解释等规范性法律文件不相冲突的其他论据等，这些都是说理的依据。

结合类案类判的规则，以及类案和新型案件的检索，很多问题就很清晰了。但最高人民法院发布的指导性案例过窄，北京知识产权法院则不局限于其发布的指导性案例，认为只要有道理，无论哪个法院的判决，包括外地基层法院关于知识产权案例的判决，同样可以拿来做先例，确立裁判规则，形成可以遵循的类案。

四、法律职业共同体下的法律说理

最高人民法院设立了三个知识产权基地，其中在北京知识产权法院设立了知识产权案例研究基地，体现了法治化；在上海知识产权法院设立了国际交流基地，体现了国际化。当时讨论的时候我也参加了，我提出一个意见叫作知识产权保护的市场化，如知识产权保护研究基地的市场化，要根据市场的价值判断赔偿的标准。这样就突出了知识产权审判的三个特点：讲法治化、讲国际化、讲市场化。

（一）四个贯穿

在法律职业共同体下的法律说理有四个贯穿：法律说理贯穿法律职业共同体；法律说理贯穿法治各个环节；法律说理贯穿争议解决各种形式；教学要讲说理。我认为说理最重要的是两个方面：法院裁判和裁判文书。而裁判文书是法院的产品，另外最重要的就是律师要说理，要说服法官，要让自身的观点有采纳性、可信性，这是法律职业共同体一个共同的责任。

（二）立法就是立理

立法要说理就是立理，检察院也要很重视说理。最高人民检察院比最高人民法院更早发布的两个关于加强法律文书说理的意见，同样强调要说理。法院要说理，我们律师的法律服务也要说理，所以说理贯穿于法治的各个环节，贯穿于争议的各种形式。此外，调解要说理，仲裁要说理，诉讼也要说理，说理要贯穿到法律运行的各个领域。

大家知道职业打假人，买一罚十，那法院对此是什么态度？最高人民法院民一庭的领导主张应当支持，但前段时间又不支持了。我想问题出在哪儿？是法官没水平吗？是我们律师没有水平吗？是法官偏袒一方吗？或者是出在法官对于法律的解释不同吗？其实，很多问题不是出在实务实践的部门而是出在立法上，是在制度设计和权利义务的分配、价值趋向上就没有完全设计好。

我想说明的就是立法就是立理，就是权利和义务的分配，很多问题是出在立法上，包括执法、守法、司法。法律是最讲理的，每一个环节的立法都要有可行性、科学性，司法要有合理性、逻辑性、可接受性。而律师代理的说服性是最重要的，要对裁决判决有预期，特别是要有正当性和合理性。裁判文书是法律说理最重要的载体和平台。

（三）知识产权审判中的说理

最高人民法院大法官李少平是分管司改办的，他说司法公正不仅要实现，而且要以看得见的方式实现。理由是判决的灵魂，是将事实和判决结果联系在一起的纽带。英国大法官在一本书中说，没有理由的判决是非正义的，甚至其都不能成为判决。

知识产权裁判领域的审判讲求说理。我在2017年建议最高人民法院、法学研究所、北京知识产权法院和中国法律说理网合办了第一个知识产权裁判中的法律说理的论坛，从知识产权领域入手强调突出说理。法院的裁判说理要从裁判文书入手强调说理，从形式上就得要求。对于裁判文书的说理要求根据审级功能确定裁判文书说理的重点。一审判决应当把重点放在认定案件事实和确定法律适用上，做到以事实为依据，以法律为准绳。

现在最高人民法院一年的案子也非常多，大概是一万多起案子，目前计划要下沉。前几个月中级人民法院审理的民商事的案子标的变成50亿元以下。二审判决书应当把重点放在解决事实争议和法律争议的说理上，实现二审终审；再审判决书应当把重点放在依法纠错、维护司法裁判权威上，这是不同文书的不同要求。所以有人说不用说理，那只是他根据情况说的简和繁，我们的最高人民法院要做的不只是法律审，更需要查清事实。

拿知识产权来说，出现过很多离奇的造假证据的情况，比如特别大的公司做的假报纸、假书等。所以法院不能不查案件事实。李少平后来也讲，让法官愿意说理、敢于说理、会说理，充分体现中国司法智慧，提高司法公信力。可见，裁判文书是法院最终的产品，是反映全部诉讼活动，实现定分止争，体现司法水平的重要载体。

（四）商事仲裁中的说理

北京仲裁委员会也提倡说理，因为我们律师可能也要代理仲裁案件，同样是要说理。说理要有针对性，要求有的放矢，这些和法院都是一样的，要对每一个问题有合理、合法的说法和结论，所以仲裁裁决要说理，并且说理不能过于简单或不说理由或说不清理由。如果说理不充分，只是笼统地裁决是不行的。

（五）最高人民检察院《关于加强检察法律文书说理工作的意见》

最高人民检察院发布的《关于加强检察法律文书说理工作的意见》，讲的基本要求是阐明事实、释明法理、讲明情理、繁简适当、语言规范，特别是起诉书。每一个关卡都能做好，做到证据扎实，就能避免出现冤假错案。重大疑难、复杂案件或者社会关注的案件要做好充分的说理，对此要求法律的共同体都重视说理，只有真正说理才会使我们的法治水平大大地提高。

（六）裁判文书的释法说理

知识产权的案件也是很难的，法律说理是以理服人，法理讲规则，学理讲原理，道理讲理由和方法，情理讲观念和价值，事理讲事实，常理讲习惯，文理就是讲文字的逻辑。裁判文书的释法说理的目的是通过阐明裁判结论的形成过程和正当性理由，提高裁判的可接受性，实现法律效果和社会效果的有机统一。其主要价值体现在增强裁判行为公正度、透明度，规范审判权行使，提升司法公信力和司法权威，发挥裁判的定分止争和价值引领作用，弘扬社会主义核心价值观，努力让人民群众在每一个司法案件中都能感受到公平正义，切实维护诉讼当事人合法权益，促进社会和谐稳定，可见说理的意义有多大。法官对于证据的认定一定要结合诉讼各方举证、质证以及法庭调查核实证据等情况，根据证据规则，运用逻辑推理和经验法则，必要时使用推定和司法认知等方法，围绕证据的关联性、合法性和真实性进行全面、客观、公正的审查判断，阐明证据采纳和采信的理由。其实法院审理案件分为四个方向：程序、事实、依据、说理。最高人民法院司改办的主任在一个新闻发布会上讲说理有四个类型：判断证据、认定事实、适用法律、自由裁量，从事实到证据，到法律问题，再到法律适用都是这四个方面的说理。所以讲，真正说理了还会出现冤假错案吗？我们法治的路还很长，各种社会风气会给我们的法治的进步带来很大的影响。对此应当注意两方面：第一，一定不能动摇制度，我国的制度确确实实是好的制度；第二，一定不能忽略我们的问题。我们法治的路还很长，冤假错案依旧存在，司法廉洁问题触目惊心，正是因为这样，我们每一个人要从自己做起，促进司法公正和法治进步。

这是一些理念的问题，北京知识产权法院还致力于作出公正、令人信服、有指引意义的判决。这就包含三个层次：公正是起码的要求，是符合法律的要求；令人信服是使当事人满意和信服，让当事人对法治有信心；最难的是第三个，有指引意义的判决。这就需要通过判决归纳出法律的规则，提炼出法律的理由，以为今后统一适用的标准作出贡献。

（七）福建法院关于审判委员会制度的改革创新

罗志沙院长到了最高人民法院之后和我们律协知识产权专业委员会召开座谈会进行交流。浙江法院和司法厅要互相评议法官和律师。我个人不太赞成审判就是服务，毕竟审判权属于公权力，要监督肯定是要监督的。特别注意到一个大事，吴偕林任上海知识产权法院院长时，曾邀请检察官、律师来共同讨论一个死刑的案子。作为司法体制改革背景下的一项重要探索和创新，此次会议首次邀请该案辩护律师到会陈述辩护意见，并接受福建高院审委会委员的提问，且受福建省人民检察院检察长霍敏（已调任）的委托，该院副检察长叶燕培列席会议并发表检察意见。

"法官、检察官、律师是法治工作者队伍群体。促进法律职业共同体的良性互动需要大家携手并进。"吴偕林任福建省高级人民法院院长时强调，检察长列席审委会制度是中国特色社会主义司法制度的一项重要制度安排和制度创新，对于落实检察机关监督职能、加强法检沟通协调、保障司法公正具有十分重要的意义。在听取检察机关意见的同时，邀请辩护律师到会陈述意见，是福建法院在司法改革背景下探索创新审判委员会制度改革、扩大司法公开领域的先行先试之举，目的在于促进审委会委员充分听取控辩双方对案件关键事实的陈述及主张，确保依法作出公正裁判，努力把每一件案件都办成经得起历史和法律检验的铁案。说理是有法律说服力，是法律理性的要求，所以它不是技巧或一般的方法，而是理念、责任和水平，也是一种能力，更是一种法律素养、职业道德和良知的展现。说理是法律生命力和法律魅力所在，也是法律力量所在。法律说理的重要性就体现在这些地方，所以就要求我们共同努力，一点一滴地把每一个案子做好，使我们的法治得以进步。

比如说一些案子是非常简单的，也就是说，像 A、B、C 或者是 1、2、3 这么简单的事情，不是说我们不讲理，而是非常简单。比如说，在 2012 年以后不允许强拆了，要按照司法程序来执行，但判决书说有关部门有权不履行，那这种情况该如何看待？这种情况需要靠法律的程序来走二审或者是纠错、再审，也没有什么其他更好的办法。并且法院如果真正能说理了也不会是这样的结果。所以说法院对这方面现在抓得比较紧，最高人民法院大法官李少平讲过通过裁判文书说理倒逼司法公正。最高人民法院提审的案件说理的过程是回到最初起诉的原点，还是说就一审、二审的错误在再审过程中进行纠错？或者是包括纠错在内？我认为这个要看个案，如果说有错再审，一般是对二审不服且认为二审有问题，那么就肯定要审二审的问题；如果从根上来说可能涉及一审的问题，那么就需要对一审的问题进行审查。但是申请再审本身就是因为二审的生效判决存在问题才提起的，一般来说关注的可能是二审的问题，如果说这里面涉及一审的问题肯定也应该一并审查。

（授课者依照 PPT 课件讲授，因此此稿仅根据讲课记录整理，很可能未能体现出讲授连贯性和完整性。）

新民事证据规定的理解与适用

主讲人：徐卉

很高兴来参加朝阳律协举办的关于《最高人民法院关于民事诉讼证据的若干规定》（以下简称"新《证据规定》"）的理解与适用的培训，同时也很高兴能够与朝阳律师们一起来研讨新《证据规定》。事实上，朝阳律师集聚了国内许多真正的精英律师，而且对于新《证据规定》这样一个新内容，大家也都在学习过程当中。最高人民法院出台新《证据规定》时，很多律师都感觉到规定内容改变好大，大家需要再进一步学习研究。作为律师来说，这个行业对我们终身学习的要求真的很高，当前的《民法典》出台意味着我们学习任务更重，相比较而言，民事证据规定内容的学习还是要轻松很多。

关于新《证据规定》的适用在实践当中虽然还没有得到充分体现，但是不少机构对新《证据规定》在适用方面的一些理论和实践的研讨在不断进行，而我们今天有关新《证据规定》的理解与适用的内容可以说不止是关于规定本身、修改决定本身规范内容的解读，更着重阐述和总结之前司法实践当中有关相关规定的适用内容，和我们在学理上对于这些规定内容的解释，以及新规与旧规修改的相应根据等，这样以便我们能够更好地理解规定内容以及解决实践中可能存在的问题。

前面关于证据规定的修改、证据规定新规出台的一些背景内容我们就不在此赘述了。就新《证据规定》的出台过程而言，它实际上历时已久，而且正是基于 2001 年底出台的旧规定在实践当中历经了《民事诉讼法》的三次修改，特别是 2015 年《最高人民法院关于适用〈中华人民共和国民事诉讼法〉解释》（以下简称《民事诉讼法解释》）出台之后总结实践当中存在的相应问题，根据十八届四中全会的决定而作了相应修改。因此，修改内容很多，虽然在条文上只有 100 条内容，但是所做的修改是涵盖方方面面的，总的来说相比较旧的规定，新《证据规定》在确立原则方面已经做了很大调整。因为 2001 年的旧规定更多是在当年的民事司法改革语境和背景下制定的，因此更多强调当事人主义和辩论主义的适用，但是在很大程度上忽视了中国语境、中国背景等相关的问题。而新《证据规定》从基本原则确立方面强调两个方面同样重要，既要保障当事人诉讼权利，促进当事人自我责任，同样也明确了法院在相关方面的职责；另外，在特点上来说，对于调整审判主体和当事人在举证、查证和认定证据方面的职能分工，以及虚假证据的制裁等方面都作了相当大的修改和完善，而且回应新的信息化技术发展的需求也是其一个鲜明的时代特征。

新《证据规定》的主要内容是我们今天研讨的主要方面，我着重谈以下几方面：关于书证提出命令制度、当事人自认规则，以及询问当事人、当事人证人作证，鉴定制度，电子数据等。

一、关于书证提出命令制度

（一）书证提出命令制度的内容及意义

我们接下来先重点谈相关规范解读的内容。首先，新《证据规定》中最重要的一个方面就是确立了书证提出命令制度，学理上把它叫作文书提出义务，指的是不具有举证责任的当事人一方所应当承担的、应当满足的文书提出义务。文书提出义务强调作为非举证责任的一方当事人对于为自己所控制的在诉讼当中必需的文书而具有忍受以及接受对方当事人要求提出的这种主张、忍受法院进行相应勘验的义务。文书提出义务在大陆法系国家非常普遍，这个制度存在的主要目的就是解决证据偏在的问题，而证据偏在是指双方当事人和证据之间的距离不对等。事实上民事诉讼经常被人们比作民事战争，而双方当事人在战争当中需要得到武器平等的保障，这样才能攻防对抗，解决证据偏在问题旨在使当事人之间尽量达到事实上的公平对抗。

证据偏在问题存在的原因之一在于双方当事人和证据之间的距离是不对等的关系，距离证据较近的一方当事人更容易控制证据，所以就会获得较大的证据利益。为了保证程序上的公正及保证事实认定方面的公正，文书提出义务在于解决这个问题，相应规定是新《证据规定》第 48 条："控制书证的当事人无正当理由拒不提交书证的，人民法院可以认定对方当事人所主张的书证内容为真实。控制书证的当事人存在《最高人民法院关于适用〈中华人民共和国民事诉讼法〉的解释》第一百一十三条规定情形的，人民法院可以认定对方当事人主张以该书证证明的事实为真实。"这就是说，如果控制书证的当事人无正当理由拒不提交书证，在这种情形下可以推定认为书证内容是真实的，就是对方当事人所主张的书证内容为真实，比如当事人拒不出具借据，那么对于债务人拒不出具借据的情况下就可以推定认为债权人所主张的借据是真实存在的。如果存在证据妨碍的情形，也就是《民事诉讼法解释》第 113 条所规定的证据妨碍情形，法院可以认定当事人所主张的书证证明的事实为真实。

大陆法系国家把书证提出命令制度叫作文书提出义务制度，这里面有一个问题需要说明，虽然看起来只是词语表达上小小的不同，但是实际上它所涉及的制度适用范围还是存在比较大的区别的。对我们来说，这个制度它到底是应该叫作文书提出义务，还是叫作书证提出义务？或者说书证提出命令制度？要求提出的究竟是文书还是书证？为什么在大陆法系国家把它叫作文书提出义务？事实上这是一个关于书证与文书之间关系的问题。文书本身是一个载体形式，书证和物证的区别在于书证是以记载内容作为证明事项的证据。文书是书证的载体，是书证的物质形式。所以，大陆法系国家把它统称为文书提出义务，事实上这个范围非常广泛，意味着只要是涉及以文书作为载体的证据，并且在对方当事人控制之下，都可以要求对方当事人提出，新《证据规定》第47条对此作了相关规定。

那么，新《证据规定》为什么不把文书命名为书证呢，因为这会涉及一些准文书的信息材料，包括电子数据载体、磁带、光盘、硬盘，而这些材料按照我国《民事诉讼法》的规定是被纳入视听资料或者电子证据的范畴的，而且《民事诉讼法》关于证据的种类有明确规定：书证、物证、视听资料、电子证据……所以在现阶段情形下命名为书证提出命令制度，使得这些涉及电子数据的载体就不能够适用新《证据规定》当中的书证提出义务，这其实也会影响到证据偏在问题的解决，这个可以说是司法解释的一个遗憾了。当然也是因为我们在整个民事诉讼证据制度的体系当中比较少使用文书的概念，所以就司法解释的适用角度来说不免限制了有关于书证提出制度的实际适用范围，特别是对于相关电子证据、视听资料这方面内容。但是大家在适用的时候，如果有相关学理上的概念理解和阐释，也可以从这个角度来做一些有根据的辩论和主张，来要求将书证提出义务适用到电子数据等方面。当然从另外一个角度分析，即从被申请人角度说，律师也可以用书证去控制对方当事人提出的主张范围。但从解决证据偏在的角度而言，文书提出义务确实是一个更合适的表达。

这里面还有一个问题，为什么不包括物证？为什么只是强调书证或者说只限于文书？一方面是因为文书本身具有重要意义，在民事诉讼当中往往是证明案件事实关键的证据，而且文书具有可复制性，要求对方当事人提出文书或者是准文书通常不会影响当事人对文书的使用，但如果要求提出物证就会影响到所有权人对所有权行使的权能，所以我们说在有关于书证提出命令制度适用范围上只有文书和准文书的内容，并不包括物证方面。

（二）书证提出命令制度的适用

关于书证提出命令的适用情形是新《证据规定》第47条所规定的四种情况以及"人民法院认为应当提交书证的其他情形"，具体来说就是要满足这样的条件：控制书证的当事人在诉讼中曾经引用过的书证，为对方当事人利益制作的书证，对方当事人依照法律规定有权查阅、获取的书证，如账簿、记账原始凭证，以及人民法院认为其他应当提交的情形。当然如果是涉及国家秘密、商业秘密、当事人或者第三人隐私，或者存在法律规定应当保密的情形，那么在提交后则不能够公开质证。

关于适用问题，我们今天所涉及的主要是如何去具体适用。具体适用应按照新《证据规定》第47条规定的四种情形。对于第47条当中所规定的有关于适用书证提出命令的情形，需要当事人提出要求对方当事人提供相应的书证、文书或者准文书的申请，原因在于其必须要具有提出的实体法上的理据。所谓实体法上的理据就是实体法上的规定，所以作为当事人来说，要求对方当事人提供书证其实是在于具有相应的实体请求权或者是阅览请求权的行使，即要求阅览相应文书这样的阅览请求权，类似于《公司法》第33条规定的股东享有知情权："股东有权查阅、复制公司章程、股东会会议记录、董事会会议决议、监事会会议决议和财务会计报告。股东可以要求查阅公司会计账簿。股东要求查阅公司会计账簿的，应当向公司提出书面请求，说明目的。公司有合理根据认为股东查阅会计账簿有不正当目的，可能损害公司合法利益的，可以拒绝提供查阅，并应当自股东提出书面请求之日起十五日内书面答复股东并说明理由。公司拒绝提供查阅的，股东可以请求人民法院要求公司提供查阅。"这就是一个典型的有关于当事人能够提出相应书证请求的实体法上的请求权或者说阅览请求权。另外在提出根据方面，要求对方当事人提供相应的书证时，大家一定要注意与公法上的请求权相区分。因为在我们说存在相应的实体法理由而提出请求权，但是这个请求权并不包括公法上的请求权。因为根据公法上的请求权申请信息公开，任何人都可以向国家行政机关要求提供相关的文书信息，所以这个不属于我们在民事诉讼中的书证提出命令制度中要求书证持有人提供的书证，即公法上的请求权不适用于我们在民事诉讼当中的书证提出命令。我们在实践中如果遇到对方当事人要求提供属于公法上的请求权的内容，即使它看起来很有理由，但也不适用这个制度。

1. 书证提出命令制度的适用情形

对于新《证据规定》第 47 条规定的四个方面适用情形，除了实体法上的理由，还有一方面是基于程序法上的理由，也就是根据诉讼法上的理由提出的文书，即持有该文书的当事人在诉讼中提出或引用过该文书以及文书是为申请人利益所制作的利益文书或法律关系文书。持有文书的当事人在诉讼中提出或者是引用过的文书这一点要求很重要，如果当事人在诉讼中乃至在整个诉讼过程当中从来都没有提到过这样的一份文书，那么我们是没有正当理由要求对方当事人提供的。因为只有在诉讼当中引用过，表明持有人愿意公开，且这个不违反保密义务，那么这个时候举证人是有权要求持有人提出该文书的。此外，我们需要注意在实际适用中提出或者是引用过文书，这个提出一定是所引用的部分，没有引用的部分要除外。例如，对方当事人在诉讼当中提出过一份文书中的某一些内容，且仅仅引用过公司会议纪要中的一部分内容，这时你要求对方当事人提供的公司会议纪要也只能是这一部分，不能要求当事人提供公司会议纪要的全部内容，同时这个必须是持有人愿意公开才行。提出和引用是指当事人积极主动的行为，不是消极地、被动地提出，也就是说，当事人不是根据法院要求而提出，而是他在诉讼当中主动提出过，并且这个引用不包括当事人之外的第三人。因此，我们说这种提出作为义务，作为被申请人要忍受法院的勘验或者是提出相应的自己持有文书的义务，一定涉及当事人有主动自愿的行为意愿，即表示他在诉讼当中引用过，这才能表明他的主动。像诉讼当中当事人以外的第三人，如果是第三人对于文书引用，实际上举证人是没有权利要求第三人提出的。

2. 关于利益文书的判断

这里要求文书应当是为申请人利益所制作的利益文书或者是法律关系文书，那么这个该怎么研判，即如何研判是为申请人利益或法律关系而制作的？我们说，如果这个文书能够直接证明申请人的地位、权利或者权限，或者是作为证明申请人地位、权利、权限的根据基础，那么这个就属于典型的利益文书。制作文书的目的是证明申请人具有某些权利，或者证明申请人具有相应权利地位的基础，那这些都属于利益文书。在实践当中很典型的利益文书如偿债承诺书，这是非常明显的直接利益文书。另外，怎么判断是不是利益文书，我们也可以根据制作文书的目的和制作文书的动机来分析。比如说经济交易纠纷当中，一方持有的会计账目或商业账簿、记账单；在医疗事故侵权纠纷中的诊断记录、医疗记录、医药处方、护理记录等，这些从制作本身来说就会涉及申请人的利益，所以很显然也属于一种利益文书。此外，环境污染侵权纠纷中加害人的生产工艺流程、生产记录、化学产品配方、原材料购买记录，产品质量侵权纠纷中的产品生产记录、产品生产工艺、产品生产记录等也都是典型的利益文书。还有涉及公司相关诉讼当中，有关公司管理的记录、会议决议、纪要等也会涉及利益文书。在利益文书中涉及的利益判断问题也一定是双方可辩的一个问题，通常都会发生争议，而作为被申请人，对方当事人肯定是以非利益文书为由来拒绝提出。那这时，我们要从利益文书对于当事人诉讼请求和诉讼利益的角度加以判别，而不是从制作人的角度去判别，这是一个纯粹的事实性判别。文书本身是不是事关请求人、申请人的地位、权利、权限，或者说对于他的地位、权利、权限具有证明性的根据或基础性利益，这些完全可以从当事人的诉讼请求本身来作事实性判断。

在这个问题上，法律关系文书就很明确，法律关系文书是就举证人和文书持有人之间法律关系而制作的文书，比如劳动合同，它就是典型的关于双方当事人之间的法律关系而制作的文书。在实践中适用的时候，法律关系文书包括关联争议法律关系的事实文书，因为法律关系文书直接对当事人在诉讼中的法律关系及案件事实具有决定性意义，或者说具有重要事实证明的基础，所以提出这类文书自然具有正当性。

3. 法律关系文书的判别要件

有关法律关系文书怎么适用，它的判别要件可以总结为两个方面：一个是记载举证人与持有人之间的法律关系以及相关事项，这个用以判别它是不是法律关系文书；另外，如果能够直接或者间接去用于评价举证人和持有人之间的法律关系是否存在，那么它也是一个典型的法律关系文书。在有关要求提出相关法律关系文书的适用当中，大家需要注意的一点就是法律关系文书的界定，界定是否属于法律关系文书和制作人本身的主观认识没有关系，主观上即便是仅仅为自己的目的去制作的文书，但是它涉及诉讼当中所争议的法律关系，那么它也属于要求提出的相应法律关系文书。所以，如果对方当事人抗辩说这个是我自用的，比如说劳务派遣当中有关接受派遣方制作的相关出勤表、排班安排等，对方当事人主张这些仅仅是我们内部管理方面的内容，但是这是关系到作为证明有关本案当中涉及的争议劳务派遣关系是不是存在的根据，那么这个同样构成法律关系文书。

关于法律关系文书的适用，还要注意区分其和内部文书之间的关系，内部文书不是一个共通的文书，而怎么区分的关键点，实际上还是在法律关系本身，也就是这个法律关系存在与否，这个文书是不是能够证明举证人和持有人之间存在法律关系，或者说是不是能够通过它来评价举证人和持有人之间的法律关系，如果能够实现前述目的，那么这个就不是内部文书，否则它就属于内部使用的文书。

4. 书证提出命令制度的例外情形

关于义务文书提出的例外情形也是我们新《证据规定》所规定的内容，主要涉及公务员职务秘密的文书，也就意味着关于公务员职务秘密文书可以适用关于证人免证事项的规定而不予提供。另外，记载负有免证义务的其他人的职务行为的文书也属于例外情形。负有免证义务的主要是一些特定的职业人士，包括律师、医生、宗教人员等，比如说医生对于患者负有保密义务，那么对于他职务行为当中的相应文书可不予提出，否则就会破坏和相对人之间的信赖关系。另外，如果涉及专为文书制作人自己的利益所制作的文书，例如个人写的日记、私密笔记或者是公司内部管理运行制作的文书、公司各种各样的记录等，这些不属于应当披露的情形。此外，像合同草稿、合同草案等有关公司运营方案讨论的记录也都是属于作为公司内部仅仅用于自己利益所制作的文书，应当免于披露适用。作为国家来说它有保护当事人隐私不受侵害的义务，作为公司团体来说它的正常运行也是不受妨碍的，所以要尊重当事人对于自用文书处分的自由。如果持有人自己在诉讼当中引用或者提出新《证据规定》第47条第1项中的内容，那这个显然是在披露当中的，但是如果没有引用和披露过或者从来没有提出过，那这些仅仅是为个人利益制作的利益文书，就不适用书证提出命令制度。还有属于法律上不应当公开的文书及国家行政机关、公共企事业单位基于内部组织管理所制作的文书同样是免于披露及免于提出的。刑事案件中的文书也是如此，刑事案件中被司法机关扣押或没收的文书同样也是免于提出的，包括诉讼状、答辩状、代理词、委托书、代理合同、律师和被告嫌疑人之间的谈话记录、相关证据目录以及为司法机关所保存的与案件有关的这些文书资料，都属于文书提出义务的例外情形。之所以刑事案件中的文书不应当予以披露，主要是因为它涉及其他相关人，比如说刑事案件中的被害人、代理人、证人等，涉及他们的重大利益，包括他们的名誉、隐私等，而且这些文书如果被允许提出，可能会影响到尚未完结的刑事案件侦破，也会影响诉讼的公正审判。另外，这类文书的披露还会涉及对案件细节的披露，所以它不仅仅会对社会造成不良影响，也可能会给被害人造成精神上的损害，包括可能会透露或泄露一些有关具体案件的信息来源等，这些都会对公安机关侦查活动、刑事案件相应的诉讼活动等产生不利影响，所以这些都属于免于披露的范围。

5. 不履行书证提出义务的法律后果

关于书证提出义务所涉及的另外一个问题就是不提出、不履行书证提出命令的法律后果，这一点在《民事诉讼法解释》中已经作出了相应规定，在新《证据规定》中又对此作了更进一步的规定，即作为控制书证的当事人无正当理由拒不提交的，法院认定对方当事人所主张的书证内容为真实；如果是存在《民事诉讼法解释》第113条规定的证明妨碍情形，则推定认为对方当事人主张以该书证证明的事实为真实。也就是说，前者消极行为导致的结果是书证内容为真实的认定，如果是进一步升级的行为，即不仅仅是不提交，还有毁灭、妨碍使用的行为，那就推定认为事实为真实，同时还会适用《民事诉讼法》第 111 条的规定，对相关责任人采取妨碍民事诉讼的强制措施，处以相关的罚款和拘留。通常情况下，如果没有达到《民事诉讼法解释》第 113 条规定的证明妨碍情形，仅是拒不提交，所产生的后果是对方当事人主张的书证内容为真实，这在适用当中所涉及的很重要的问题就是如欲确立主张的书证内容为真实，那么这个书证内容本身在申请时就应当是明确的，如果在提出申请的时候没有提出很明确的书证内容，让法院认定书证内容为真实就会很被动。但事实上，在司法实践中申请人对于书证的具体内容可能会非常清楚，例如借条内容；但是还有很多情形下申请人其实并不清楚书证的具体内容，只能够说明或者了解书证可能会用于证明的事项，比如最典型的，在环境污染类案件中，当事人只能知道对方使用了对于环境有剧烈损害的有毒材料，所以如果要求当事人提供材料购买记录就很难说得特别明确，但是对于这种情形的话，我们就需要尽量在申请时使得它具体化，同时如果不能够使其内容很具体那么就应把关于书证所能够证明的这个事实方面说具体，只有在你阐述到非常清晰的程度时，才能在由法院来认定书证内容为真实的时候取得较为有利的结果，这方面我们在实践适用中需要给予相应的注意。

6. 书证提出命令制度的程序问题

关于书证提出命令的程序，新《证据规定》第 45 条和第 46 条对关于举证人申请以及法院进行审查所应当适用的相应程序以及作出裁定的程序内容作了明确规定。具体来说，书证提出命令的适用程序首先是要求举证人提出申请，而被申请人是一个广义上的当事人概念，包括原告人、被告人、有独立请求权的第三人和承担民事责任的第三人，即无独立请求权的第三人当中的被告型的第三人也在广义上当事人的范围内，适用条件要满足第 47 条规定的四个条件。在申请时，申请人一定要陈述有关文书提出的必要性，即为申请人利益或者是法律关系而制作的或具有利益和法律关系证明的作用，与案件事实所存在的关联性，以及提出和提出负担之间的关系。因为该文书对于当事人来说属于证明和满足举证责任所必需的要件性事实，但是为对方当事人所控制，故应是一个提出负担的问题，因此对方当事人应当提出。另外，文书持有人负有提出义务，但是在实践当中通常持有人往往用免于提出事项加以抗辩，比如说涉及商业秘密、职业秘密、个人隐私等理由，但是这些并不是免于提出的合格抗辩事项，因为涉及商业秘密、职业秘密、个人隐私等内容只是不公开质证而已，而非免予提出。

在举证人提出申请中有一个要件，必须是对方当事人持有文书或者控制文书，这里的持有强调的是一个控制状态，也就是说，即使这个文书不为当事人实际占有，但是只要该当事人具有这种控制的权利，他能够支配转移，那么就是一个为对方当事人控制之下的状态。所以，即便对方当事人抗辩说这文件不在我手中，但只要他可以去支配转移，包括比如说云盘方式等，这就仍属于为对方当事人所控制的状态。

在这里面通常还可能会提出的抗辩，包括对方当事人主张文书已经废弃、灭失、毁损或者是转移，那么在这种情形下，对方当事人就应当对此承担相应证明责任，如果不能证明则需要承担不利后果，法院可以推定当事人所主张的文书内容为真实。如果对方当事人说原件废弃、灭失、毁损或者转移，但是当事人如果能够证明持有人持有复印件、复制品，那持有人同样应当提交。《民事诉讼法解释》对此也有明确规定，法院应当结合案件的事实证据对文书是不是在对方当事人的控制之下来作综合的判断。

关于文书提出义务，我们在学理上还有一个相关的表述叫作证据协力义务，这个当然不是在证据规定中所写的内容，主要是因为我们对有关书证提出命令的适用毕竟还是在最开始的阶段，所以无论是法官还是律师，大家都还没有一个非常娴熟、清晰的把握。证据协力义务也是大陆法系国家的表述，强调的是在证据调查阶段不负证明责任的当事人在一定的场合下负有协助法官进行证据调查的义务，所以大家在写申请书的时候，陈述理由时可以尽量加重这个分量，除了满足新《证据规定》第 47 条规定的四种情形之外，在有关于要求对方当事人提出文书的时候，大家可以多用一些理论上的学说表述来丰富一下申请书，这样既有助于说服法官，也有助于让法官能够更明确地去判别是不是应当要求对方当事人提出书证并作出相应准许的裁定。

二、关于当事人自认制度

（一）自认制度的内容及意义

当事人自认制度是本次修改的一个最大亮点，之所以说它是亮点，是因为司法实践中对于自认的问题一直处于一个比较模糊的地带，这个现象也为学者所诟病，旧规定中虽然规定了自认的免证效力，但是实践适用的效果仍然是不尽如人意。这次新《证据规定》对于自认效力作了更进一步的明确，而且包括了代理人自认制度等，都是旨在试图强化或者说真正把自认的免证效力在实践适用中得到进一步的确认和固定。

1. 自认制度的内容、种类

对于自认规则，新《证据规定》明确规定自认是一方当事人陈述的于己不利的事实，或者说对于己不利的事实明确表示承认，那么它就具有相应免证的效力，免予对方当事人的举证责任。另外，承认适用于整个诉讼全过程，包括证据交换、询问、调查过程，以及在起诉状、答辩状、代理词这些书面材料当中，只要是在诉讼过程中当事人口头或书面所做的于己不利的事实的承认都属于自认。

自认分为两种：明确自认和拟制自认，新《证据规定》第 4 条规定：一方当事人对于另一方当事人主张的于己不利的事实既不承认也不否认，经审判人员说明并询问后，其仍然不明确表示肯定或者否定的，视为对该事实的承认。这就是一个拟制自认，明确自认是指明确表示承认，即新《证据规定》第 3 条。拟制自认是一种推定自认，对方当事人没有作争执或者作不知陈述或者说其他的认为具有承认意思的表示，则应推定认为属于自认。

另外，关于自认规则，新《证据规定》所增加的一个重要内容是委托人自认，即第 5 条：当事人委托诉讼代理人参加诉讼的，除授权委托书明确排除的事项外，诉讼代理人的自认视为当事人的自认。另外，如果当事人在场明确否认委托代理人自认，不视为自认。这不仅仅提高了诉讼效率，而且减少了律师执业风险，因此，律师只要在授权委托书中列明的委托事项的授权范围内写明可不经当事人再次确认，那么其所做的自认就是一个明确有效的自认，视为当事人的自认，这是一个很重要的内容。此外，新《证据规定》对于共同诉讼当中的自认也作了明确。共同诉讼分为普通共同诉讼和必要共同诉讼两种，普通共同诉讼中自认的效力是仅及于自认的当事人，不及于其他人，即一人或者数人作出自认是只对自认的当事人发生效力。必要共同诉讼当中的自认，必须要经过全体共同诉讼人承认，如果是既不承认也不否认，在经过审判人员说明并且询问之后，仍然不作明确的意思表示将被推定自认，视为全体共同诉讼人的自认。对于共同诉讼，《民事诉讼法》第 55 条作了定义。另外，关于共同诉讼人的情形，《民事诉讼法解释》第 54 条的挂靠和被挂靠、第 59 条的业主与实际经营人、第 60 条的个人合伙、第 63 条的企业分立、第 64 条的企业注销、第 65 条的借用人和被借用人，都对共同诉讼人的适用范围和适用情形作了明确规定，这当然也是新《证据规定》中很重要的一部分。这里面对于普通共同诉讼中自认的独立性非常容易理解，普通共同诉讼人本来就并不存在共同的权利义务，所以部分人、个别人的自认当然不会影响到其他当事人。必要共同诉讼人中的自认则是一个两分法，如果一部分共同诉讼人同意，另一部分共同诉讼人否认，那么这个自认就是无效的。作为共同诉讼人或者基于主体不可分，或者基于责任不可分，无论是哪种情形，只要有人否认，自认就无效；但是如果没有明确表态，经法院释明之后仍然不明确，那么将作为拟制自认，对于全体诉讼人发生法律效力。

2. 不适用自认的情形

关于不适用自认的情形，新《证据规定》第 8 条和《民事诉讼法解释》第 96 条的规定涉及五种情形：涉及可能损害国家利益、社会公共利益的；涉及身份关系的；涉及《民事诉讼法》第 58 条规定诉讼的；当事人有恶意串通损害他人合法权益可能的；涉及依职权追加当事人、中止诉讼、终结诉讼、回避等程序性事项的。这些内容是不适用于自认规定，因为这不属于当事人可以行使处分权范围内的事项，它们或者涉及第三人权益，或者涉及国家社会公共利益，或者涉及身份关系，或者涉及法院依职权处理的程序性事项，因此被排除在自认范围之外。另外，自认事实如果与已查明的事实不符，人民法院不予确认，因为自认本身不能够具有否定已查明事实的效力，自认只是当事人协定的事实，如果法院已经查明相应的事实，当事人的协定当然不具有否定法院已查明事实的效力。

3. 自认的效力问题

对于自认本身，新《证据规定》明确规定不得撤销，进一步固定了自认的效力并明确了当事人的责任。新《证据规定》第 9 条规定当事人在法庭辩论终结前如果撤销自认，只有两种情形下法院应当允许：一是对方当事人同意；二是自认是在受胁迫或者重大误解情况下作出的，除此之外当事人只要进入了司法程序，所有自认都会被法院作为证据采信。并且第 9 条第 2 款对于自认撤销也采取了严格的限定方式，法院如果准许当事人撤销自认，必须作出口头或者是书面裁定，通过司法行为，使自认是否撤销得以固定。新《证据规定》的这一条对比旧规定的第 8 条，有一个很明确的改变。2001 年旧规定第 8 条第 4 款是这样写的：当事人在法庭辩论终结前撤回承认并经对方当事人同意，或者有充分证据证明其承认行为是在受胁迫或者重大误解情况下作出且与事实不符的，不能免除对方当事人的举证责任。这两种规范的表述方式，从技术上来说一种是正面表述，另一种是反向表述，2001 年旧规定属于反向表述。

我们可以看到，2001 年旧规定第 8 条和新《证据规定》第 9 条有一个很明确的区别，即新《证据规定》第 9 条去掉了"且与事实不符"，原因在于自认本身是基于当事人的处分权，即民事诉讼的处分原则而作出的，所以自认不管是确立自认有效还是无效，或者是自认撤销是否成立，其核心都是根据当事人处分权的行使自愿作出，而不是受胁迫或者是重大误解情形下所作出，因此只要当事人是真实自由自主的表示，自认的撤销，只要经对方当事人同意即可成立。在 2001 年旧规定第 8 条中，除了受胁迫、重大误解，还规定了与事实不符，这属于学界中认为的关于自认问题中存在的双标，即在确立自认承认的时候只要求当事人自愿作出，但有关自认撤销时则不仅要确认自认意思是有重大瑕疵或是受胁迫或者是重大误解，还要确认自认与事实不符，这个撤销要求很显然和自认确立完全不在同一个标杆之下。因此，关于自认撤销的适用，按照新《证据规定》回归到自认效力的基本根据，即基于当事人自主的、自由的真实意思表示来确认自认成立或自认撤销。

（二）关于自认制度的适用

关于自认制度适用，我们需要注意的一个问题是怎么去理解自认制度。从 2001 年旧规定开始适用以来，自认的效力在实践中都很明确，对法院而言不再对自认事实进行调查审核，对对方当事人而言则免除了其对自认事实的举证义务，而对当事人自己而言则不可以撤回或撤销自己的自认，即它会产生三方面的效力，从裁判者、对方当事人、当事人本人三方而言，自认都是一个基于民事诉讼法的处分原则、根据契约自由、意思自治这个最基本的私法精神来确立的民事证据制度。

1. 自认制度的实践难点

自认在实践适用中比较困难的方面在于，自认和当事人不知陈述之间的关系。自认中的明确承认，无论对裁判者还是对对方当事人，乃至对作出自认的当事人来说，都是很清晰的事项。但是实践中，比较令人困惑的是不知陈述这个情况怎么去适用。什么叫作不知陈述呢？指的是不负证明责任的当事人对对方当事人所主张的事实作出一个明确表示，但是这个明确表示是一个消极的反向的内容，即明确表示不知道或者不记得的陈述。对于不知陈述，2001 年旧规定也作了相应规定，现在在新《证据规定》第 4 条中也予以明确，一方当事人对于另一方当事人主张的于己不利的事实既不承认也不否认，经审判人员说明并询问后，其仍然不明确表示肯定或者否定的，视为对该事实的承认，也就是拟制自认。但是这个问题在学理上来说，可以把它做进一步的细分，这将便于大家怎么去理解实践中当事人对于对方当事人所提出的事实主张回答的情形。一方当事人对对方当事人所提出的事实主张可分成四种形态：否认、承认、不知或沉默。否认很好解决，承认也很明确，就是自认，但是不知和沉默其实是两种状态，不知是当事人在诉讼中表示不知道、不清楚的陈述，而沉默是不作任何陈述行为，这两种形态在实践中适用起来不同国家有不同的规则，而我国法院都是把它作为拟制自认去处理的。我们作为律师来说，在实践中要主张这样的拟制自认，或者是针对对方当事人、对方律师反驳这样主张的时候，对沉默或者不知陈述的表述可以去援引一些理据和原则，这也是需要大家一起共同探讨的问题。

2. 当事人不知陈述的规制

说到这个关于规制当事人不知陈述的理论方面的一个主要援用原则，就是 2012 年《民事诉讼法》所增加的诚实信用原则，因为诚实信用原则要求当事人在诉讼中负有履行真实义务、诉讼促进义务、事案解明义务、禁止滥用诉权和诉讼权利、禁反言等一系列的内容，所以诚实信用原则即要求当事人在诉讼中的陈述应当真实完全并且应负具体化陈述的义务，而具体化陈述是指当事人的陈述不能模糊，而应当尽可能地具体，而且对于对方当事人所提出的相应争执也不应仅仅作单纯否认。所以对于当事人的不知陈述，我们可以基于诚实信用原则，要求对方当事人对于本方当事人所提出的事实主张，要作出具体化抗辩。同时还有一个义务是事案解明的义务，即当事人对于事实厘清负有对于相关有利及不利事实之陈述，或负有配合说明及提出证据资料或忍受勘验之义务，我们前面讲到的书证提出命令制度本身也是适用事案解明义务、证据协力义务，这些都是属于诚实信用原则适用的内容。

另外，在大陆法系国家，对于不知陈述在规制方式上也有两种形式，一种是以德国法为代表的，采原则上禁止，允许作为例外的方式，即原则上不允许当事人作不知陈述，作为例外的准许只有在当事人比如患病或者是时间特别久远等情形时，且该事项又不是非常重要，作为当事人来说确实是存在记不清的可能下才被准许。而日本法则相反，当事人原则上可以作不知陈述，禁止作为例外。

我国司法实践中有一个关于当事人不知陈述的典型案件，是由上海市第一中级人民法院审理的：2008 年 1 月 17 日，原告王某通过银行转账方式将 30 万元转入陆某尧账户。2008 年 3 月 17 日，陆某尧将投资协议、收据各一份以快递形式寄送给原告王某，投资协议内容如下："上海芙蓉实业有限公司（甲方）同意王某（乙方）自愿投入甲方股份，投入资金为 32 万元人民币；甲方公司上市后，发行股票时，乙方优先将 32 万元转入购买上海芙蓉实业有限公司原始股票，如二年内未能发行股票，甲方将乙方投资的 32 万元以每年不低于 30% 的收益回报于乙方，协议有效期为 2 年。"投资协议末尾处载明经办人为陆某尧，落款日为 2008 年 3 月 10 日，盖有被告上海芙蓉实业有限公司的公章。收据内容如下：入账日期为 2008 年 3 月 10 日，交款单位为原告，收款方式为汇款现金，金额为 32 万元，收款事由为投资款，收据经办人一栏由陆某尧签字，收据上盖有被告上海芙蓉实业有限公司的财务专用章。2007 年 12 月 10 日，经上海市工商行政管理局闵行分局准许，上海芙蓉实业有限公司的法定代表人由陆某尧变更为陆某舜，并于同日予以备案。2009 年 6 月 1 日，陆某尧将其持有的芙蓉实业 30% 的股权转让给陆某舜，并自 6 月 2 日起不再担任被告上海芙蓉实业有限公司的董事。2008 年 3 月 10 日至起诉时，被告公司并未上市，亦未发行股票。这个案件本身争议的主要内容是王某诉请要求法院判令被告返还投资款，并且按照 30% 的年收益率返还投资收益。但是主要的争议点在于章，也就是投资协议和收据上的公司章和财务章。被告方面上海芙蓉实业有限公司辩称这个章和他们在工商局备案的公章、银行留存的公章都不一样，这个不是他们的公章。并且说明被告公司的确有过一个备用公章和财务专用章，但是这个备用章在 2009 年的时候已经销毁，所以被告主张这个收据和投资协议上的公章不是被告公司的专用章。原告方说你用的可能是备用章，被告说我们也没有办法去验证备用章和你的投资协议、收据上的印章是不是一样，就是不能够明确是不是用过这个备用章，所以作为被告方不承认原告主张的事实。

这个案件在一审和二审过程中的争议始终就是关于备用公章是不是使用过，具体是不是盖到诉争的投资协议和收据上了。在一审时，法官反复对被告进行了询问，而且对他进行释明，被告几次表示不明确、不能确认、没有办法确认、没有用过备用章等。对于到底用没用过这个备用章的问题，在一审期间被告方面的法务明确表示投资协议和收据上的章就是公司的备用章，他对于这个章的真实性没有表示怀疑，但是法务的身份随后又被被告质疑，因为他在一审中的出庭被质疑是未经被告授权，而且他之后也不担任法务了，所以他的自认效力也被认为有问题。在二审时，对于这个备用章是不是用过，被告又作了反复几次不同的表述，一开始说没有发现使用过，后来又说没有使用过，再之后又说不能明确。所以，最终上海市第一中级人民法院在这个案件的判决中认定，被告作为公司法人，公章以及财务专用章的使用关系其切身利益，被告在使用时必定会尽谨慎义务，且被告所述的备用章销毁时间距今亦不算久远，因为系于 2009 年销毁的，至起诉、审理的时候尚且不足一年时间，所以有关印迹应当能够找到，因此，被告对于诉争投资协议以及收据上印章是否由其使用问题所作的"不能明确"回答不合情理。据此法院确认投资协议及收据上印章具有真实性。

这个案件是一个很典型的关于当事人所作的不知陈述在实践中的适用问题，现在新《证据规定》对于这个内容又一次重申并作了更进一步的明确，因此大家在实践当中也可以很明确地来把握这个适用情形了。

三、关于当事人陈述和证人作证制度

（一）关于当事人陈述制度

1. 询问当事人制度规定

《民事诉讼法解释》对询问当事人制度已经作了相应的规定，新《证据规定》则完整地确立了有关询问当事人制度，把法院询问当事

人作为一种独立的证据方法，从整体上明确下来，新《证据规定》第63条至第66条对此作了完整的程序上的证据规范。首先要求当事人应当就案件事实作真实、完整的陈述，如果当事人的陈述与此前陈述不一致的，人民法院应当责令其说明理由，并结合当事人的诉讼能力、证据和案件具体情况进行审查认定。当事人故意作虚假陈述妨碍人民法院审理的，人民法院应当根据情节，依照《民事诉讼法》第111条（现为第114条）的规定进行处罚。另外，法院在询问时还应进行相应通知，告知当事人相应后果，特别是签署保证书，并且宣读保证书要求。当事人如果无正当理由拒不到场，拒不签署，或者拒绝宣读保证书，或者拒不接受询问，法院应该综合判断待证事实的真伪，无其他证据证明的，法院应当作出不利于该当事人的认定。这一规定对于整个询问当事人制度作为一项完整的程序及后果都予以明确。对比《民事诉讼法解释》第110条规定：询问当事人待证事实，如果负有举证证明责任的当事人拒绝到庭、拒绝接受询问或者拒绝签署保证书，待证事实又欠缺其他证据证明的，人民法院对其主张的事实不予认定。这个规定和新《证据规定》第66条规定在后果上是不一样的，新《证据规定》第66条在后果上规定得更加明确，确立了法院直接作出不利于该当事人的认定，而不只是对其主张的事实不予认定。所以，从这一点上说，新《证据规定》完善了当事人的自我责任，并在程序性后果上予以进一步的确认。

2. 当事人虚假陈述问题

关于当事人陈述所涉及的一个重要内容是虚假陈述问题。虚假陈述是一个关系到当事人真实义务的问题，也是我们前面所说的诚实信用原则适用的问题。当事人真实义务包括两个方面：一个是狭义的真实义务，是指禁止当事人故意作不真实的陈述，即不实陈述，或者是故意作虚假否认，对于对方当事人所作的真实陈述进行争执。也就是说明知道对方当事人的陈述是真实的，但是还是要作虚假否认，进行假装的争执。大家需要注意，这里面所说的真实，当事人故意作不真实的陈述，对对方当事人所作的真实陈述进行争执，这个都是以当事人的主观认识为判别标准的，当事人主观认为真就是真实，不是关于是不是客观真实的问题，只要当事人他在主观上认为这个是真实的即可。除了狭义的真实义务，当事人真实义务的另外一个方面是完整义务。狭义真实仅仅是指不能作不实陈述，不能作虚假陈述的问题，而广义上的真实不仅仅包括真实本身，还包括完整，即禁止当事人只提出某个事实经过的片段，隐去其他部分，造成法官获得错误认识。所以，虚假陈述按照类型可以分成三种：不实陈述、虚假否认和不完整陈述，这三种情况在实践中都可以找到相应的案例。在新《证据规定》确立的询问当事人制度、禁止当事人虚假陈述这样的程序制度后果的问题上，我们在实践中如何适用，大家可以通过下面这几个典型案例来领会。

关于不实陈述适用的典型案件，是 2015 年吉林省白城市中级人民法院审理的一个案件，案情不是很复杂，是关于房屋买卖合同的纠纷。案件发生时间比较久远。1993 年或 1994 年，宋某君通过原审原告高某兰的大儿子将该争议房屋卖给高某兰、张某发（已逝）夫妇，宋某君与张某发签订了房屋买卖合同并将房产证交给高某兰、张某发（已逝）夫妇。2012 年 2 月 8 日，原审被告张某平与被告王某梅签订关于该争议房屋的买卖合同。2012 年 4 月 13 日，被告王某梅在宋某君、高某华夫妇协助下将争议房屋的所有权办理在其名下。

关于被告王某梅购买争议房屋的经过，被告王某梅在 2015 年 4 月 28 日庭审中辩称，其是通过被告张某平在案外人宋某君处购买，在 2015 年 5 月 19 日庭审中又辩称，该争议房屋是从被告张某平处购买。两次陈述不一致，被告王某梅关于买房经过的基本事实陈述为不实陈述。法院认为，王某梅关于买房经过的两种不同陈述，违背了真实义务，属于对基本事实陈述不真实，故对王某梅关于买房经过的陈述，法院不作为认定案件事实的根据。

此案中，从常理上来说，王某梅作为房屋买卖交易的主体，对买房经过应当最为清楚，而其在诉讼中对于买房经过的陈述却存在矛盾，可见王某梅向法院作了不实陈述，最终法院作出了对她不利的裁判。

这是一个典型的有矛盾的陈述，而且这个矛盾的陈述内容从当事人在交易过程中所具有的特殊地位，以及买房这么大的事来看不可能发生，所以有关不实陈述的裁判是综合了案件当中的主要基本事实这些要点性内容而作出的。

我们接下来要谈的另外一个典型案件是典型的虚假否认陈述，即针对对方当事人所作的真实陈述作虚假争执。

这是 2015 年北京市第三中级人民法院所作的一个裁判。本案中，北京建安公司在一审时提交 40 张发货单，其中，对"验收人：王×"所签字的发货单 26 张，重庆黄浦建设公司予以认可，且双方对上述发货单中的规格、数量、日租金确认一致；对"验收人：刘×、余×"所签字的发货单 14 张，重庆黄浦建设公司不认可其真实性，并称刘×、余×不是其公司人员。一审据此仅认定了有王×签字的 26 张发货单，对有刘×、余×签字的 14 张发货单未予认可，最后按照 26 张发货单确认租赁金额。

一审宣判后，北京建安公司向北京市公安局平谷分局报案。经公安机关调查，余×确系重庆黄浦建设公司的员工，发货单上余×的签名也系其本人所签。这个案件大家可以去琢磨一下我们经常说的用刑事侦查的方法去发现民事证据的问题。二审中，重庆黄浦建设公司认可余×系其公司员工。重庆黄浦建设公司在诉讼中作虚假陈述，其明明知道余×是本公司员工，他的签名是有效的，这 14 张发货单是真实的，但是仍然对于原告的主张进行争执，这就是一个典型的虚假否认，同样也是违反了当事人的真实义务。

还有一个关于不完整陈述的典型案例，也是北京市第三中级人民法院裁判的。不完整陈述的特点是，陈述本身是真实的，但是它的陈述却是不完整的，是截取了事实经过的一段所作的陈述，同样也是违反了真实义务，应被认定为虚假陈述。这个案件涉及小区供暖改造，原告主张供暖改造工程已经竣工验收，要求被告大地房地产公司支付货款。被告方提出工程没有实际使用，虽然已经改造完成了但是我们小区供暖还是按照原来的计价方式收费。他提交的是一些供暖收费发票，发票上显示每个住户仍然按照每平方米 30 元收费，不是按照量表来收费。结果法院调查发现小区供暖费收费确实是按照每户 30 元一平方米来预交，但这只是一个预交费，在供暖季结束后还要以实际的使用量进行结算退费。这个案件北京市第三中级人民法院裁判认为被告大地房地产公司作了虚假陈述，被告提交的发票是真实的，但是这个发票的用途实际上是一个预交费，并不是实际收费，被告隐瞒了之后退费的事实，所以属于典型的不完整陈述。

不完整陈述违背了当事人的真实义务。真实义务在《民事诉讼法》中没有明确规定，只有《民事诉讼法解释》和新《证据规定》在询问当事人制度中要求当事人据实陈述，包括签署保证书。这些都是大家在实际适用当中需要具体注意的，虚假否认、不完整陈述和不实陈述，这几种情形都是典型虚假陈述的内容。

另外，规制虚假陈述的方式是按照《民事诉讼法》第 114 条所规定的妨碍民事诉讼强制措施来进行处罚的。在实践中主要是罚款，极个别情况适用拘留。而更重要的是它的程序后果，作出对当事人不利的裁判。

（二）关于询问证人制度

关于询问证人制度，新《证据规定》细化了相关证人作证的规定，包括对于证人作证的方式等，如当事人向法院提交申请书。在举证期限届满前当事人提出申请书，申请证人出庭作证。另外，证人同样要具结、宣读保证书，如果不能宣读由书记员代为宣读。新《证据规定》对证人陈述作了更具体的详尽规定，包括作证时不得使用猜测、推断、评论性语言，仅就自己的作证事项进行客观陈述。还有连续陈述的要求，不能够进行打断，如果是当事人的法定代理人、诉讼代理人打断，法院可以给予相应处罚。证人故意作虚假陈述、有妨碍证人作证的情形等同样可以适用《民事诉讼法》第 114 条，对行为人进行相应处罚。这些内容相比旧规定更具有可操作性，也更具体、更明确。

四、关于电子数据方面的规定

（一）关于电子数据规定的内容

关于电子数据的内容，新《证据规定》进行了比较详尽的列举。电子数据包括网页、博客、微博客等网络平台发布的信息；手机短信、电子邮件、即时通信、通讯群组等网络应用服务的通信信息；用户注册信息、身份认证信息、电子交易记录、通信记录、登录日志等信息；文档、图片、音频、视频、数字证书、计算机程序等电子文件；其他以数字化形式存储、处理、传输的能够证明案件事实的信息。关于电子数据，当事人如果是以电子数据作为证据要求提供原件，也可以提供直接来源于电子数据的打印件或者只要能够显示识别输出介质，则视为电子数据原件。

（二）关于电子数据规定的适用

电子数据在实践中一个主要的适用问题就是它的性质到底是什么，对此学界有不同说法。有说勘验，有说作为书证，也有说作为混合（勘验和书证混合）证据，对其性质的不同理解使得其适用也受到相应的影响。电子数据主要涉及的问题是在适用中的信息偏在问题。电子数据同样是一个和当事人距离远近的问题，作为控制一方的当事人对于电子数据，有可能产生相应篡改、隐瞒或者删除等情形，在这方面可能会具有更便利的条件。所以，关于电子数据相应的提出义务以及在证据保全方面所涉及的问题，是我们在实践中所面临的主要问题。

1. 关于电子数据适用的典型案例

关于电子数据的适用，在 2019 年年底的两份行政处罚决定书中体现得很典型。这是关于微信语音信息作为电子数据适用的案件，这两个案件都是同样一个事件即关于上海山钢被冠福股份收购内幕交易的问题。2018 年 5 月，上海山钢股东刘某江，通过微信获得冠福股份收购上海山钢这个内幕消息的细节。刘某江的微信聊天记录显示，2018 年 5 月 31 日 13 点 1 分，刘某江通过其本人微信向钢钢网电子商务（上海）有限公司董事长周某锋发送一条消息，但随后撤回（微信聊天记录上留存了该条消息的撤回记录）。刘某江问周某锋"可对"，周某锋回复"别在微信发""是"，并发送了一段语音给刘某江，这个语音内容也被披露出来，为"别的人不要多说啊，不要多说这个关于并购的信息，不要多说，这都是内幕信息"。刘某江回复"明白"。随后几日，刘某江陆续买入冠福股份约84万股。最终福建证监局以这些微信聊天记录作为证据之一，决定责令刘某江依法处理非法持有的冠福股份，并处以60万元罚款。

同样是这个案例，周某锋之后通过微信告知另外一个人任某媛：今天和冠福股份的框架协议已经签掉，这之后周某锋通过微信电话与任某媛通话25秒。同日，任某媛陆续买入近54万股冠福股份。买入之后也没有挣钱，同年9月3日，任某媛将上述买入的冠福股份股票全部卖出，卖出金额158万元，累计亏损约56万元。即便亏损，福建证监局以这些微信聊天记录为证据，认定内幕交易，并决定对任某媛处以50万元罚款。

这两个行政处罚是非常典型的使用微信聊天记录作为电子证据来确认事实的适用。电子证据涉及的一个主要问题是证据保全的问题，证据保全问题在新《证据规定》中也有了更进一步的规范。关于证据保全，其实《民事诉讼法解释》已作了相应规定，新《证据规定》又进一步明确，如作为当事人利害关系人保全包括提供相应的担保，担保方式应该怎么去认定，以及法院证据保全所适用的程序，要求当事人代理人到场等；要求采取对持有人利益影响最小的保全措施；如果造成财产损失应该给予赔偿等。

2. 电子数据保全问题

证据保全在实践中所面临的一个主要问题，是如何运用新技术进行证据保全，即电子数据保全问题。传统保全方式通过法院来进行保全，或者通过公证来进行保全，它的效果其实不尽理想，这跟电子数据本身的存储方式形式特点相关。所以我们说现在更多的，或者说更提倡适用电子数据的保全，比如时间戳和区块链保全，是一个更广泛适用、效果更好的方式。《电子签名法》的颁布，标志着电子签名的效力得到立法认可，也为网络证据保全的进行提供了良好的法治环境。

电子签名，可以通过专业软件对于传输主体的身份和它的完整性加以验证，而且能够通过网络状态更准确地去判断信息是不是处于原始状态。时间戳也是一个更有利的，或者说能够更清晰地、及时地去保存，来证明网络证据没有被修改的保全方式。所以说我们现在关于电子证据的保全，它其实更多地会适用像电子签名、时间戳以及电子数据存证平台的方式进行。

存证平台的特点是：不受时间限制，24 小时全天开放，而且由用户自己生成并且上传，所以可以根据用户情况事后向公证机构申请保全。范围也非常广，在实践中很多对网页、录像、录音的取证，特别是涉及抄袭转载、盗用图片、商标侵权等，以及网络谣言诽谤这些都可以很及时地运用存证平台去保全，避免数据丢失，像知识产权保护更不用说了。通过平台的时间戳方式可以很方便地来体现用户上传电子数据的时间，像方舟子揭露韩寒是代笔，这个内容如果在今天其实可能会更方便用时间戳的方式保全。另外，电子数据存证平台的方式可以很方便地去保全有关电子合同、电子交易纪录等。

像浙江司法厅推出的线上浙江公证平台，叫智慧浙里存，它相对来说就很便利，把整个浙江省的公证机构都聚集在存证平台上。作为用户来说，你注册之后所有要存的内容随时可以在平台上存，你需要进行公证的时候就可以选择相应的公证机构在线去申办，做在线智慧存证、智慧取证手段，这个是非常方便的。作为电子数据来说，现在更有优势的应该是电子数据的存证平台，这种存证模式从保全角度上说更加适用。

五、关于鉴定制度的内容及适用

鉴定制度在新《证据规定》中得到了很多充实性的、程序性的规范。而且过去在适用中有争议的一些内容都在新《证据规定》中得到了进一步的明确。新《证据规定》第 30 条至第 42 条都是关于鉴定规则的内容，其中一个增设的内容是法院释明，对于鉴定规定了法院应当向当事人释明，而且确定提出鉴定申请的期间。这个相比较以往来说是非常重要的规范，增加了程序性的规定，因为之前我们对申请鉴定期间没有单独的规定，只要求在举证时限的期间内。同时关于依职权的范围也加以明确，也就是《民事诉讼法解释》第96条第1款规定的五种情况。

（一）当事人申请鉴定

新《证据规定》明确当事人申请鉴定必须在指定期间内提出并预交鉴定费用。逾期不提出申请或者不预交鉴定费用的，视为放弃申请。对需要鉴定的待证事实负有举证责任的当事人，在人民法院指定期间内无正当理由不提出鉴定申请或者不预交鉴定费用，或者拒不提供相关材料，致使待证事实无法查明的，应当承担举证不能的法律后果。这个也是对相应的程序性后果作了很明确的规范。对此我们可以对比一下2001年旧规定第25条，2001年旧规定第25条对于当事人申请鉴定是规定在举证期限内提出。如果负有相应举证责任的当事人不提交，不提供材料，不预交，不提申请，致使对案件争议的事实无法通过鉴定结论予以认定的，应当对该事实承担举证不能的法律后果。新《证据规定》就这个内容作了一个更加明确的规范，并且用了待证事实替代了原来的案件争议事实无法通过鉴定结论予以认定的表述。从这两个表述的差别中我们可以看出，待证事实无法查明是直接关涉举证责任后果的规定，显然这是一个更为清晰的规定。

（二）法院组织协商鉴定人

新《证据规定》第32条关于法院组织双方当事人协商确定鉴定人的规定，这个内容和原来的不一样，原来是当事人协商，当事人申请鉴定后，经法院同意当事人协商鉴定机构、鉴定人员。现在规定很明确应当由法院来组织，协商不成由法院指定，法院依职权委托鉴定是在询问当事人意见之后再指定相应的鉴定人，并且法院要出具委托书，对委托书的要件也作了明确规定。这个规定也是和2016年修订的《司法鉴定程序通则》相一致的。根据2016年《司法鉴定程序通则》的规定，司法鉴定机关只能够接受公检法办案部门的委托进行司法鉴定，避免当事人和鉴定人接触。

（三）鉴定人承诺书规定

新《证据规定》对于鉴定人也明确规定了承诺书制度。作为鉴定人一定要签署承诺书，保证客观、公正、诚实进行鉴定，保证出庭，如果是虚假鉴定责令其退还鉴定费用。这些对司法鉴定职业环境的治理都是有促进作用的。对于鉴定材料的质证，新《证据规定》也作了明确规定。法院要组织当事人对鉴定材料进行质证。未经质证的材料，不得作为鉴定的根据。鉴定机构依据未经双方当事人质证或者核对的材料所作出的鉴定意见，不是合法有效的证据，不能作为认定案件事实的依据。这个材料按照《司法鉴定程序通则》包括生物检材和非生物检材、比对样本材料等其他所有材料，都要求必须经过质证，未经质证是不能够作为出具鉴定意见的鉴定依据的。

（四）鉴定期限问题

鉴定期限是新《证据规定》的重要内容。鉴定人应当在人民法院确定的期限内完成鉴定，并提交鉴定书。鉴定人无正当理由未按期提交鉴定书的，当事人可以申请人民法院另行委托鉴定人进行鉴定。人民法院准许的，原鉴定人已经收取的鉴定费用应当退还；拒不退还的由人民法院依法执行。按照《司法鉴定程序通则》，司法鉴定机构应当自司法鉴定委托书生效之日起 30 个工作日内完成鉴定。送达和异议也是新《证据规定》新增加的内容。法院收到鉴定书后要及时将副本送达当事人，当事人有异议的要在指定期间内以书面方式提出，也就是说，这里确定了专门的异议期间。对于当事人的异议，人民法院应当要求鉴定人作出解释、说明或者补充。人民法院认为有必要的，可以要求鉴定人对当事人未提出异议的内容进行解释、说明或者补充。这些都是对鉴定规则的细化，明确了有关当事人对鉴定意见的异议权。

（五）鉴定人出庭问题

鉴定人出庭在新《证据规定》中也有了更为丰富的规定。2012年《民事诉讼法》已经明确规定了鉴定人出庭，《民事诉讼法解释》也作了相应规范，新《证据规定》对于鉴定人出庭及相关费用的分摊、费用收取核算又作了进一步的细化。当事人收到鉴定人书面答复有异议的，法院应当按照《诉讼费用交纳办法》通知预缴出庭费用，当事人出庭费用最终由败诉方当事人分担。如果因为鉴定意见本身有问题、有瑕疵，则由鉴定人自行负担出庭费用，鉴定人如果拒不出庭，鉴定意见不能作为认定案件事实的依据。同时法院有建议处罚权，可以建议司法行政管理机关对拒不出庭的鉴定人予以处罚。另外，当事人要求退还鉴定费的，法院要在 3 日内作出裁定，拒不退还则强制执行。如果因为鉴定人拒不出庭作证而申请重新鉴定的应当准予允许，可见，鉴定人不出庭的当事人可以申请重新鉴定，且法院应当准许进行重新鉴定。

关于鉴定人出庭的适用，实践中有一些典型案例，比如 2013 年最高人民法院审理的成都讯捷通讯连锁有限公司与四川蜀都实业有限责任公司、四川友利投资控股股份有限公司房屋买卖合同纠纷案。其中，最高人民法院认为：四川蜀都实业有限责任公司与四川友利投资控股股份有限公司对该鉴定意见的真实性持有异议，并且该鉴定意见为成都讯捷通讯连锁有限公司单方委托咨询公司制作，评估人也未出庭接受质证，所以法院对其真实性不予确认。由此看来，鉴定人不出庭所带来的相应程序性后果是非常明确的。

（六）重新鉴定情形

关于重新鉴定，新《证据规定》也进行了明确。具体包括四种情况，即鉴定人不具备相应资格、鉴定程序严重违法、鉴定意见明显依据不足以及其他不能作为证据使用的情形。对于前三种情形退费，拒不退还的强制执行。其中，重新鉴定和鉴定补充、补正或者补充质证等是不一样的。瑕疵鉴定应通过补充鉴定、重新质证或者补充质证的方式来解决，不适用重新鉴定。重新鉴定的前提是原来的鉴定意见不能够作为认定案件事实的依据，原来的鉴定意见相当于不存在。

关于怎么去识别适用重新鉴定的情形，最高人民法院于 2011 年审理的一个案件可以说是一个指南性案件。该案中，一方当事人新洪公司主张一、二审法院程序违法，因为关于重新鉴定的规定，涉及鉴定程序如果严重违法可以适用重新鉴定。在这个案件中，新洪公司认为一审法院委托鉴定评估机构未通知其到场，也未采取随机抽取的方式确定评估机构，且委托评估的机构不在江西省高级人民法院待选评估机构名录中，因此委托程序违法。另外，新洪公司申请重新鉴定，一、二审法院均不予理睬亦属违法。最高人民法院经审查认为，本案一审法院已按规定通知了双方当事人参与摇号抽取鉴定评估机构，但新洪公司未到庭，属于主动放弃了诉讼权利。一审法院采用摇号方式确定了江西居易房地产估价有限公司作为鉴定机构，该公司属江西省高级人民法院司法委托专业机构名册中的评估机构之一，故新洪公司认为本案委托鉴定程序违法的诉讼主张不能成立。此外，根据 2001 年旧规定第 27 条（新《证据规定》第 40条），申请重新鉴定须符合以下条件之一：鉴定机构或者鉴定人员不具备相关的鉴定资格的；鉴定程序严重违法的；鉴定结论明显依据不足的；经过质证认定不能作为证据使用的其他情形。本案鉴定过程中新洪公司不予配合，作出鉴定结论后，新洪公司除表示不同意鉴定结论之外，并未提出相应证据证明鉴定结论存在上述应重新鉴定的情形。可见，关于重新鉴定的适用在实践中还是非常慎重的，只有在新《证据规定》第 40 条规定的情形以及鉴定人拒不出庭申请的情况下才适用。

（七）当事人自行委托鉴定

新《证据规定》对当事人自行委托鉴定也作了修改。新《证据规定》第 41 条规定，对于一方当事人就专门性问题自行委托有关机构或者人员出具的意见，另一方当事人有证据或者理由足以反驳并申请鉴定的，人民法院应予准许。这个和 2001 年旧规定第 28 条规定的另一方当事人有证据足以反驳并申请重新鉴定的，人民法院应予准许，是非常不一样的。当事人自行委托鉴定可能产生的后果，按照新规其实就是对方当事人向法院申请鉴定，不存在重新鉴定的问题。

（八）撤销鉴定意见内容

新《证据规定》还增加了一个新内容，即撤销鉴定意见内容

（见第 42 条）。鉴定意见被采信后，鉴定人无正当理由撤销鉴定意见的，人民法院应当责令其退还鉴定费用，并可以根据情节，依照《民事诉讼法》第 114 条的规定对鉴定人进行处罚。当事人主张鉴定人负担由此增加的合理费用的，人民法院应予支持。人民法院采信鉴定意见后准许鉴定人撤销的，应当责令其退还鉴定费用。

对于这条规定，当时有一些律师就谈到，鉴定人无正当理由撤销鉴定意见这个没有什么问题，法院责令退还鉴定费用，并且涉及相应处罚规定。而法院采信鉴定意见后准许鉴定人撤销，鉴定人撤销意见法院还采信了，这个规定内容是不是很别扭？法院已经采信了，甚至已经因此作出判决了，鉴定人还能够撤销相应的鉴定意见？这条规定主要是根据实际情况，根据司法鉴定执业活动中出现的实际情形来作的这么一个规定。因为在实践中，当事人对于司法鉴定执业活动往往存有很多异议，很多当事人投诉鉴定机构，主要是觉得鉴定意见对自己不利，所以希望能够推翻或者改变鉴定意见。但是实际上对于这类投诉，作为司法行政管理机关的司法局是没有权力撤销司法鉴定意见的。但是对于投诉，基本上 90% 以上的当事人在投诉书中都要求撤销鉴定意见，这就使得在实践中对于鉴定意见，鉴定机构有一个自行撤销的做法。这种做法这几年在实践中比较普遍，比如说像下面这个案例就很典型。

在文书鉴定案件中，A 鉴定机构受法院委托对涉案协议中的签名字迹真伪进行鉴定，出具了签名为真的鉴定意见。在诉讼过程中，当事人对鉴定意见提出异议，自行委托了 B 鉴定机构对同一事项进行鉴定，B 鉴定机构出具了不同的鉴定意见，认为签名系伪造。随后，法院要求 A 鉴定机构根据新的样本材料进行复核。A 鉴定机构通过对新的样本材料进行比照检验，撤销了原鉴定意见，作出伪造签名的意见。鉴定意见本身我们说它是一个科学证据，而科学本身就具有不确定性，虽然说科学证据是证据之王，但是对于科学的认识大家都有一个过程，而且受制于相应条件。所以作为鉴定机构来说，它先后作出两份不同的鉴定意见，撤销原来的鉴定意见，这个在实践中都是时有发生的情形，是一个鉴定机构自行纠错的行为，或者说是一个解决鉴定意见争议的方法。所以对于实践中存在的撤销鉴定意见的做法，在证据适用的程序上当然也要给予相应的规范。这个就是新《证据规定》关于鉴定意见撤销所作相应规范的内容，至于无正当理由撤销鉴定意见的后果，如果法院采信了之后再撤销那就是退费的问题了。

对于撤销的情况，实践中确实存在基于鉴定机构本身自行纠错，或者解决疑难复杂问题进行复核而采取的纠错行为或者说解决鉴定争议的行为。至于撤销对于案件裁判的影响，因为撤销本身缘于各种各样的原因会带来相应的撤销，纠错、投诉、解决争议等这些都可能会导致鉴定意见的撤销，所以鉴定意见的撤销并不必然带来对案件裁判结果的影响，这就是新《证据规定》中所规定的，法院采信了鉴定意见，鉴定机构予以撤销并不会对案件裁判产生影响。事实上只有虚假鉴定，实质上存在错误的鉴定才可能会对案件事实以及判决产生影响，所以并不会因为鉴定机构撤销鉴定意见就必然地带来案件再审，同样只有涉及符合《民事诉讼法》第207条规定的情形才可能会产生相应的再审，鉴定意见因为虚假错误而撤销才会引发相应的再审。

（九）虚假鉴定问题

虚假鉴定是实践中一个存有争议的问题。虚假鉴定和错误鉴定是不一样的，虚假鉴定本身一定是一个主观上故意的行为，即鉴定机构或者鉴定人员实施鉴定行为在主观上故意作出和真实意见不一致的意见。导致虚假鉴定的原因很多，实践中因为作为鉴定机构的主体很多，鉴定人水平参差不一，而且有些鉴定本身就具有很强的主观性，所以很难有一个统一标准，因此可能会出现虚假鉴定的情况。像我们说有一些鉴定，比如车辆痕迹鉴定、DNA鉴定，这些都是能够用科学技术手段或者仪器作出很精确的测定，所以这些情形是可以有统一标准的。但是像文物鉴定这种就具有高度的主观性，所以它往往是很难有一个统一标准的。因此，虚假鉴定就涉及到底怎么去认定的问题，这也是实践中的一个难题。当然这里面还涉及过失能不能构成虚假鉴定，究竟应该怎么去制裁虚假鉴定的问题。

在实践中，这方面比较典型的问题是文物的虚假鉴定。文物的虚假鉴定本身是一个比较主观的活动，与鉴定人员直接相关，而且当前我们文物鉴定登记门槛很低，它的判别方法需要科学手段，但是还是主要依赖于鉴定人所谓的眼学。目前在实践中因民间文物虚假鉴定引发很多衍生问题，包括承揽合同纠纷等。因为虚假鉴定引发的买卖合同纠纷，也可能带来金融诈骗、合同欺诈、文物走私等一系列问题。

比如大家所周知的金缕玉衣案，就被认为是一个惊天诈骗案和虚假鉴定案。这个案件涉及当年上过《中国富豪榜》的人物谢某荣，他曾经是北京燕山华尔森集团董事局主席兼总裁，在他的根荣陈列馆中有两件金缕玉衣，这两件金缕玉衣据他说，全世界只有这两件。当时有 5 位国内顶级古董鉴定专家为他的金缕玉衣在鉴定报告、评估报告上签字，鉴定市值为 24 亿元人民币，这 5 位国内顶级的鉴定专家都是赫赫有名的。而正是因为 24 亿元的价值鉴定报告，中国建设银行决定发放企业贷款共计人民币 5 亿元，这笔贷款盘活了谢某荣的"东华金座"项目。谢某荣后来被定为贷款诈骗罪，大家有兴趣的可以去看一下裁判文书。判决书中谢某荣说他给了专家几十万元评估费。当然这个案件谢某荣本人已经被定罪判刑，但是几位鉴定专家并没有任何罪名，因为很难认定为是虚假鉴定。而这两件金缕玉衣是怎么来的呢？判决书里说，其实是他自己找的一个人，即帮他牵头找这些鉴定专家的牛某忠，由牛某忠自己手穿的。就是买一些玉片自己手穿了两件金缕玉衣，一件绿玉衣，一件白玉衣，然后牛某忠找了这 5 位鉴定专家。据说这几位专家围着玉衣看了一圈就作出了鉴定报告。谢某荣给了几十万元评估费，结果谢某荣自己构成贷款诈骗罪。24 亿元的这样一个评估报告，就是一个实践中是否构成虚假鉴定的典型案例。

另外还有一个案件，《嵩阳汉柏图》案也是关于文物虚假鉴定的，不过这个虚假鉴定是打引号的，因为关于虚假鉴定的问题其实是一个需要仔细探讨或者说需要更进一步规范的问题。在 2009 年河南卫视《华豫之门》举办的鉴宝活动中，郑州市民朱某兄弟带着家传乾隆亲笔的《嵩阳汉柏图》前来鉴宝，当时专家刘某鉴定这画是赝品估价不到 10 万元。当时这个活动是在一个公园里边进行的，群众都拿祖传宝贝去鉴宝，所以场内人很多，刘某就说让这两位兄弟晚上拿着画到他的宾馆里仔细看一下。晚上看过之后，刘某确定这画是赝品，最后朱某兄弟以 17 万元的价格将画卖给了刘某的一个朋友程某。2011 年，朱某在看电视时发现，在保利拍卖会上，《嵩阳汉柏图》拍出了 8736 万元的天价。于是朱某兄弟向法院起诉刘某和买家，要求撤销原销售合同并赔偿他们的差价 8719 万元的经济损失。

　　这个案件法院没有立案，而是交由公安机关处理。公安机关经审查后认为该案同样不属于经济犯罪。而是否构成虚假鉴定问题，同样也是没有办法认定的，因为虚假鉴定在我们现行的规范下一定要是故意的，即必须要有主观故意，过失、瑕疵是很难被认定为虚假鉴定的。

　　其实对于文物这类鉴定的真实性，全世界都会面临相应的问题，各个国家也有自己不同的做法。比如说法国，法国是个文物大国，法国法律对此规定情节严重的，涉及鉴定中认为赝品的，会被销毁，所以如果作出错误的虚假鉴定会被追究刑事责任。为此法国在这方面会事先进行多次鉴定，以防止艺术品或者被销毁，或者涉事人被定罪，他们是按照刑事责任去追究的。而在美国，鉴定人只负责确定真假，不提供价值评估，作为鉴定人只鉴定是真还是假，关于市场估值并不由鉴定人提供。

　　总之，鉴定问题在实践中是一个非常棘手的问题，可以说涉及虚假鉴定、鉴定瑕疵的问题都是非常棘手的。但是新《证据规定》毕竟已经在这方面作了进一步的细化。其对于规范鉴定市场，规范鉴定机构治理来说，可以说已经丰富了相应内容，而且对于鉴定人的行为规范，鉴定职业环境的规制，以及我们整个民事诉讼有关司法鉴定的证据使用等都会带来很积极的预期和指引。

第八讲

《民法典》担保物权新规则详解与适用

主讲人：席志国

　　大家好，我是中国政法大学民法研究所的老师席志国。非常荣幸接受朝阳区律师协会的邀请跟大家分享一下《民法典》中担保物权制度的新规则。

　　在既有法律的基础上，《民法典》整个编纂过程中担保物权制度规则体系变动应该是最大的，所以我选择这个题目跟大家分享一下我学习和研究的一些心得，也欢迎大家多参与讨论，多加批评指正。

　　今天我跟大家分享的主要是四个部分的内容：第一部分是担保制度的修改方向；第二部分是《民法典》对担保物权一般规定的修改，具体是针对所有的担保合同、担保物权的一般规定进行修改的内容；第三部分是关于抵押权的修改；第四部分是关于质权的修改；留置权在《民法典》编纂过程中没有新的实质内容的修改。

一、担保制度的修改方向

　　关于担保物权及保证的修改方向包括担保物权以及保证的修改理念。

（一）有关担保的修改原因

　　这次我们之所以进行担保物权及保证等有关担保的修改，首先，为了利于市场主体进行融资，扩大投资的渠道和途径，这是一个非常大的价值追求。其次，为了满足世界银行营商环境评价指标体系的要求。每年世界银行对各个国家营商环境都会作出一个评价报告，我们中国的营商环境当然也会被予以评价并出具报告。其中世界银行营商环境评价指标体系中很重要的一个评价指标就是考量每个国家的制度体系。但我们国家在这一指标评价上的得分不是很高，主要原因之一是担保制度不够健全。此外，司法审判中的做法也达不到世界银行营商环境的基本评价指标。

（二）担保的修订情况

我国立法者基于这两个原因的考量，在《民法典》编纂过程中进行了下面这些修订。

1. 扩大担保范围

第一个是扩大了担保的范围，一方面是尽量扩大能够担保的财产，把过去担保的财产的限制逐渐放开放宽，比如说过去土地承包经营权只有通过招标拍卖等方式取得才可以进行抵押融资担保，现在新出台的《民法典》规定土地承包经营权在集体土地上实现了三权分置，所以所有的土地承包经营权都可以作为融资担保的客体；另一方面是将海域使用权等能够转让的财产尽量纳入担保的范围。

2. 扩张担保方式

第二个是担保方式的扩张，《民法典》出台之前，传统担保方式大约仅限于抵押、质权和留置权以及保证，当然还有一个定金，但定金作为债权担保的方式是非常有限的，几乎只用于买卖合同领域，某种意义上来讲和违约金的功能相似。在实践中我国一直发展的让与担保制度等，因为没有立法明文规定，所以司法实务上对该制度的态度也不断反复。现在《民法典》回应了这个社会需求，在扩大了融资担保的方式的过程中，不但承认了让与担保的法律效力，还把所有权保留构建成一个担保物权。另外，《民法典》还把融资租赁向担保物权的方向进行构建，例如保理合同。这样实际上扩张了担保方式，也更多贯彻意思自治，这也正是我们国家的市场本质要求。

《民法典》是市场经济的基础法，是提供市场交易的基本规则，允许市场主体更大程度上通过自治来自行设计交易模式和交易方式，尽量减少法律和政府的干预。在整个《民法典》编纂过程中，意思自治原则是一个非常重要的原则。在担保物权以及保证等制度中意思自治的扩张体现得更明显了，给了当事人更多自由选择的空间，包括提供更多可供选择的担保类型，以及在每一种担保类型里面当事人有了更多决定担保内容的权利，从一定程度上改变了过去物权法定的基本原则。我们都了解，一直以来《物权法》和合同法在基本原则上是相反的，其中合同法的基本原则是合同自由，当事人既可以创设法律所规定的有名合同，也可以订立无名合同，还可以订立混合合同，合同的内容也是由当事人自由创设的，只要合同不违反法律、行政法规的强行性效力性规定，不违反公序良俗，那么它就应该是有效的。但原《物权法》坚持物权法定原则。《民法典》出台之后，物权法定被从物权编里面拿掉了，就是原《物权法》第5条规定的物权法定，但是它进入原《民法总则》第116条：物权的内容由法律规定，所以作为担保物权种类和内容必须由法律进行规定，当事人既不得创设法律没有规定的物权类型，也不得改变这个物权本身的内容。

物权法定是一个强行性的规定。传统大陆法系里面，物权法有三大基本原则：物权法定、一物一权、物权变动的公示。我国2007年通过的《物权法》就规定了物权法定，现在新出台的《民法典》里面还有这个物权法定，长期以来物权法定颇受我国学界及实务界的批判，普遍认为它限制了当事人的自由并增加了交易的成本。在这次《民法典》编纂过程中，虽然物权法定在《民法典》中仍有体现，但是它较之以前要有所缓解，通过尽量多地扩张物权类型给当事人更多选择的方式使这个物权法定变成一个柔性的物权法定。

《民法典》第10条规定，除了法律，习惯也可以作为法律渊源的一种，这意味着我国也承认了习惯法。既然习惯法是法律，就赋予了大众创造新的物权种类的可能性。例如，让与担保最初是民间通过交易习惯创设的，然后被司法实践和学界所认可。为此，立法者把以前的流质禁止条款进行修改从而取消了让与担保的限制。

再有，除了对具体的担保物权类型中的法律规定的固定内容，也允许当事人进行一些自行的约定，并且自行的约定如果经过登记将对当事人乃至第三人具有约束力，通过这样的方式使得传统的物权法定原则得以缓和，更多了意思自治的因素。

3. 具体法律规则上的完善

第三个方向，《民法典》编纂过程中将过去很多不够清晰、不够明确、不够准确的规则修改得更精细、更明确、更准确，从而避免法条表述解释上的多种可能性，在更大程度上避免出现司法实践中的法院同案不同判的现象。但从另一种角度来说，多种解释对我们律师来说也是一种好事，因为对于败诉的一审，我们还有可能在二审、再审过程中通过对法律规定的其他合理解释说服法院采用新的方法改变原来的判决，所以多种解释的可能性更有利于我们律师对案件发挥作用。但是对于企业和群众来说，同案不同判的现象是法律上非常大的非正义，体现的是法官的一种恣意或者是武断。因此，这次《民法典》的编纂过程中立法者尽量做到规则的明确性、解释的一致性，例如同一个标的物上有多个担保物权时，权利优先顺序的制度设计问题。

再接下来一个方向是实用主义的方向，也就是说，《民法典》的编纂过程是面向中国自己的问题，并且是要解决这些问题的，所以规则设计的目的就在于能够很好地解决问题。同时，《民法典》还注重内在体系的统一性和内容的法典化。法典和单行法的区别是什么？法典为什么叫法典？《民法典》是我国第一部以法典形式存在的民事规范性文件，它和以前的单行法的区别主要是两个方面：第一，鉴于典的特点是大而全，所以法典规定内容必须要全面，即使不可能囊括所有的民事法律规范，也要尽量多和全面；第二，它的逻辑体系是按照一定规则进行排序的，除了查询、学习、使用上的方便以外，更重要的是保证整个法律规范的无矛盾性，即前后逻辑体系是一致的、相互之间不发生冲突。这也是法典化一个非常重要的追求：追求内在价值和外在概念逻辑体系的和谐。并且，通过逻辑体系保证没有矛盾，发现有漏洞的时候可以通过逻辑的演绎操作来填补这个漏洞。这就是法典最主要的意义和价值。

但是我国《民法典》主要在于解决现实中存在的问题，特别是担保物权中要解决的融资困难问题以及过去同案不同判的现象，故设计了一系列的规则、制度。但是纯粹实用主义的面向也导致了内在价值判断上的不和谐以及法典外在逻辑上的冲突，因此有一系列问题需要我们将来进行解决。

二、《民法典》对担保物权一般规定的修改

（一）关于担保方式的扩大

《民法典》对担保物权的一般规定的修改，首先是扩大了担保方式的范围。新规定的担保合同包括抵押合同、质押合同和其他具有担保功能的合同，其中"其他具有担保功能的合同"便是新增加的内容。《民法典》物权编规定了三种担保物权：抵押、质押和留置。留置权作为法定担保物权不需要签担保合同，但质押和抵押一定要签担保合同。另外，除了签订担保合同，抵押权还需要办理登记，因为法律规定登记是不动产抵押权的生效要件，而动产抵押登记只是对抗要件，即不登记不得对抗善意第三人。质权，分为动产质权和权利质权。动产质权的生效条件是签订担保合同并交付动产，至于交付主要分为现实交付、简易交付等，但是占有改定不能发生质权变动的效力。

《民法典》规定其他具有担保功能的合同，意味着不再严格恪守物权法定原则，除了法律明文规定的担保物权以外，习惯法也可以创设新的担保物权。这就扩大了担保的类型。同时也表明了，如果其他合同具有担保功能也要适用《民法典》物权编关于担保合同的一系列规定。就其他具有担保功能的合同来说，如果合同约定不明确，法律也没有对它的专门规定，我们就可以适用《民法典》物权编关于担保合同的规定：担保合同是主债务合同的从合同，主债权债务合同无效的，担保合同无效，但是法律另有规定的除外；如果担保合同确认为无效，债务人、担保人、债权人有过错的按照各自的过错程度承担民事责任。

综上，我们可以把整个担保体系分成两种，一种是典型的担保，法律对此有明确规定；第二种是非典型的担保，法律对此没有明确

规定，但是它也具有担保功能。

典型担保又分两种，一种是债的担保方式，即用一个债权担保另一个债权。这个又分两种：定金和保证。保证被规定在合同法里面，是用债的方式进行担保；定金是用定金合同担保主合同，也属于债的担保方式。《民法典》生效之后，定金就不再规定在担保法中，而是规定在合同编总则部分的违约责任里面。

（二）关于非典型担保之所有权保留

非典型担保，首先是买卖合同中的所有权保留。我国的原《合同法》第 134 条对此进行了规定，当前《民法典》第 641 条第 1 款也对此进行了规定：当事人可以在买卖合同中约定买受人未履行支付价款或者其他义务的，标的物的所有权属于出卖人。如果仅规定到这，仅按照合同法的规则构造来说它只是本身具有担保功能，但不是一种担保物权，实际上就是一种附条件的所有权转移，转移条件为全部价款支付完毕或者是法律规定当事人履行其他义务完毕。

1. 《民法典》对所有权保留的完善和修改

《民法典》对所有权保留进行了一个完善和修改，即在第 641 条增加了一款新规定：出卖人对标的物保留的所有权，未经登记，不得对抗善意第三人。新增加的这一款规定使所有权保留转变成了他物权和担保物权。另外，《民法典》第 642 条第 1 款还具有特定的法律效果，即当事人约定出卖人保留合同标的物所有权，在标的物所有权转移前，买受人有造成出卖人损害的情形之一的，除当事人另有约定外，出卖人有权取回标的物。《民法典》第 642 条第 2 款规定，出卖人可以与买受人协商取回标的物；协商不成的，可以参照适用担保物权的实现程序。该规定就很清晰明了，即买受人没有支付完价款之前，出卖人不是直接取回标的物，而是要和买受人协商取回，如果协商不成则参照适用担保物权实现程序，即起诉到人民法院，由人民法院拍卖变卖，出卖人对拍卖变卖的价款优先受偿。而根据原《合同法》第 134 条，如果买受人到期没有支付完价款，出卖人作为标的物的所有权人，完全可以解除合同并取回标的物。

可见，当前《民法典》新规定较之原《合同法》就有了根本性的变化，即在所有权保留买卖中，出卖人把标的物转移给买受人的，则所有权在交付的时候就转移给买受人了。反过来说，所有权保留相当于买受人给出卖人在标的物上设了一个不同于质押的抵押权，用来担保剩余没有支付完的价款的债权。但出卖人不能占有标的物，也就相当于在所有权保留上完全按照动产抵押进行构造了。因此关于当事人双方所有权保留的约定，本身就是一种担保合同，属于《民法典》第 388 条规定的其他具有担保功能的合同。

2. 所有权保留中出卖人取回标的物的情形

所有权保留中出卖人毕竟还是所有权人，我们从《民法典》第 642 条中也可以看到，当事人约定出卖人保留合同标的物所有权，在标的物所有权转移前，买受人有下列情形之一，造成出卖人损害的，除当事人另有约定外，出卖人有权取回标的物，其中第三项情形就是将标的物出卖、出质或者作出其他不当处分。如果抵押合同中乙把标的物抵押给甲，甲是债权人，那么乙能不能出卖标的物呢？当然可以。也就是说，抵押人可以转让抵押物，抵押权具有追及效力，这也是我们担保物权的重大修改内容之一。从这个层面来讲，在所有权保留还不是所有权转移后再进行抵押，其具有一定的追及效力，无须像抵押权一样办理登记。因为出卖人本质上还是所有人，没有任何法律规定动产所有人需要再办理登记，动产所有权变动都是以交付作为生效要件而非登记。所以，如果规定所有权必须要登记就等于和动产物权变动是以交付为要件相违背，会导致法律体系上的冲突。如果仅是考虑到保护善意第三人，那么通过善意取得制度完全可以解决这个问题。《民法典》物权编第 311 条继承了原《物权法》第 106 条，如甲把标的物出卖给乙，并进行了交付，但是保留了所有权，如果乙把这个标的物又进行转让或者抵押等，那么只要第三人是善意的，第三人就可以通过善意取得获得所有权或者是质权。

如果强制要求出卖人对标的物保留的所有权进行登记，未经登记不得对抗善意第三人，就会产生一系列问题：第三人跟所有权保留买受人进行交易的时候要提前查询登记簿，核实标的物是否存在所有权保留，这个查询成本是不是过高？动产登记该如何操作？动产多数情形都是种类物，即使登记又怎么确认就是这个特定的动产？所以，如果标的物无法特定下来，用登记制度解决这个动产物权变动是非常糟糕的方式，无形中增加了大量的交易成本。本来采取这样的做法是想保护交易安全，从而促进交易，降低交易成本，但最终由于违反了物权变动的公示原则（动产是通过占有和交付进行公示），实际上反而增加了交易成本，阻碍了交易发展。

（三）非典型担保之让与担保

下面我们来看看非典型担保中的让与担保制度。

1. 最早不承认让与担保的主要原因

我国司法实务界和学界对让与担保的态度经常发生变化，最早是以不承认让与担保为原则，主要原因大约有这么几个：首先是立法上对此没有明确规定，让与担保如果作为一个担保物权的话就会违反物权法定的要求。其次是让与担保违反流质禁止条款。原《物权法》规定，如果约定抵押权人在债权到期以后，债务人不能清偿债务时标的物为债权人所有，这个约定无效。而让与担保恰恰约定所有权已经归债权人，到时候如果债务人能够清偿债务可以把所有权要回来，如果不能清偿债务的话所有权就直接归债权人，这个时候恰恰跟流押禁止是相冲突的，所以立法上规定它不能违反流押禁止条款，因此让与担保是无效的。

2006年我在《政法论坛》上曾经发过一篇文章，当时《物权法》还在制定过程中，我和另一个老师张教授合发了一个关于让与担保妥实性的研究。当时我们从这个角度出发，认为《物权法》里面不应该承认让与担保制度。现在回过头来看，当时可能过于固守于法律本身的规定、法律内在体系和外在体系的问题。后来让与担保在实践中大量采行，法院顾及这个问题，也开始逐渐有所松动。不过，即便是今天，既然我国法律上动产之上已经允许设立抵押权，而且法律关于动产抵押的规范非常详尽，那么当事人为什么还去选择让与担保制度呢？这也是一个不得不问的问题。

2. 我国对让与担保的承认

我国对让与担保的正式承认是在《全国法院民商事审判工作会

议纪要》（以下简称《九民纪要》）。《九民纪要》第71条第1款规定，债务人或者第三人与债权人订立合同，约定将财产形式上转让至债权人名下，债务人到期清偿债务，债权人将该财产返还给债务人或第三人，也就是说，让与担保标的物的提供者可以是债务人自己也可以是第三人。债务人到期没有清偿债务，债权人可以对财产拍卖、变卖、折价偿还债权的，人民法院应当认定合同有效。合同如果约定债务人到期没有清偿债务，财产归债权人所有的，人民法院应当认定该部分约定无效，但不影响合同其他部分的效力。也就是说，让与担保整个合同是有效的，只是不能约定到期债务人不能清偿债务债权人就直接取得标的物。这个有违流质禁止规定。大家知道这个规定是保护弱势方的特别规定，所以它不允许当事人任意进行改变，所以这个就等于承认了让与担保，但是让与担保既然是担保物权，债权人拥有的权利就是拍卖变卖标的物，并就价款优先受偿，不得取得所有权。这个底线是要固守的。因此当事人间的让与担保有效，但是不管怎么约定，到期只能是债权人拍卖变卖标的物，债权人实际上总有一个清算的义务。跟保留所有权一样，其实让与担保正好是和所有权保留是相反的一个操作程序，或者是相逆的程序。

本质上担保物权人的权利只限于拍卖变卖标的物并就价款优先受偿，而不能成为所有权人，《九民纪要》第71条第2款对此也有明确规定。当事人根据上述合同约定，已经完成财产权利变动的公示方式转让至债权人名下，债务人到期没有清偿债务，债权人请求确认财产归其所有的，人民法院不予支持，但债权人请求参照法律关于担保物权的规定对财产拍卖、变卖、折价优先偿还其债权的，人民法院依法予以支持。债务人因到期没有清偿债务，请求对该财产拍卖、变卖、折价偿还所欠债权人合同项下债务的，人民法院亦应依法予以支持。无论是债权人还是债务人都可以去请求拍卖变卖。实际上这给了债务人一个重要的请求拍卖变卖的权利。让债务人提起诉讼请求拍卖变卖担保物用来偿还债务，多余的债权人要返还，给了债务人一个请求权，它也是非常重要的保护债务人的一个手段，防止债权人到时候不理你了，合同约定了，财产归我，我不理你，我不去起诉，这时候给债务人一个权利。

《九民纪要》关于让与担保的规定在《民法典》通过后依然有效，不会因为《民法典》受任何影响。第一，我们前面讲了《民法典》已经承认了抵押、质押以外其他具有担保功能的担保合同。第二，我们又修改了流押禁止的条款，不再说流押的约定是无效的。后面我们会看到，如果当事人约定所有权归债权人所有，那么债权人仍然只能通过拍卖变卖等方式优先受偿实现债权。2021 年 1 月 1 日生效的《最高人民法院关于适用〈中华人民共和国民法典〉有关担保制度的解释》第 68 条再次确认了《九民纪要》关于让与担保的上述态度。

3. 什么样的财产可以适用让与担保

哪些财产可以适用让与担保呢？最主要的是动产的让与担保，其次是债权的让与担保。举个例子，当甲欠乙 100 万元，乙要跟丙进行贷款，用该 100 万元债权进行担保有两种方式，第一种是作为应收账款是可以质押的，第二种是可以让与担保。乙对甲的 100 万元债权转让给丙，让丙成为债权人，从而担保乙的债务。实际上大家注意，我们保理合同有两种保理，另一种是有追索权的保理，一种是无追索权的保理。对有追索权的保理，其本质上就是债权的让与担保。也就是说，我把债权转让给你，你给我提供融资款，到时候到期我清偿了你的债务你再把我的债权返还给我，或者是我不能清偿的时候你照样可以让我清偿债务，或者是你行使债权。

除了动产和债权，还有什么样的财产可以适用让与担保呢？不动产是不是可以进行让与担保呢？不动产所有权是不能进行让与担保的。不动产所有权的转移要求原所有人为他人办理转移登记，也就是说，债务人想把不动产转移给债权人一定要办理过户登记，到时候即便债务人履行了债务，作为让与担保物的不动产的所有权也没有办法自动返还。这一点大家一定要注意，即所有权是没有办法自动回归的。

因为所有权要想回归必须再办理一次所有权移转登记手续，从债权人那里登记给债务人，这个时候就无法构建让与担保。这个在理论上和实务上经常有人发生误解。《最高人民法院关于审理民间借贷案件适用法律若干问题的规定》里面为什么没有把房屋买卖，以转让房屋所有权的方式构建成让与担保，最主要的就是这个原因。如果我只是跟债权人签订房屋买卖合同不办理过户登记，这个时候最多是一个买卖合同，没有发生什么所有权转移，所以不存在让与担保，让与担保就是把所有权转让。所以仅签订买卖合同没有发生所有权转让，因此不可能适用让与担保。

同样如果已经把所有权转移给对方，由于所有权不能自动回转，也不是让与担保。如果当事人约定说我把所有权先登记给你，到时候我再把钱给你，你再把房屋登记给我，这是一个买回合同。在比较法上，在买卖里面都有关于买回权的规定。我们中国买卖合同里面没有这个规定，这是一个遗憾，它也能发生担保功能，但是在法律上的构造是买回制度不是让与担保制度。按照同样的逻辑，股权也不能让与担保，因为中国股权也是通过登记进行转让的，一旦登记了就是人家债权人的股权了，你以后还了债回转登记也是一个买回。比较法是不承认不动产、股权等需要登记才发生物权变动的让与担保，只承认动产所有权和债权等不需要登记。但是《最高人民法院关于适用〈中华人民共和国民法典〉有关担保制度的解释》第68条明确认可了股权的让与担保制度，那么按照该解释以股权进行让与担保的，则需要将股权登记给债权人，到期债务人清偿债务后则需要债权人将股权再进行回转登记。这就会产生一系列复杂的法律问题，在这里由于时间的限制我就不再展开了。

4. 让与担保与流质条款

我刚才讲《九民纪要》第71条的规定之所以在《民法典》中能够被承认，不违反我们第401条流押禁止，抵押权人在债务人履行期间届满前，与抵押人约定债务人不履行到期债务时抵押财产归债权人所有的，只能依法就抵押财产优先受偿。也就是说，它不再是原来的规定，原来是不得约定，约定无效。现在说你有了这个约定，但即便有这个约定，也不是直接说无效，而是说只能依法就抵押财产受偿。

这一条修改的目的针对抵押权没有多大意义。就算以前的规定说不得约定，约定无效，无效了也不是抵押合同无效，只是该条款无效，所以该条款无效以后债权人还是申请人民法院拍卖变卖并优先受偿。现在修改后对抵押权来说还是这样的，我约定了抵押财产归你所有，到时候仍然还是债权人申请人民法院拍卖变卖优先受偿。它的意义和价值就是允许让与担保的存在，大家一定要注意《民法典》第401条流押禁止的修改，它对抵押权本身并没有影响，受影响的是这个让与担保制度。

（四）非典型担保之融资租赁和保理

再接下来涉及的非典型担保是融资租赁和保理。这是两种合同。大家知道融资租赁现在也要进行登记，不登记也不得对抗善意第三人，保理也要进行登记，之所以要进行登记本质上都是因为按照担保物权的方式进行了构造。在《民法典》一般规定里面，除了第388条关于担保合同范围的扩张之外，其他原《物权法》的规定都没有进行修改，直接原封不动纳进来了。第389条关于担保债权的范围继承了原来的规定，有约定的按约定，没有约定的，包括主债权、利息、违约金、损害赔偿金、实现担保的费用，以及在抵押质权和留置权里面债权人要保管标的物费用是由债务人承担的，这也属于担保的范围。有约定按约定，没有约定这些都要担保。所以，现实生活中如果担保人不想承担这么重的责任，一定要在担保合同里面约定，只担保主债权或者是最多付利息，担保违约金可能责任就太重了。

（五）关于担保物权的物上代位性

《民法典》第390条关于担保物权的物上代位性也没有修改。担保物权的物上代位性是作为物权的标的物，这里也没有修改。它可以应用在非典型担保上面，所有权保留、让与担保、融资租赁等都可以适用到这里面。

也就是说，担保的标的物灭失的如果有损害赔偿金，如果有保险金，或者是标的物被国家征收，有征收补偿款，债权人可以就损害赔偿金、保险金、征收补偿款优先受偿，这个是物上代位性。之所以说是物上代位性是因为我们担保物权是支配权，支配的是标的物的交换价值。这个标的物被损毁灭失以后，它的损害赔偿金、保险金以及征收补偿款就是价值的转化物，它转化成了价值，所以这个价值照样有优先受偿权。

（六）关于债务承担时担保人免责的规定

《民法典》第391条是关于债务承担时担保人免责的规定。债务承担是要取得债权人同意的，如果在担保期间主债务人跟第三人约定由第三人承担债务，需要取得债权人同意。但是没有取得担保人书面同意的担保人就免责了，无论是抵押、质押，还是保证，只要没取得担保人书面同意担保人就都免责。为什么这样呢，大家都知道，担保人之所以担保是基于和主债务人的人身信赖关系，担保人是为主债务人的债务提供担保，如果主债务人把债务让与第三人承担，而担保人和第三人并没有人身信赖关系，那么他人的意思自治没有经过担保人同意不能对担保人产生不利影响。这个在债权让与担保的时候就另当别论了，债权让与中主债权转让的从权利跟着转让，所以不影响担保物权的继续程序。

（七）关于混合担保规定

1. 什么是混合担保

《民法典》第392条是关于混合担保的规定。此次《民法典》仍然没有就混合担保中担保人之间的追偿作出规定。它规定被担保的债权既有物的担保又有人的担保的，债务人不履行到期债务或者是发生当事人约定的实现担保的物权的情形，债权人应当按照约定实现债权。也就是说，为当事人担保的两个担保人、保证人或者是物上保证人跟债权人如果有约定，如必须行使保证债权、不够了再行使担保物权的，或者是必须先行使担保物权再行使保证债权的，就按照约定行使权利。

2. 混合担保中的相互追偿问题

没有约定或约定不明确时，债务人自己提供物的担保的，债权人应当先就该物的担保实现债权。只有这个担保物不足以清偿债务才可以要求承担保证责任。如果物的担保也是第三人提供的，债权人就能够选择让这个担保人承担保证责任，或者就担保物实现债权，这是债权人的选择权。第三人提供物的担保的，债权人可以就物的担保实现债权，也可以请求保证人承担保证责任。提供担保的第三人承担担保责任后，有权向债务人追偿。它没有说可以向其他担保人追偿。这就是我们以前《物权法》的规定。

司法实践和学术研究就一个担保人承担担保责任能不能向其他担保人按比例追偿的问题存在争议。过去的司法实务都是承认混合担保人相互之间可以进行追偿的，但是到了《九民纪要》，司法实务上发生了一个重大的态度转变。《九民纪要》不再承认混合担保人相互之间的追偿，其第56条规定："被担保的债权既有保证又有第三人提供物的担保的，担保法司法解释第38条明确规定，承担了担保责任的担保人可以要求其他担保人清偿其应当分担的份额。但是《物权法》第176条并未作出类似规定，根据《物权法》第178条关于'担保法与本法的规定不一致的，适用本法'的规定，承担了担保责任的担保人向其他担保人追偿的，人民法院不予支持，但是担保人在担保合同中约定可以相互追偿的除外。"

按照《九民纪要》，在混合担保里面，如果担保人之间没有约定互相之间可以追偿的话就不能追偿，其理由是《物权法》没有规定，而《最高人民法院关于适用〈中华人民共和国担保法〉若干问题的解释》有规定，意思就是说《物权法》之所以没有规定，其意图就是要修改掉以前的规定，这个属于从反面作出的解释，这是《九民纪要》很明确的态度。

同样《民法典》第392条规定完全采纳了原《物权法》的规定，《九民纪要》能适用于《民法典》第392条。如果到此为止，我们看实务已经有很明确的态度，但是新的《民法典》恰恰给它提供了相互追偿的其他的途径，即不能按照第392条追偿，但是有其他的途径是可以追偿的。

3. 其他追偿途径

其他途径是什么呢，就是《民法典》第524条和第700条所规定的代位求偿权。大家看一下这两个条款为什么可以成为追偿的依据。《民法典》第524条第1款规定债务人不履行债务，第三人对履行该债务具有合法利益的，第三人有权向债权人代为履行；但是，根据债务性质，按照当事人约定或者依照法律规定只能由债务人履行的除外。比如说劳务债务只能由债务人自己履行。第2款规定，债权人接受第三人履行后，其对债务人的债权转让给第三人，但是债务人和第三人另有约定的除外。这就是利害关系第三人代位求偿权，什么意思呢，这跟我们说第三人代替债务人履行了债务后只能向债务人进行追偿不一样。这是一项新规定，原来《合同法》里面没有这个规定，这是《民法典》合同编里面规定的。

这意味着第三人代替债务人履行以后，债权人的债权不是消灭了，不是第三人履行后债权人的债权消灭了，而是债权人的债权转移给了第三人。债权让与中主债权让与的从债权也跟着让与。比如说甲从乙银行贷款1000万元，这个时候丙做保证人，丁用1000万元的房产进行了抵押，抵押给银行。到期以后甲清偿不了，丙作为保证人是不是有合法利益的第三人？当然是，因为如果这个债务不履行就会有利息，就会有违约金，比正常利息要高。这个时候丙就属于有合法利益第三人的保证人，可以替债务人把这个1000万元还上。对于银行的债权，按照前述规定债权人接受第三人履行后其对债务的债权转让给第三人，银行的债权就转移给了保证人丙了。

这个时候，保证人丙取得了银行债权同样取得了对丁的抵押权，主权利转移从权利也跟着转移。丙取得了对丁的抵押权就可以行使抵押权，也就有了追偿权。如果丁作为抵押人代替债务人履行债务以后他是不是也可以取得乙的主债权，并取得乙对丙保证人的这个从债权呢？他们相互之间都可以利用《民法典》第524条形成一个追偿的关系。这里它是用代位求偿权实现混合担保之间的追偿，其实这个不是混合，两个保证人也一样，完全可以适用《民法典》第524条。

更进一步地，还有《民法典》第700条的规定。保证人承担保证责任后，除当事人另有约定外，有权在其承担保证责任的范围内向债务人追偿，这个是以前的规定。现在《民法典》合同编新增加了"享有债权人对债务人的权利"这样一句话，这也变成了代位求偿权了，不仅仅是传统的追偿权了。也就是说，保证人只要替主债务人履行债务以后就直接享有债权人的债权。当保证人享有债权人的债权的时候当然就等于债权转移给保证人，也就一并取得了从权利，可以进行追偿了。

虽然《九民纪要》否定了这个相互追偿权，但是《物权法》时代是否定，《民法典》时代我们是有其他法律手段进行追偿的，这就是《民法典》第524条和第700条所述的这两个依据。如果保证人履行完保证责任，担保人进行追偿的可以依据《民法典》第700条；而担保物权物的保证的追偿可以依据《民法典》第524条，这是我们一个新的途径。

《最高人民法院关于适用〈中华人民共和国民法典〉有关担保制度的解释》明确禁止了上述按照《民法典》第524条和第700条的规定，其第13条规定了共同担保中可以相互追偿的情形，并明确规定不符合这些情形的共同担保人之间不能相互进行追偿；而其第14条则明确担保人承担完担保责任，只能按照第13条的规定确定是否可以追偿的问题，而不能按照《民法典》第524条和第700条之规定行使代位求偿权。其第13条规定："同一债务有两个以上第三人提供担保，担保人之间约定相互追偿及分担份额，承担了担保责任的担保人请求其他担保人按照约定分担份额的，人民法院应予支持；担保人之间约定承担连带共同担保，或者约定相互追偿但是未约定分担份额的，各担保人按照比例分担向债务人不能追偿的部分。同一债务有两个以上第三人提供担保，担保人之间未对相互追偿作出约定且未约定承担连带共同担保，但是各担保人在同一份合同书上签字、盖章或者按指印，承担了担保责任的担保人请求其他担保人按照比例分担向债务人不能追偿部分的，人民法院应予支持。除前两款规定的情形外，承担了担保责任的担保人请求其他担保人分担向债务人不能追偿部分的，人民法院不予支持。"第14条规定："同一债务有两个以上第三人提供担保，担保人受让债权的，人民法院应当认定该行为系承担担保责任。受让债权的担保人作为债权人请求其他担保人承担担保责任的，人民法院不予支持；该担保人请求其他担保人分担相应份额的，依照本解释第十三条的规定处理。"

三、关于抵押权的修改

下面看一下抵押权的修改，我归结为八个方面，有的比较重要，有的不是那么重要。

（一）关于抵押财产的规定

没有修改的就是《民法典》物权编仍然沿袭了正反两个方面的规定，即正面规定了哪些财产可以抵押，反面规定了哪些财产不可以抵押。正面列举我觉得没有什么太大的意义和价值，反面还是比较有价值的，就是哪些财产不能抵押。《民法典》第 395 条第 2 款规定，只要法律没有禁止的或者其他允许抵押的都是可以抵押的财产。从这个角度看，除了《民法典》第 399 条所明确禁止的之外，其他能够转让的财产，包括不动产以及动产都是可以抵押的。换言之，没有禁止的都是允许的，动产、不动产都可以。

正面规定里面增加了一个海域使用权，它本质上是一种准物权，但是它和用益物权相当，所以它是可以转让的，也相当于一种不动产物权，也是可以抵押的。它的抵押需要从登记的时候设立成立。通过招标拍卖等其他方式承包的荒山、荒岭、荒丘、荒滩这样的四荒地的承包经营权被删除掉了。为什么要删掉呢？实际上是把它们放在《农村土地承包法》里面，在融资担保问题上有规定。

（二）关于流押禁止规定

接下来要谈到的是流押条款，流押条款和流质条款在质权里面也进行了完善。它不是说条款无效了，只是说你有这个约定，但是债权人也只能就抵押财产或者质押财产优先受偿，优先受偿就是仍然要拍卖、变卖，价款优先受偿，多余出来的要进行返还。

（三）关于抵押权的追及效力

《民法典》第 406 条涉及的一个重大的修改，就是正式承认了抵押权的追及效力。原《担保法》和《物权法》都是不承认抵押权的追及效力的。当时在《物权法》刚刚通过的时候，2007 年我在《国家检察官学院学报》上发了一篇文章，是关于《物权法》上担保物权制度评析的，一定程度上指出了《物权法》在担保物权方面需要作出的重大改善。当时我就重点指出了不承认抵押权的追及效力，实际上会使抵押权的功能大打折扣。

1. 抵押权被称为"担保之王"的原因

我们知道，抵押权在担保物权里实际上算得上是担保之王。为什么呢？首先抵押人把标的物抵押给债权人以后并不移转他的占有，因此不影响抵押人使用，抵押人继续使用没有问题。但是质权要把标的物交付给债权人，由债权人占有，债务人一方无法使用。如果是民间融资还问题不大，把债务人不用的东西，比如说一条项链我不戴拿去质押。对于企业来说，之所以要融资贷款，往往是要扩大生产经营，用贷款去买机器设备、买原材料、买半成品，如果把现有的机器设备质押后再买一个机器设备，那有什么价值？所以对企业来说，用质权融资担保没有什么大的意义和价值。

有鉴于此，大家都愿意采取抵押权，而且债权人也愿意接受抵押权，质权要保管这个标的物也会产生很大的负担。所以抵押权就成为担保之王，这是一个原因。

第二个原因，抵押人把标的物抵押以后不影响使用，并且照样可以处分，体现在可以再设定抵押权，二次、三次，一个标的物上可以承担两个以上的担保物权。这个并不违反一物一权原则，担保物权本质上因为它支配的是价值，而价值是可分的，所以是可以设立多个担保物权的，这个没有问题。

另外，除了再设定担保物权，还可以进行转让，如果不需要了可以进行转让，再次获得对价。

2. 抵押权的追及效力问题

我们原来的《物权法》也好，《担保法》也好，都会担心抵押物如果转让了抵押权人的权利怎么办，这恰恰是没有认识到抵押权作为一种物权本质的追及效力。抵押权针对的客体是标的物，抵押权人的权利是对把这个标的物拍卖变卖的价款优先受偿，至于它属于谁所有跟我没有关系，现在是你抵押给我，你没有卖它我到时候拍卖变卖是这个抵押物，如果你卖给第三人，不管是卖也好还是赠与也好，继承也好，所有人变了并不影响我的抵押权，我行使抵押权时还可以对它拍卖变卖，只不过抵押人变了。所以，抵押标的物所有权的转移不能影响抵押权，同样抵押权没有必要去限制抵押人转让它的所有权。这就是抵押权的追及效力。

其实不只是抵押权，所有的担保物权都应该有追及效力。比如居住权，大家知道我可以在我房子上给他人设定一个居住权，这个居住权可以有时间，也可以没有时间。甲给乙设立一个居住权让他终身使用，居住权是不能转让和继承的，他死亡的时候这个居住权消灭。甲给乙设置了居住权以后甲照样可以把抵押权抵押给丙，这个并不影响居住权。物权是支配这个房子，所以所有人变动不影响居住权。大家知道在地役权里面所有权转移也不会影响到地役权的行使，这都是物权本身的追及效力之所在。这是抵押权本来就应该有的，原《物权法》和《担保法》都不承认抵押权的追及效力，导致标的物抵押以后就禁止转让，这就严重影响了抵押物的市场化。现在我们彻底改过来了，《民法典》第406条规定抵押期间，抵押人可以转让抵押财产。当事人另有约定的，按照其约定。抵押财产转让的，抵押权不受影响。以前不让转让不就是为了保障抵押权人的权利，抵押权只要不受影响就行了，到时候还可以照样拍卖变卖这个标的物。这是该条第1款的规定，就是抵押权不受影响，你转让了我抵押权人照样可以拍卖变卖标的物。

可能大家会想到，这个时候买受人不就受影响了吗，我买受人买了一个有抵押权的，到时候我买的房子被抵押人给拍卖了。大家注意只要抵押权经过登记了，买受人知道上面有抵押权还愿意买意味着其能够保护自己的权利，比如说买受人可以说我购买你的房子没问题，但是我先不给付款，等到你还清债务，抵押权消灭以后我再付款。或者我付款以后再让你提供担保。当事人只要知道，这就是公示的意义和价值。这就是市场经济的本质，让当事人基于自己的需求，基于自己的知识，基于自己的利益作出安排，而不是法律去强行作出家长主义式的安排。

3. 抵押财产的转让

《民法典》第 406 条第 2 款是说抵押人转让抵押财产的，应当及时通知抵押权人，除非抵押权人能够证明抵押财产转让可能损害其抵押权，不然就无权请求抵押人将转让所得的价款提前清偿。当然，转让的价款超过债权数额的部分归抵押人所有，不足的部分由债务人清偿。这个是没有任何问题的。

原《物权法》第 191 条第 1 款规定，抵押期间，抵押人经抵押权人同意转让抵押财产的，应当将转让所得的价款向抵押权人提前清偿债务或者提存。转让的价款超过债权数额的部分归债权人所有，不足部分由债务人清偿。如果现在把转让的价款提前清偿了或者是提存了，债务人就可能不愿意转让。当然也有转让的，转让的时候取得债权人同意，债权人同意了往往是先清偿，把这个抵押权给消灭了，然后再转让。这个时候债权人同意不同意就没有意义了。等于说在以前必须先清偿债务，然后才可以转让，这个就导致了很多的麻烦。比如房屋分期付款，我想卖房子的时候往往涉及我先自己筹集钱把贷款清偿掉，或者是让买受人先付我一部分我好清偿掉，然后再办理过户登记，然后买受人想要贷款再贷款，这个程序是非常麻烦的。其实现在完全可以不用这样，我直接先卖给你，卖了以后我可以进行转贷款、转按揭等，这样就非常方便了。

（四）关于抵押权和租赁的关系

1. 抵押权设立前已存在的租赁关系

这个也进行了一些修改，但是修改的不大。有一处修改，《民法典》第 405 条规定，对于抵押权设立前抵押财产已经出租并转移占有的，增加了"并转移占有的，原租赁关系不受该抵押权的影响"。这个实际上就是买卖不破租赁在抵押权中的适用。就是连买卖都不能打破租赁，将已经出租的财产进行抵押的，抵押当然更不能打破租赁。抵押将来不就是要拍卖变卖吗，如果是先租赁出去的财产当然可以抵押，抵押以后行使抵押权的时候拍卖变卖标的物不得除去这个租赁合同，通过拍卖的方式取得标的物的买受人还得继续承受这个租赁合同。这叫抵押不破租赁，和买卖不破租赁的思想是一致的。

2. 抵押权设立后再行租赁的问题

以前的规定里面，就原《物权法》第 190 条来说，订立抵押合同前抵押财产已出租的，原租赁关系不受该抵押权的影响。现在增加了一个"抵押权设立后抵押财产出租的，该租赁关系不得对抗已登记的抵押权"。二者的区别在哪里呢？也就是说，必须在抵押之前不但要签订了租赁合同，而且出租人要把标的物交付给承租人占有。如果只签订租赁合同而没有交付占有，这个租赁合同就不能对抗抵押权。

这是为什么呢？首先，它与《民法典》第 725 条买卖不破租赁的统一法思想一致。《民法典》也是规定必须要承租人已经占有了租赁物，在租赁期间标的物所有权发生变化的才不影响租赁合同。为什么有这个规定呢，它实际上是要解决现实中的一个问题，这个对于我们律师来说也非常重要，现实中经常会有倒签租赁合同，为了对抗这个或者是损害抵押权人，大家知道本来甲跟银行贷款的时候我这个房子根本没有出租，我签订抵押合同跟银行办理抵押登记。到期我还不了款我防止银行拍卖房子就干脆找一个人倒签一个租赁合同，大家知道这个倒签很容易的，你要想去通过司法鉴定确定这个租赁合同签订的时间几乎是很难实现的。所以我就找一个朋友，说把房子租给一个朋友 20 年，朋友已经支付完租金了。这个时候大家要注意，抵押权人再拍卖这个标的物是很难拍卖的，带一个 20 年租期的，而且租金已经支付了，几乎是无法实现了。即便你拍卖以后，抵押人还可以使用这个房屋，因为那个人是我朋友，我清楚。这就会损害到抵押权人。大家知道强制执行房屋的时候，要拍卖房屋的时候，突然出现了一个被强制执行人和第三人签订的一个租赁合同，倒签一个租赁合同，这个时候要注意的是，如果要求你已经转移占有了，占有是客观的，通过证据证明你转移了占有，这个时候就防止了租赁合同的倒签，办抵押的时候你还没有移转占有，你倒签了是没有意义和价值的，这是最重要的思想，所以大家注意增加了转移占有。

《民法典》第405条还把原《物权法》第190条的第二句话删除掉了，即抵押权设立后抵押财产出租的，该租赁关系不得对抗已登记的抵押权。换句话说，我先抵押了，并且抵押也登记了，你再出租，这个租赁合同就不能对抗抵押权。也就是说，到时候我抵押人拍卖标的物，是可以把租赁合同进行终止的，如果租赁合同影响我拍卖的，我终止你租赁合同再拍卖一个不带租赁合同的标的物，这是以前《物权法》明确规定的。现在把它删除了，删除很有可能出现一种什么解释呢？会解释像以前《九民纪要》解释混合担保那样，说原来的《物权法》有规定，现在的《物权法》没规定，没规定就是说不再适用了。有可能会出现这样的解释，大家要注意。如果法院这样进行解释，一定是一种违反了法律的立法目的，以及违反法律的体系而进行的解释。

不能做这样的解释，删除了以后，抵押权设立在后，抵押财产带出租的，租赁合同是不是抵抗了抵押效力呢？不能。从《民法典》第405条这个规定可以看出，抵押权设立前抵押财产已出租，并且转移占有的，租赁关系不受影响。它的反面解释就是说，抵押设立后，就不能抵抗了，就算抵押权设立前你出租了，如果你没转移占有，你也不能对抗抵押权。何况签订在后，更不可能有占有的了。这个就是说，签订在前没有进行租赁的，没有进行占有的，都不得对抗抵押权，签订在后的，没有占有，当然更不得对抗抵押权。所以我们解释法律是有解释方法的，用字面解释、体系解释、目的解释这些方法来进行解释，完全可以得出和原《物权法》第190条第二句的规定相同的解释，这个大家要注意。

（五）关于动产抵押

1. 动产抵押中的浮动抵押

接下来是动产抵押，动产抵押中最大的一个修改是把普通动产抵押和浮动抵押进行了同构，使得在很多情况下，浮动抵押和普通抵押适用完全相同的规则。我认为这种修改是有问题的。浮动抵押是一种特别抵押权，是一种商事抵押权。很多学者认为它不应该被纳入《民法典》的范围内，它应该属于特别法，商法的规定。当然，由于中国是采取民商合一的立法模式，从体系上讲，把它纳入《民法典》里面也没有问题。但是作为商事抵押，浮动抵押应该有自己特殊的地方，应该被独立地进行规定。从这个意义上讲，我觉得当年《物权法》的规定反而是更加合理的。不过法律既然已经这么规定了，作为我们律师，现在只能站在解释论的角度来进行理解。

2. 浮动抵押和动产抵押的区别

浮动抵押虽然是动产抵押的一种，但是与普通动产抵押是不同的。浮动抵押是把现有的和将来取得的所有动产，包括机器设备、原材料、产品、半成品一并抵押。而普通的动产抵押，只是把一个动产、一个机器设备、一个汽车这样单独的动产拿出去抵押。一个是浮动抵押，一个是固定抵押，二者是完全不同的。但是这一次修改，《民法典》作了一个同构，对其进行了相同的规定，在我看来这违反"不同问题，不同对待"的原则。

比如，《民法典》第 404 条规定，以动产抵押的，不得对抗正常经营活动中已经支付合理价款并取得抵押财产的买受人。这个规定就既适用于普通的动产抵押，也适用于所有的浮动抵押。但这个规定本身是原《物权法》里面关于浮动抵押的规定。它来源于原《物权法》第 189 条"依照本法第一百八十一条规定抵押的，不得对抗正常经营活动中已支付合理价款并取得抵押财产的买受人"。而原《物权法》第 181 条是这么规定的："经当事人书面协议，企业、个体工商户、农业生产经营者可以将现有的以及将有的生产设备、原材料、半成品、产品抵押，债务人不履行到期债务或者发生当事人约定的实现抵押权的情形，债权人有权就实现抵押权时的动产优先受偿。"也就是说，原《物权法》第 181 条规定的恰恰是浮动抵押。原《物权法》第 189 条规定，也就是现在的《民法典》第 404 条，从适用的情形是浮动抵押，到现在包含了普通动产抵押，两者都适用，显然是扩大了原来浮动抵押的正常经营活动中买受人的权利。

3. 浮动抵押中的抵押财产转让问题

在《民法典》物权编中，动产抵押，不管是普通抵押还是浮动抵押，只要在抵押期间抵押人出卖了标的物，并且买受人支付了合理价款，买受人就能取得这个标的物所有权，抵押权也消灭了。这就构成了前面我们所讲的抵押权人追及效力的例外，这和《民法典》第 406 条的规定恰恰相反。《民法典》第 406 条规定抵押期间抵押人可以转让抵押财产，抵押财产转让的抵押权不受影响。此时，《民法典》第 404 条成了《民法典》第 406 条的一个例外规定。换句话说，《民法典》第 406 条的适用范围仅限于不动产抵押，而且在抵押期间转让抵押财产的买受人当然要求有这么几个条件：第一，转让抵押财产的行为必须是正常生产经营活动。所谓正常生产经营活动，是指从出卖人、抵押人角度来说，买受人是基于什么原因不重要，只要其行为是正常生产经营活动，不是为了损害债权。第二，买受人必须支付对价是合理的。第三，不管买受人是善意还是恶意，不管买受人知道不知道有抵押权，也不管有没有动产抵押登记，只要支付了合理对价，买受人取得这个财产所有权以后，这个财产就是一个干净的所有权，上面的抵押权就消灭了。

在我看来，这种规定对于浮动抵押来说是合理的。因为浮动抵押的目的正是在设定了这个抵押权以后，企业照样可以生产经营，照样可以把产品卖出去。卖出去以后财产减少，但随着取得原材料、生产出新产品或者是购入新的机器设备，范围内的财产又在增加。动产在这个浮动抵押里面，是处于一个变动的状态，我们把这叫作浮动状态。它的目的就是让它变动起来。而我们的普通抵押就没有这个立法目的。在普通的抵押中，我允许你转让，但是不得影响抵押权人的权利，这才是正常的，大家要注意。

换句话说，如果一个企业现在有一个动产，比如一个大型的机器设备，并把这个动产抵押了，并且登记了，但是现在只要为了正常的生产经营活动，去卖掉这个机械，买受人取得这个标的物成为新所有权人以后，原抵押权人的抵押权就消灭了。大家想想这对抵押权人来说是多大的伤害。这个意义和价值上来讲，它虽然扩大了抵押人的处分的权利，但却恰恰损害了抵押权人的利益，导致抵押权人不愿意在动产上设立抵押权了。你本来是想扩大抵押财产的范围，想使抵押人有更多的融资渠道，但最终却是扼杀了动产抵押。

当然，这是我个人的看法，或许也有人并不这样认为。

4. 超级优先权问题

什么叫超级优先权呢？《民法典》第416条规定："动产抵押担保的主债权是抵押物的价款，标的物交付后十日内办理抵押登记的，该抵押权人优先于抵押物买受人的其他担保物权人受偿，但是留置权人除外。"

在浮动抵押里，超级优先权是比较有意义和价值的。比如说甲企业已经把现有的、将有的财产抵押给银行贷款，现在要正常生产经营，甲企业从丙企业购买一台机器设备，丙企业把这个机器设备交付给甲企业，移转了所有权。按照浮动抵押，只要抵押人取得标的物所有权，这个财产就成了抵押财产。但是甲企业没有给丙企业付完价款，如果这个时候丙企业刚交付给甲企业，所有权刚移转给甲企业机器设备就成了抵押财产，银行就该标的物优先受偿，作为出卖人来说丙企业的利益无法得到保障。因此出卖人就不愿意再和这个甲企业进行交易，或者是不能给它授予信誉，不允许它分期付款等情形，只能要求它先付款后再交货。这就会严重限制浮动抵押人进行交易取得财产的自由。所以按照超级优先权的法律规定，丙企业可以交付给甲企业，然后再办理一个抵押登记来担保机器设备的价款。只要在标的物交付后在10日内办理了抵押登记，出卖人的抵押权就优先于以前设立的浮动抵押，这个应该没有什么问题。

创设这个超级优先权适用于浮动抵押应该没有什么问题，在价值判断上，在实现的目的上看都是合理的，都是恰当的。但是一旦我们把它适用到所有的动产，就会出现这样一个问题：如果丙卖给甲一台机器设备，甲没有付完款，而丙交付给甲以后，所有权转移。然后甲就在取得所有权的第二天把这个设备抵押给银行或者是质押给银行。但是丙跟甲说，你还没付完我价款，你再给我办一个抵押登记担保我价款，甲又在10日内办理了抵押登记。大家注意一下，按照这个办理的抵押登记，它优先于其他担保吗，不管是抵押权还是质权？当跟银行签抵押合同放贷款的时候，这个标的物上是没有担保物权的，抵押之后10天之内出现一个担保物权优先于此项抵押，这对于银行的债权人来说是多么大的一个打击，后面的一个权利影响了前面的权利。但是我们法律就是这样规定的。在我看来，无论是对《民法典》第 404 条还是第 416 条都应该作出目的性解释，将其适用于浮动抵押。

（六）关于担保物权竞合时的优先效力体系

接下来是完善了担保物权竞合时的优先效力体系。原《物权法》就规定了同一个标的物上有两个抵押权的时候的优先顺序，但是没有抵押权和质权，因为一个动产上可以有抵押权也可以有质权。《民法典》第 414 条对原来两个抵押权的优先顺序进行了完善，同时还增加了一个新的第 415 条规定：同一个标的物上既有抵押权又有质权的优先顺序。

1. 抵押权的竞合

原《物权法》第 199 条规定同一财产向两个以上债权人抵押的，拍卖变卖抵押财产所得的价款依照下列规定清偿：一是抵押权已登记的，按照登记的先后顺序清偿，顺序相同的按照债权比例清偿；二是抵押权已登记的先于未登记的受偿；三是抵押权未登记的，按照债权比例清偿。所以大家注意它的规则是，已登记的优先于未登记的，都登记的先登记的优先于后登记的，都未登记的按比例，都登记的存在一个顺序相同。再看《民法典》第 414 条，同一财产上两个以上抵押人登记的，拍卖、变卖抵押财产所得的价款依照下列规定清偿：抵押权已经登记的按照登记的时间先后确定，不是按照登记的先后顺序，是按照登记的时间。登记肯定有一个登记时间点，时间点在前的优先于时间点在后的。现在没有了登记顺序相同，以前在《物权法》时代，不动产没有统一的不动产登记法，不动产登记机关是不统一的。土地使用权的登记机关是国土资源部门，现在叫自然资源部。然后房产的登记又在建设主管部门，所以就会存在同一天就土地使用权登记抵押，你可能房产在建设部门登记，这两个登记是同一天。

大家知道，土地使用权抵押登记的效力及于地上的建筑物，同样建筑物抵押登记的效力也及于所占用的土地使用权。所以等于成立了两个抵押权，两个抵押权在不同登记部门可能同一天登记这个顺序相同。现在不动产登记部门统一了，一个部门登记不存在这个问题了，只有登记时间先后，所以就按照登记时间点的先后顺序。同样对于动产抵押的登记也要统一登记机关，这是我们下一步要做的工作。所以机关统一了，同一个动产上只有时间点的先后，不可能两个完全同一时刻登记的。

2. 其他担保物权的竞合

《民法典》第 2 款规定其他可以登记的担保物权清偿顺序参照登记顺序，就是像所有权保留、让与担保、融资租赁等这些情况，大家都可以参照适用这个，按照登记先后顺序，已登记的优先于未登记的。

《民法典》第 415 条规定，同一财产既设立抵押权又设立质权的，拍卖、变卖该财产所得的价款按照登记、交付的时间先后确定清偿顺序。这个规则是清晰的，但是它有没有问题呢，大家想想，问题非常大。2019 年我在《东方法学》发的一篇文章《民法典编纂视野下的动产担保物权效力优先体系再构建——兼评〈民法典各分编（草案）二审稿〉第 205-207 条》有涉及，当时没有按《民法典》这个整体排序，只是物权编第 205 条到第 207 条，其实就是我们现在的第 414 条、第 415 条、第 416 条这三条的评析。这里面最大的一个问题是又出现了法律规定上的冲突，动产抵押权是书面合同生效时设立的，不登记不得对抗善意第三人。这是关于抵押权成立的规定，它的反面是什么，不登记可以对抗恶意第三人，我这个解释没问题吧，但是放到这大家看。如果我已经把一个汽车抵押给你，你还没来得及登记，这个时候就把汽车质押给第二个人了，第二个人跟我签订质押合同的时候知道给你了，只是没办登记，第二个人是不是恶意的第三人。但是我给他交付了，他是不是可以对抗你了，后面质权人，因为他先交付你后登记的，你的权利就劣后于他，大家一定要注意，谁让你不去登记。但是这个时候法律保护在后的恶意的第三人和前面规定的不登记不得对抗善意第三人是不是有着完全的价值冲突。同样两个抵押权也存在这个问题，一系列这样的问题使我们前面的规定和后面的规定无论在价值判断上还是在概念体系上都存在着严重的冲突和矛盾，这是有违于《民法典》体系化的做法，当然这是我的批评，做学者的多少都要批评嘛。

更大的问题，很可能会产生在司法实务的时候，律师的态度就要取决于是代理原告还是被告，我刚才讲了，假如说我抵押给乙又质押给丙，丙先交付了，乙后登记的，但是乙的抵押权是成立在前的。如果你是乙的律师你想主张抵押权优先你是不是可以主张未登记不可对抗善意第三人，但是可以对抗你恶意第三人，你后面这个丙是恶意的第三人。所以我作为律师我为我当事人争取利益我就要解释这个规定，不登记可以对抗恶意第三人。后面一个律师当然主张《民法典》第415条，所以这个时候可能有的法院支持乙，有的支持丙，大家要注意这个问题，司法实践中以前就出现过这个问题，现在《民法典》还有这样的问题，大家要注意。大家如果想详细了解可以看我这篇文章。

（七）关于土地承包经营权的抵押规定

接下来是土地承包经营权抵押问题。我们这次把四荒地取消了，放到了《农村土地承包法》第48条里面。承包方可以用承包地的土地经营权向金融机构融资担保，并向发包方备案。受让方通过流转取得的土地经营权，经承包方书面同意并向发包方备案，可以向金融机构融资担保。

1. 三权分置

三权分置，承包经营权人可以给他人设定土地经营权，土地经营权如果是五年以上的可以登记，不登记不得对抗善意第三人，所以土地经营权也是一种用益物权。三权分置某种意义上也是我最早提出的，我在2007年就在《开南法学》发了一篇《重思中国大陆用益物权体系》，这个文章当时本身是在2006年完成的，是为了《物权法》完善提出的，在文章中我提出了土地上面要设立三层权利：所有权、使用权、用益物权。我觉得我们国家的土地使用权本身不是用益物权，相当于西方国家的所有权。

这个观念推动了改革，目的是让土地使用权进入市场的流转。

现在《农村土地承包法》和《民法典》都正式承认了土地经营权。无论是土地经营权还是流转方式取得的土地经营权都可以向金融机构融资担保，担保物权自融资担保合同生效时设立，当事人可以向登记机构申请登记，未经登记，不得对抗善意第三人。实现担保物权时担保物权人有权就土地经营权优先受偿，土地经营权融资担保办法由国务院有关部门规定。

以前土地经营承包权用来担保的必须是四荒地，并且通过招标拍卖进行承包的；其次，它必须是登记生效要件。而现在所有承包经营权都可以融资担保，所有的土地经营权都可以融资担保。再者，是把登记作为对抗要件，不再是生效要件，这个和土地经营权的转让登记作为对抗要件也一致了，这两个点都发生了修改。

2. 土地承包经营权的担保设立问题

这里面存在一个很大的问题，也即实现担保物权时担保物权人有权就土地经营权优先受偿。例如，承包方用承包地的土地经营权融资担保，届时清偿不了债务，担保物权人有权就土地经营权受偿。如果承包人担保时用的是承包经营权，而担保物权人受偿的是经营权，届时拍卖变卖土地经营权就有权利不一致的问题。学界有两种观点，第一种观点认为用土地承包经营权融资担保时承包人先给自己设立一个土地经营权。例如，承包人在土地承包经营权上设立 20 年的土地经营权，然后用土地经营权再进行抵押担保，拍卖的就是这个土地经营权；第二种观点认为承包人抵押的仍是土地承包经营权，但届时清偿不了时需要重新设立一个土地经营权进行拍卖变卖。

我认为第一种观点是合理的。第二种观点下，如果在土地承包经营权上设定抵押权，存在许多问题。一是拍卖经营权的期限是多长，10 年，5 年，还是 6 年……不能确定。二是土地经营权的内容是什么。当抵押权人和土地经营权人发生争议，应当抵押的时候我们设定好这个经营权，这个经营权现在归属谁，同时还归属土地经营权人。我既是承包土地经营权人，也是经营权利人，但是把经营权抵押给你了，到时候直接拿出来拍卖一个土地经营权，我认为这是非常好理解的一种制度设计。

要注意的一个问题是土地经营权本身的抵押规定。受让方通过流转取得的土地经营权，承包方书面同意并向发包方备案可以向金融机构融资担保，这个规定不太合理。三权分置的目的是让土地经营权一直保存在农民手里，保存在集体组织成员的手里。设置经营权的目的是让权利进入市场自由流通，但是规定抵押时必须取得承包方同意，如果承包方不同意就不能抵押，这就严重限制了经营权人的权利和利益，违反了立法的初衷。

（八）关于浮动抵押

《民法典》第396条对浮动抵押进行了修改。企业、个体工商户、农业生产经营者可以将现有的以及将有的设备等进行抵押，债权人有权就抵押财产确定时的动产优先受偿。这里规定的是"抵押财产确定时"，而原《物权法》规定的是"实现抵押时"，这两个时间点不同。相较而言，《民法典》的规定更好。《民法典》第411条规定了以该法第396条规定设定抵押的，抵押财产至下列情形之一时发生确定的情形。发生这些情形时抵押财产确定，就不能再进行变卖，抵押权人可以就所有的债权财产优先受偿。而《物权法》规定的实现抵押权时的财产，即便在抵押财产确定了再变卖，变卖的抵押财产也不再属于抵押财产，所以对抵押权实现是不利的。现在的修改对抵押权实现比较有利，这是浮动抵押。

四、关于质权的修改

质权方面规定变化比较小，主要是三个方面。第一是质权合同。以前是质权合同，现在是质押合同，这个变化对司法实务不会产生大的影响；但是法律理论上可能会出现一个重大变化，是否现在要有物权变动的区分原则，要区分负担行为和处分行为。第二是流质条款发生的变化。和流押条款一样，只能依法抵押财产受偿。第三是权利质权。《民法典》第440条第6项可质押财产里面增加了"现有的以及将有的应收账款"。以前规定应收账款可以质押，现在规定现有的以及将有的应收账款可以质押。这和保理合同中规定的可保理的既有现有的债权也有将来的应收账款债权是一致的。权利质押里面进行了两处修改，一处修改是在设立上，原来《物权法》一律要求权利质权签订书面合同，现在删除了签订书面合同的要求。《民法典》第 441 条对原《物权法》第 224 条针对票据类的质押不再要求书面合同，因为票据的质押背书即可，没有签订合同的必要。

但我认为《民法典》第 443 条针对基金份额与股权、第 444 条针对知识产权的财产权和第 445 条针对应收账款的修改是不成功的。因为基金、股权、知识产权、应收账款质押都是需要登记的，登记的时候如果没有书面合同登记机关如何进行登记。所以即便规定删除了签订书面合同的要求，将来仍然得签书面合同，否则登记机关没有办法登记。第二点是原来针对每一种权利质权都规定了专门的登记机关，比如说非上市公司的股权是在工商行政部门，上市公司的是在证券交易登记结算机构，知识产权是在知识产权管理部门，应收账款是在信贷征信部门，但是现在删除了登记机关，这个做法很合理。因为将来质押和动产抵押登记上要设立统一的登记机关进行登记。

以上便是关于质权修改的内容。

执行异议之诉的理论与实务探讨

主讲人：付少军

今天，我为大家分享的课题是《执行异议之诉的理论与实务探讨》，总共分为四个主题：第一部分是执行异议之诉的总论，主要介绍执行异议之诉的法律渊源、性质、特点、法律路径等内容；第二部分是执行异议之诉与其他相关制度的比较，主要介绍几个案外人保护制度相互之间的联系和区别；第三部分是执行异议之诉的程序问题；第四部分是执行异议之诉的实体问题。

一、执行异议之诉总论

（一）执行异议之诉制度概述

1. 法律渊源

执行异议之诉规定在我国《民事诉讼法》第三编执行程序中第19章一般规定中的第234条。另外，《最高人民法院关于适用〈中华人民共和国民事诉讼法〉的解释》（以下简称《民事诉讼法解释》）第15章执行异议之诉中第302条至第314条、《最高人民法院关于人民法院办理执行异议和复议案件若干问题的规定》（以下简称《执行异议复议规定》）（共32条）、《全国法院民商事审判工作会议纪要》（以下简称《九民纪要》）第119条至第127条，都对执行异议之诉进行了规定。目前《最高人民法院关于审理执行异议之诉案件适用法律若干问题的解释（一）》（以下简称《执行异议之诉司法解释》）正在征求意见阶段，总共20条。以上法律和司法解释是执行异议之诉的法律渊源。

2. 法律、司法解释、规范性文件的区别

民事诉讼法及其司法解释主要是程序性规定,《执行异议复议规定》主要是关于执行程序的规定,其第 28 条和第 29 条是在执行和审判程序中都非常重要的两个条文。《九民纪要》和即将出台的《执行异议之诉司法解释》这两个文件不仅规定了程序问题,还规定了实体问题。

3. 执行异议之诉的法律路径

《民事诉讼法》第 234 条规定:"执行过程中,案外人对执行标的提出书面异议的,人民法院应当自收到书面异议之日起十五日内审查,理由成立的,裁定中止对该标的的执行;理由不成立的,裁定驳回。案外人、当事人对裁定不服,认为原判决、裁定错误的,依照审判监督程序办理;与原判决、裁定无关的,可以自裁定送达之日起十五日内向人民法院提起诉讼。"

该条规定了执行异议之诉的法律路径:一个案件经过一审二审之后,如果败诉一方当事人自动履行该生效判决,那么这个案件就终结了;如果败诉一方当事人不履行生效判决,那么胜诉一方就要提起强制执行。在申请人申请执行之后,执行法院将会执行被执行人名下的财产,那么就可能出现案外人提出执行异议的情况,这就是执行异议的前置程序。

案外人:案外人提出执行异议的审查结果绝大多数都是被驳回。被驳回之后,案外人通常会提起执行异议之诉,其结果一是判决对执行标的的不予执行,二是判决驳回案外人排除执行的诉讼请求。如果案外人是对作为执行依据的生效判决、裁定有异议,只能提起案外人申请再审程序,不得提起执行异议之诉程序。

申请人:如果说案外人提出的执行异议被法院认可了,执行法院将停止本案执行。这时候申请人就可以提起申请人执行异议之诉,其结果也是两个:一是判决准许继续执行,二是判决驳回申请人的诉讼请求。如果申请人不提起执行异议之诉,执行程序就终结了,将解除查封、扣押等强制执行措施。

被执行人：如果被执行人对中止执行不服，被执行人只能另行起诉，因为根据《民事诉讼法》第 234 条的规定被执行人不能提起执行异议之诉。

（二）执行异议之诉的性质和特点

执行异议之诉是一种新的诉讼形态，兼具确认之诉和形成之诉的特点，主要有两个功能，既要对案外人对执行标的是否具有某种实体权利作出审查判断，又要对该实体权利能否阻却执行作出判断。也就是说，它同时具有确认案外人对执行标的物是否享有某种实体权利和该实体权利是否能够阻却执行的双重功能。

执行异议之诉的特点：

（1）诉讼目的的特殊性，即通过诉讼来阻却或者恢复对特定标的物的执行。所谓阻却，是指案外人提起执行异议之诉的目的在于阻却执行。而恢复执行是指在案外人提起执行异议被支持之后，申请执行人提起申请执行人执行异议之诉，目的是恢复对特定标的物的执行。

（2）起诉依据的特殊性，主要法律依据是我们前面提到的《民事诉讼法》第 234 条，《民事诉讼法解释》第 302 条至第 314 条，还有《九民纪要》《执行异议复议规定》和最高人民法院即将出台的《执行异议之诉司法解释》。

（3）当事人的特定性。执行异议之诉的原告只能是案外人或者申请执行人，被执行人只能作为被告或第三人。这里的案外人是指其法律上的权益因执行行为而受侵害的人，并且主张自己就执行标的享有一定权益的人，因此案外人必须证明自己对执行标的物享有一定权益。

（4）诉讼请求的限定性。执行异议之诉必须是请求法院停止或者许可对标的物的执行，其他诉讼请求原则上不支持，不能不主张阻却执行而单独提起对执行标的物的确权之诉，但可以在主张阻却执行的同时一并提起确权之诉。

（5）诉讼类型的固定性。包含三种类型，即案外人执行异议之诉、申请执行人执行异议之诉和执行分配方案异议之诉。

（6）管辖法院的专属性。执行异议之诉只能由执行法院来管辖，不受地域管辖和级别管辖的限制。

（7）受理程序的前置性。执行异议之诉必须以执行异议为前置程序。

（8）诉讼结果的影响性。诉讼结果直接影响执行程序。

执行异议之诉的定位：

（1）适用审判程序，由审判部门审理，而不是由执行部门负责，否则违反了审执分立的原则。

（2）属于民事强制执行的救济制度的组成部分，是执行程序延伸到审判程序的一个特殊的程序，但又不是执行程序。

（3）不是特殊程序，根据《民事诉讼法解释》第 308 条的规定，适用普通程序，由当事人通过起诉来启动。

二、执行异议之诉制度与其他制度的比较

《民事诉讼法》规定的案外人救济制度包括三个：案外人申请再审、案外人执行异议之诉和第三人撤销之诉，它们之间既有联系又有区别。

（一）执行异议与执行异议之诉的联系和区别

执行异议的依据是《民事诉讼法》第 232 条，执行异议之诉的依据是《民事诉讼法》第 234 条，这两个有什么联系和区别？

（1）从当事人角度讲，执行异议是执行当事人和案外人，执行异议之诉由案外人启动，即首先由案外人启动执行异议程序。

（2）从程序上来讲，执行异议是执行程序，执行异议之诉是审判程序。

（3）从性质上来讲，执行异议属于程序救济，执行异议之诉是实体救济。

（4）从理念上来讲，一个是程序救济，另一个是实体救济，理念上不一样，也就导致了执行异议是效率优先兼顾公平，而执行异议之诉是公平优先兼顾效率。

（5）从处理机关上来讲，执行异议是由执行部门负责，执行异

议之诉主要是由审判庭负责，而且以民一庭为主。

（6）从救济途径上来讲，执行异议向上一级法院执行部门申请复议，而执行异议之诉是通过上诉和申请再审普通程序进行救济。

（7）从审查原则上来讲，正是基于理念的差别导致审查原则上也不同，执行异议是以形式审查为原则、实质审查为例外，执行异议之诉主要是实体审查。

（8）从法律依据上来讲，执行异议主要依据《执行异议复议规定》等执行程序的规定；执行异议之诉的法律规定前面已介绍。再强调一下，《九民纪要》出台之前，执行异议之诉案件重要的参考依据是《执行异议复议规定》第 28 条和第 29 条，但注意是参照而非依照。另外，以上所说的执行异议程序，是指依据《民事诉讼法》第 232 条提起的执行异议，而依据《民事诉讼法》第 234 条提起的、作为执行异议之诉前置程序的执行异议，与此略有不同，主要体现在救济途径上，依据第 232 条提起的执行异议的救济途径是向上级法院申请复议，而依据第 234 条提起的执行异议的救济途径是提起执行异议之诉或申请再审。

（二）执行异议之诉与案外人申请再审

（1）《民事诉讼法解释》第 421 条规定：根据《民事诉讼法》第 234 条规定，案外人对驳回其执行异议的裁定不服，认为原判决、裁定、调解书内容错误损害其民事权益的，可以自执行异议裁定送达之日起 6 个月内，向作出原判决、裁定、调解书的人民法院申请再审。

（2）执行异议之诉和案外人申请再审的区别。

第一，从性质上来讲，执行异议之诉是执行救济制度，案外人申请再审是普通的民事诉讼制度。

第二，从功能上讲，执行异议之诉的主要功能是阻却执行，案外人申请再审的主要功能是撤销、变更原生效的法律文书。

第三，从受理法院上来讲，执行异议之诉的受理法院是执行法院，案外人申请再审的受理法院是作出原生效裁判的法院。

第四，从程序上来讲，执行异议之诉适用的是普通程序，案外人申请再审适用的是审判监督程序。

（3）两个案例。

案例一：甲和乙签订房屋买卖合同，约定乙将房产 C 卖给甲，但乙后来又将房子卖给了丙。甲乙之间就此产生诉讼，法院作出判决 A：乙继续履行合同，将诉争的房产 C 过户给甲。甲随后申请执行，那么这种情况下，丙如何维权？

案例二：甲和乙之间是民间借贷纠纷，法院作出判决 B：乙返还欠付甲的本金和利息。甲申请法院查封了乙名下的诉争房产 D，然后甲申请强制执行，同时乙又把该房产卖给丙，乙和丙仍然是一个房屋买卖合同关系。

第一个案例中，丙只能通过案外人申请再审制度来救济自己的权利，而不能提起执行异议之诉，因为如果他要想维护自己的权益，必须否定掉法院作出的生效判决 A，所以只能采取案外人申请再审制度。

第二个案例中，因为判决 B 只是要求乙偿还甲的金钱债务，不涉及房产归属，只不过因为乙没有别的财产，导致执行法院查封乙名下的诉争房产 D，这时候丙不需要否定判决 B，丙可以直接提起案外人执行异议之诉。执行异议之诉的最大特点就在于它跟作为执行依据的判决没有关系，或者说并不要求否定作为执行依据的生效裁判的效力。

（4）《九民纪要》第 121 条。

这个条文是《民事诉讼法解释》对必要共同诉讼漏列的当事人申请再审规定的两种不同的程序，二者在管辖法院以及申请再审期限的起算点上存在明显差别。

（5）必要共同诉讼漏列的当事人申请再审两种程序的区别。

《民事诉讼法解释》第 420 条规定，必须共同进行诉讼的当事人因不能归责于本人或者其诉讼代理人的事由未参加诉讼的，可以根据《民事诉讼法》第 207 条第 8 项规定，自知道或者应当知道之日起 6 个月内申请再审，但符合该解释第 421 条规定情形的除外。

《民事诉讼法解释》第 420 条和第 421 条同时规定了必要共同诉

讼漏列的当事人申请再审的两种救济方式，区别如下：

从受理法院上来讲，虽然前提都是针对必要共同诉讼漏列的当事人，但第 420 条规定救济方式的受理法院是上级或者原审法院，第 421 条规定救济方式的受理法院只能是原审法院，而且第 421 条救济方式是在进入执行程序之后，并以提出执行异议为前提。

从期限起算点来讲，第 420 条救济方式是从知道或者应当知道生效判决文书之日起 6 个月，第 421 条救济方式是从执行异议裁定送达之日起 6 个月。

从前置程序上来讲，第 420 条救济方式没有规定前置程序，第 421 条救济方式规定有前置程序，即必须提出执行异议，只有执行异议被驳回之后才能提起案外人申请再审。

从再审事由上来讲，第 420 条救济方式依据《民事诉讼法》第 207 条第 8 项，而第 421 条救济方式可以依据《民事诉讼法》第 207 条任何一项。

从举证责任上来讲，第 420 条救济方式要提交初步证据证明其系被漏列的必要共同诉讼人，而第 421 条救济方式则无需举证该项。

从程序选择上来讲，这两种救济方式并不是当事人可以随意选择的，进入执行前只能适用第 420 条，进入执行程序之后只能适用第 421 条。

同时当事人可以在执行之前依据第 420 条，进入程序之后再依据第 421 条，也就是说首先依据第 420 条申请再审被驳回之后案件进入执行程序，案外人还可以再提起执行异议，执行异议被驳回之后再依据第 421 条申请再审。

（三）执行异议之诉与第三人撤销之诉

1. 相关规定

第三人撤销之诉规定在《民事诉讼法》第 59 条第 3 款。

《民事诉讼法》第 59 条第 1 款规定对当事人双方诉讼标的有独立请求权的第三人有权提起诉讼，也就是通常说的"有独三"；第 2 款规定第三人虽然对当事人双方的诉讼标的没有独立请求权，但案件处理结果同他在法律上有利害关系，可以申请诉讼或者由人民法院通知他参加诉讼，人民法院判决承担民事责任的第三人有当事人的诉讼权利义务，也就是通常所说的"无独三"；第 3 款规定的是第三人撤销制度，前两款规定第三人因不能归责于本人的事由未参加诉讼，但有证据证明发生法律效力的判决、裁定、调解书的部分或者全部内容错误，损害其民事权益的可以在知道或者应当知道其民事权益受到损害之日起 6 个月内，向作出该判决裁定调解书的人民法院提起诉讼，人民法院经审理诉讼请求成立的应当改变或者撤销原判决、裁定、调解书，诉讼请求不成立的驳回诉讼请求。

第三人撤销之诉制度和执行异议之诉的区别如下：

从性质上来讲，执行异议之诉是特殊的执行救济制度，第三人撤销之诉是普通的民事诉讼程序制度。

从功能上来讲，执行异议之诉是阻却执行，第三人撤销之诉是改变或者撤销生效判决、裁定或者调解书。

从程序上来讲，执行异议之诉需要前置程序，第三人撤销之诉没有前置程序，可以直接提起。

从主体范围上来讲，执行异议之诉的原告只能是案外人或者申请执行人，而第三人撤销之诉是《民事诉讼法》第 59 条第 1 款和第 2 款规定的有独三和无独三，不是任何人都能提起第三人撤销之诉。

从与原判决裁定的关系上来讲，执行异议之诉与作为执行依据的判决裁定没有关系，第三人撤销之诉的目的就是要撤销目标判决。

2. 严格把握第三人撤销之诉的主体资格

以下当事人不得提起第三人撤销之诉：

第一，普通债权人，其不属于《民事诉讼法》第 59 条规定的第三人。

第二，公司股东针对公司参加的诉讼也不得提起第三人撤销之诉，因为股东的利益诉求已经被公司所替代和表达了。

第三，对于共同原告、共同被告，因属于依法必须参加诉讼的当事人，所以也不能提起第三人撤销之诉，而应该依据《民事诉讼法》第 207 条第 8 项规定申请再审。

第四，在原诉中就程序事项作出的裁决损害其合法权益的当事人也不能提起第三人撤销之诉，因为程序性事项单独不可能损害第三人民事权益，必须经由实体裁判才能产生法律后果。

《九民纪要》第 120 条对债权人能否提起第三人撤销之诉进行了明确规定：第三人撤销之诉中的第三人仅局限于《民事诉讼法》第 59 条规定的有独立请求权及无独立请求权的第三方，也就是"有独三"和"无独三"，而且一般不包括普通债权人，但有例外，下列债权人可以提起第三人撤销之诉：[1]

第一，该债权是法律明确给予特殊保护的债权，如原《合同法》规定的工程价款优先受偿权，《海商法》第 22 条规定的船舶优先权。

第二，因债权人与他人的权利义务被生效裁判文书确定，导致债权人本来可以对原《合同法》第 74 条和《企业破产法》第 31 条规定的债务人的行为享有撤销权而不能行使的。

第三，债权人有证据证明裁判文书主文确定的债权内容部分或者全部虚假的。

（四）案外人申请再审与第三人撤销之诉

《九民纪要》第 122 条规定，同时符合案外人申请再审和第三人撤销之诉的条件，案外人不享有程序的选择权，依据《民事诉讼法解释》第 303 条（现为第 301 条）的规定，按照启动程序的先后，案外人只能选择相应的救济程序，案外人如果先启动第三人撤销之诉只能进行第三人撤销之诉，而不能再依据《民事诉讼法》第 227 条（现为第 234 条）规定申请再审。如果案外人先启动了执行异议程序，向作出原判决的人民法院申请再审，这时候就不能再提起第

---

〔1〕　关于有抵押权的债权人能否申请再审，实践中有争议。从《九民纪要》的条文看，似可以得出有抵押权的债权人亦不能提起第三人撤销之诉，理由是第 1 条"该债权是法律明确给予特殊保护的债权"并没有提到抵押权。至少可以说，《九民纪要》回避了这个问题。2021 年 2 月 19 日，《最高人民法院关于发布第 27 批指导性案例的通知》出台，其中指导案例 150 号对这个问题提出了明确的指导意见：建设工程价款优先受偿权与抵押权指向同一标的物，抵押权的实现因建设工程价款优先受偿权的有无以及范围大小受到影响的，应当认定抵押权的实现同建设工程价款优先受偿权案件的处理结果有法律上的利害关系，抵押权人对确认建设工程价款优先受偿权的生效裁判具有提起第三人撤销之诉的原告主体资格。

三人撤销之诉。

（五）当事人申请再审和第三人撤销之诉并行的处理

一个案件在二审生效之后第三人可以提起第三人撤销之诉，而本案当事人又可以申请再审，这时就会出现并行的情况，根据《民事诉讼法解释》第299条，第三人撤销之诉案件审理期间，人民法院对生效判决、裁定、调解书裁定再审的，受理第三人撤销之诉的人民法院应当裁定将第三人的诉讼请求并入再审程序。但有证据证明原审当事人之间恶意串通损害第三人合法权益的，人民法院应当先行审理第三人撤销之诉案件，裁定中止再审诉讼。最后再强调一下并行，并行指生效判决的当事人提起申请再审，案外人提起第三人撤销之诉，这时再审与第三人撤销之诉将并行。

注意事项：

第一，再审优先，本案当事人提起的再审程序与第三人撤销之诉程序并行时，再审程序吸收第三人撤销之诉。

第二，并入条件，在再审裁判作出之前。

第三，例外情形，第三人已经提起第三人撤销之诉，但目标诉讼生效判决的当事人恶意提起申请再审，那么此时就不用并入，而是先审理第三人撤销之诉，中止再审程序。

另外再强调一点，再审程序和第三人撤销之诉并行是指原案已经进入再审程序，而原案只是处于再审审查，则不存在并入的问题。

三、执行异议之诉的程序问题

（一）原告资格

《民事诉讼法》第234条和《民事诉讼法解释》第307条规定的执行异议之诉的法律路径，首先是申请人申请执行，法院执行被执行人名下的财产，这时候案外人提出执行异议会有两个裁判结果：驳回案外人执行异议或中止执行，导致接下来的执行异议之诉程序的原告只能是申请执行人或者案外人。被执行人不能提起执行异议之诉。

（二）被告如何列明

根据《民事诉讼法解释》第 305 条和第 306 条，如果被执行人反对原告的诉讼请求就列入共同被告；如果被执行人不反对原告的可以列为第三人；如果被执行人不发表意见或者被执行人下落不明，应根据原告的要求列其诉讼地位，经释明但原告不发表意见的可以列为第三人。上述被执行人是指与发生争议的被执行标的的权属存在直接利害关系的被执行人，并不是所有被执行人。

（三）诉讼对象

执行异议之诉的诉争对象是执行标的，不针对作为执行依据的生效裁判。从排除执行的权利种类而言，执行异议之诉只能针对金钱债权的执行。

针对作为执行依据的三种文书怎么救济？

（1）案外人针对判决书、裁定书和调解书提出异议，需要走案外人申请再审和第三人撤销之诉程序。

（2）当事人对仲裁裁决书不服只能申请不予执行，《最高人民法院关于人民法院办理仲裁裁决执行案件若干问题的规定》第 2 条规定，案外人对仲裁裁决执行案件申请不予执行的，负责执行的中级人民法院应当另行立案审查处理。

（3）针对经公证的债权文书不服有三种情况：

第一，案外人可以依据《公证法》第 39 条和第 40 条向公证机关提出复查，也可以向法院提起民事诉讼。

第二，执行终结前案外人可以依照《民事诉讼法》第 245 条第 2 款，以及《公证法》第 37 条，向执行法院提出申请裁定不予执行该公证债权文书。

第三，根据《最高人民法院关于公证债权文书执行若干问题的规定》第 24 条，就公证债权文书涉及的民事权利义务争议，直接向有管辖权的人民法院提出基础法律关系的诉讼。

（四）执行异议之诉的管辖

根据《民事诉讼法解释》第 302 条和《执行异议之诉司法解释》第 1 条，执行异议之诉由执行法院管辖，与级别管辖和地域管辖无关。因被指定执行等原因导致执行法院变更的，由变更后的法院管辖，但变更后的法院是原执行法院的下级人民法院的除外。执行法院变更前已经受理的案件，移送变更后的法院。

（五）执行完毕、终结和执行依据再审

关于执行异议之诉的三种程序问题规定在《执行异议之诉司法解释》的第 2 条、第 3 条和第 4 条。

第一种，在案件已经执行完毕的情况下，执行异议之诉案件继续审理或者审查。判决不得执行该标的物的，案外人可以依法另行主张权利，申请执行回转、另行起诉等。

第二种，执行已经终结，但案外人未撤回起诉或者再审申请的，这个时候法院要么驳回起诉，要么终结再审审查，但是对案外人确权请求应继续审理。

第三种，作为执行依据的判决被决定再审并裁定中止执行的，法院将会裁定中止案外人执行异议之诉案件审理，等待再审结果，再决定下一步如何处理。

（六）案外人另行提起确权之诉

这是目前争议比较大的问题。

观点一，即使符合《民事诉讼法》第 122 条作为当事人提起一审诉讼的条件，亦不可单独提起确权之诉。

观点二，只要符合《民事诉讼法》第 122 条，便可以单独提起确权之诉。

《执行异议之诉司法解释》第 5 条采纳了观点一，主要理由是避免程序的混乱，避免案外人与被执行人恶意串通以另案的生效确权判决阻碍执行。

（七）案外人能否单独提起给付之诉

观点一是可以单独提起，亦可以一并提起。

观点二是不可以一并提起，但可以另行主张。

《执行异议之诉司法解释》采取观点一，可以单独提起也可以一并提起，并可以就案外人排除强制执行的诉讼请求先行判决。

（八）案外人与优先受偿权人

《执行异议之诉司法解释》第 7 条和第 8 条以及《执行异议复议规定》第 27 条对此进行了规定。

《执行异议之诉司法解释》第 7 条规定的是程序问题，即申请执行人享有优先受偿权，案外人认为执行法律文书错误应当申请再审，而不得提请执行异议之诉，但同时案外人又提起与法律文书无关的其他诉求，那么这一部分可以提起执行异议之诉。第 8 条规定的是实体问题，即申请执行人享有优先受偿权，案外人提出执行异议之诉的不予支持，但法律、司法解释另有规定的除外，比如《执行异议复议规定》第 29 条规定，消费者购房人的权利优先于建设工程价款优先受偿权，此时建设工程价款优先受偿权也可能被排除执行。

（九）关于财产保全的措施

对争议标的物以外的财产所采取的保全措施可以提起执行异议之诉。

举例来说，甲和乙争议房产，甲申请查封该房产，这时候乙就不能提起执行异议之诉。另一种情况下，乙欠甲钱，甲申请查封乙的房产，这时候可以对保全措施提起执行异议之诉。其实理念是一样的，因为如果对争议标的物进行查封，原审判决争议标的就是这个被查封的标的物，这个时候就不能提出执行异议之诉。人民法院对诉讼争议标的以外的财产进行保全，案外人对保全裁定或者保全裁定实施过程中的执行行为不服，基于实体权利对被保全财产提出书面异议的，人民法院应当依照《民事诉讼法》第 234 条规定审查处理，案外人、申请保全人对该裁定不服的，可以提起执行异议之诉。

（十）举证责任分配

《民事诉讼解释》第 309 条规定，案外人或者申请人提起执行异议之诉的，案外人应当就其对执行标的享有足以排除强制执行的民事权益承担举证证明责任。被执行人对案外人的权利主张表示承认的，不能免除案外人的举证证明责任。因为执行异议之诉的前提就是案外人提出执行异议，这是前置程序。执行异议提起之后无论该异议被驳回还是被支持，都可能引起执行异议之诉。但执行异议之诉提起的原因都是案外人提起了执行异议，所以案外人必须就其对执行标的物享有实体权益承担举证证明责任，即使他是被告也要承担举证证明责任。同时被执行人对案外人权利主张的认可并不能免除案外人的举证证明责任。

举一个案例：［2016］最高法民终 763 号（最高法院民一庭编《民事审判指导与参考》2017 年第 3 辑，总第 71 辑），裁判要旨：根据《民事诉讼法解释》第 311 条（现为第 309 条），案外人或者申请执行人提起执行异议之诉的，案外人应当就其对执行标的享有足以排除强制执行的民事权益承担举证证明责任。被执行人对案件事实的承认可以作为认定案件事实的证据，但不能据此当然免除案外人的举证证明责任。。

（十一）诉讼费收取

《执行异议之诉司法解释》第 18 条规定，案外人针对执行标的提起的执行异议之诉案件的受理费，以当事人请求排除强制执行的标的财产金额或者价额作为计算基数，按照《诉讼费用交纳办法》第 13 条第 1 项规定的财产案件标准收取。目前不同的法院收费标准不一样，有的法院以金额作为计算诉讼费的依据，有的法院是按件收取，一件 80 元至 100 元不等。现在司法解释明确了，案外人针对执行标的提起执行异议之诉案件的受理费，以当事人请求排除强制执行的标的财产金额或者价款作为计算基数，依照《诉讼费用交纳办法》第 13 条第 1 项规定的财产案件标准收取。这是一项非常重要的制度，有助于实现案外人和申请执行人权利的平衡。简单说，如果按件收费，案外人交了 80 元的诉讼费，根据《民事诉讼法解释》第 313 条的规定，就可以阻止一个生效判决的执行，显然是不合理的，对申请执行人不公平。如果按标的额来收取诉讼费，案外人要阻却对一个房产的执行，比如在北京，房产可能价值上千万元，就要根据房产价值来交纳诉讼费，需要承担相应的诉讼风险。

（十二）申请执行人执行异议之诉案件参照执行

根据《民事诉讼法》第 234 条提起的执行异议之诉，包括案外人执行异议之诉和申请执行人执行异议之诉，区别在于案外人提起的执行异议被法院驳回还是被支持。案例人执行异议被驳回，案外人提起执行异议之诉，相反案外人执行异议被支持，则申请执行人提起执行异议之诉。两种执行异议之诉的原告不同，但前置程序相同，都以案外人提起执行异议为前提；举证责任相同，都是由案外人就其对执行标的享有民事权益负举证证明责任，同时被执行人的认可不能免除案外人的举证证明责任；实体裁判规则也是相同的。区别在于，前置执行异议的结果不同，原被告的诉讼地位相反，案外人提起的案外人是原告，申请执行人是被告，申请执行人提起的则相反，即申请执行人是原告，案外人是被告。被执行人诉讼地位的列明前面已经讲过了，一般列为第三人。

四、执行异议之诉的实体问题

执行异议之诉裁判的基本原则：其一，利益平衡原则，执行异议之诉中涉及三方当事人，第一是申请执行人，第二是案外人，第三是被执行人，所以需要实现三方当事人的利益平衡。一方面要维护生效法律文书的既判力，案外人提起执行异议之诉要阻却一个生效裁判的执行，显然要动摇或者否定生效裁判的权威。另一方面要为案外人提供充分的实体救济渠道，防止执行行为损害其合法权益。其二，实质审查原则，执行异议之诉是实质审查并作出实体判决，与执行异议不同，执行异议是执行程序，主要进行形式审查，以权利外观审查为原则。其三，权利甄别原则，执行异议之诉涉及物权、债权、优先权及其相互权利顺位。一般原则是物权优先于债权，法律规定的特殊债权优先于普通债权等。其四，生存利益优先原则，要特别保护当事人的生存利益，比如消费者购房人的生存利益优先于银行、企业等主体的经营利益，甚至优先于建设工程价款的优先受偿权。

（一）一般不动产买受人提起的执行异议之诉

1. 相关规定

法律依据：《执行异议复议规定》第 28 条。适用前提是金钱债权的执行，执行异议之诉被排除的执行一定是金钱债权的执行，案外人通常不能排除物的交付的执行。买受人对登记在被执行人名下的不动产提出执行异议，必须同时符合下列四个条件：其一，要有合法有效的不动产买卖合同；其二，要合法占有该不动产；其三，要支付全部价款，或者已经按照合同约定支付部分价款且将剩余价款按照人民法院的要求交付执行；其四，非因买受人自身原因未办理过户登记。

《执行异议之诉司法解释》第 9 条基本上沿袭了上述第 28 条的规定，同时增加了第 2 款，对第 4 项非因案外人自身原因未办理不动产权属转移登记作出了进一步的解释，该解释和《九民纪要》的规定是一样的，即案外人具有向房屋登记机构递交过户登记材料，或者向出卖人提出办理过户登记请求等积极行为，或者虽无上述积极行为，但未办理过户登记有合理客观理由的。第 28 条的依据是所谓的物权期待权，它是一种特殊的权利，是指对于已经签订买卖合同的当事人在已经履行合同部分义务的情况下，包括已经占有、已经交付了部分款项等，尽管尚未取得合同标的物的物权，但赋予其类似物权人的地位，其对物权的期待权具有排除执行的效力。

2. 条件解读

（1）必须有合法有效的合同。这里有两个例外，当事人之间签订了以物抵债协议和让与担保合同，原则上不得适用第 28 条排除执行，原因在于以物抵债的买受人享有的也只是普通债权，其以物抵债的合同目的是实现金钱债权，不是购买不动产，如果允许其排除执行，则可能导致该债权偏颇受偿；让与担保签订买卖合同的目的不是买卖标的物，而是作为其他债权的担保。

（2）合法占有。其前提是建筑物经竣工验收，对未竣工房屋的占有充其量是事实占有而不是合法占有，因为房屋没有竣工验收只是在建工程，不具备安全使用的条件，可能会对占有人的生命和财产造成威胁。

（3）支付价款。要严格审查价款的支付情况，特别是对现金支付更要严格审查，慎重认定。

3. 《九民纪要》第 127 条

与上述第 28 条的规定基本一致，只是对非因买受人自身原因未办理过户登记作出了进一步的解释。

4. 执行异议之诉的几个裁判规则

最高人民法院民一庭编《民事审判指导与参考》2017 年第 3 辑（总第 71 辑）刊载了几个案例，简单介绍如下：

（1）［2016］最高法民申 3635 号：在对作为买受人的案外人利益进行特殊保护的同时，应严格审查买受人与被执行人之间不动产买卖协议的正当性以及付款、实际占有和过错等要件是否具备。

（2）［2016］最高法民终 369 号：让与担保，不得排除执行。

（3）［2017］最高法民申 1769 号：以房抵债，不得排除执行。

（4）［2017］最高法民申 2083 号：在对夫妻一方个人债务执行程序中，另一方以被执行财产系夫妻共同财产为由提起执行异议之诉，请求排除执行夫妻共同财产的，不予支持。

（5）［2017］最高法民申 2004 号：案外人与被执行人签订的《联合开发协议》，属于双方的内部关系，案外人对被执行人享有的只是债权，不得排除执行。

（二）消费者商品房买受人提起的执行异议之诉

法律依据是《执行异议复议规定》第 29 条，也就是《执行异议之诉司法解释》第 10 条。该条提供了两个方案：

（1）方案一：一是与第 29 条基本是一致的，区别在于条件二有修改，原来第 29 条规定，所购房屋系用于居住且买受人名下无其他用于居住的房屋。简单说就是一套房原则。第 10 条增加规定，案外人名下虽已有一套房屋，但所购房屋仍属于满足基本居住需求。举个例子，案外人原来有一个一居室，后来家里生二胎，又买了一个一居室或者两居室，这个时候不能因为其名下已经有一套，第二套房就不能排除执行，这里的第二套房属于改善型的购房需求，可以排除执行。二是增加第 2 款：商品房预售中，消费者仍然可以对抗抵押权人的强制执行。

（2）方案二：基本和第 29 条一样。消费者物权期待权及消费者的生存权是特殊的债权，主要法律依据是《最高人民法院关于建设工程价款优先受偿权问题的批复》（已失效），根据第29条和该批复的精神，权利顺序首先是消费者购房人，其次是建设工程价款优先受偿权，再其次是抵押权，最后是普通债权。

（3）第10条的理解与适用。

第一，超级优先权：消费者购房人的权利是最优先的，可以排除担保物权的执行，甚至还可以排除建设工程价款优先受偿权的执行。

第二，消费者是自然人，不包括法人或者其他组织。商住两用房因为也具备居住的属性，也可以参照适用。商铺、写字楼具有投资属性，不属于消费者生存权的保护范畴，不可以参照适用。

第三，无其他用于居住的房屋：一般是指买受人在被执行房屋所在地长期居住，其名下在同一地方没有其他用于居住的房屋，所谓房屋所在地一般是指设区市的范围。另一个变化是改善型购房需求也可以，不限于一套房。

第四，二手房买卖原则上不适用第10条。

（4）《九民纪要》第126条：买受人如果不是商品房消费者，而是一般的房屋买卖合同的买受人，不适用第10条的规定。

第9条和第10条的区别，第9条规定的是一般不动产买受人，第10条规定的是消费者商品房买受人。

第一，都必须有合法有效的合同。

第二，第9条规定一般不动产买受人需要合法占有，商品房买受人不需要占有。

第三，支付价款，第9条需要100%支付，或者将剩余款项交付执行法院执行。第10条因为对生存权优先保护，只需要支付超过50%就可以了。

第四，未办理过户登记，第9条需要无过错，第10条不需要。

第五，是否为唯一住房呢？第9条规定可以不是唯一，也可以不是住房，商铺也行，第10条是唯一而且是住房。

第六，能否阻却建设工程价款优先受偿权的执行呢？第9条不行，第 10 条可以。

第七，能否阻却普通债权的执行？都可以。

（5）《九民纪要》第 125 条：基本重申了第 29 条的规定，同时对买受人名下无其他用于居住的房屋作出进一步解释，即在同一设区的市或者县级市内商品房买受人名下没有用于居住的房屋，同时又规定第二套房屋属于满足基本居住需求。

对于已经支付的总价款，原来要求超过 50%，新规定放宽到已支付接近 50%，还没达到 50%，比如说 45%、48%，也可以。

（三）申请执行人提起的撤销权之诉

案外人执行异议之诉审理过程中，申请执行人又提起撤销权之诉。即案外人根据《执行异议之诉司法解释》第 9 条、第 10 条规定提起了案外人执行异议之诉，在审理过程中申请执行人根据原《合同法》第 74 条规定，另行提起债权人撤销之诉，这时候就裁定中止执行异议之诉案件审理，等待撤销之诉的审理结果。因为申请执行人提起撤销权诉讼之后一旦胜诉，他的债权得以实现，被争议的执行就不需要进行，案外人执行异议之诉的前提就不存在了。

（四）承租人提起的执行异议之诉

参考《执行异议之诉司法解释》第 12 条。一是带租赁强制执行。法院拍卖的时候告诉买受人执行标的物有租约，有承租人。这个时候承租人提起执行异议之诉不予以受理，因为带租赁强制执行不影响承租人的租赁权，就是买受人在买了该标的物之后仍然需要履行原有的租赁合同。二是不带租赁强制执行。这时候就看租赁和查封的关系，如果租赁在查封和抵押之前，先租后封可以排除执行。有三个前提：租赁合同在前、占有使用在前、支付合理租金。另一种情况，租赁在查封和抵押之后，则不能排除执行，因为承租人明明知道该标的物已经被查封或者抵押仍然租赁，该租赁不能被保护。

（五）隐名权利人提起的执行异议之诉

《执行异议之诉司法解释》第 13 条规定了两个方案。

（1）方案一：金钱债权执行中，人民法院对登记在被执行人名下的财产实施强制执行，案外人以其是实际权利人为由提起执行异议之诉请求排除强制执行的，不予支持。案外人因借名所遭受的财产损失可以依法向被借名者另行主张权利，隐名人或者说案外人因借名所遭受的损失自行承担。就是通常所说的名实不符情况下，隐名权利人提起的执行异议之诉，《执行异议之诉司法解释》列举了四种情况：

第一种是借名购买不动产或特殊动产，以借名买房为典型。

第二种是案外人借用被执行人房地产开发资质开发房地产，其系被执行建设用地使用权和房屋所有权的实际权利人，即借名开发房地产。

第三种是名义股东和隐名股东的关系。有观点认为，不应该使用隐名股东的概念，要么是股东，要么是实际出资人，隐名了就不是股东，只能是实际出资人。

第四种是案外人借用被执行人的银行证券账户，其系被执行账户中的资金证券的实际权利人。

（2）方案二：经查证属实，且不违反法律行政法规强制性规定，亦不违背公序良俗的应予支持。案外人利用借名方式隐匿违法犯罪所得，利用内幕信息实施股票证券交易等构成犯罪的，或者违反限购政策、资质管理等规定，或者规避执行的，应当依法追究其刑事责任或者按照有关法律规定处理。

（3）两种方案的区别：方案一是一刀切不支持，方案二是有条件地严格限定下支持。方案一根据不动产物权变动登记生效和公示公信原则，不支持未经登记公示的实际权利人。方案二，案外人对财产享有真实的所有权，应当优先于一般债权，其过错应当承担刑事或者行政责任，但并不因此而丧失所有权。

（六）被征收人提起的执行异议之诉

《执行异议之诉司法解释》第14条规定，金钱债权执行中，人民法院对登记在被执行人名下的房屋实施强制执行，案外人在人民法院查封之前已经与房屋征收部门签订补偿协议，明确约定用于所有权调换房屋的地点和面积，案外人以其对相关执行标的享有权利为由，提起执行异议之诉，请求排除强制执行的，人民法院应予支持。

（七）错误汇款人提起的执行异议之诉

《执行异议之诉司法解释》第15条规定，人民法院对被执行人账户中的资金实施强制执行，案外人以账户中的资金系其误汇，其系资金的实际所有权人等为由，提起执行异议之诉，请求排除强制执行的，人民法院不予支持，案外人可依据误汇款项等事实依法另行主张权利。

理由是货币是特定的种类物，占有即所有，错汇只能主张不当得利返还。因为一旦汇入了被执行人账户，必然和被执行人资金产生了混同，无法予以区分，一般不支持。但是也有支持的案例，基本思路是如果该错汇的资金特定化，没有与被执行人的其他财产混同，则能够阻却被执行人的债权人对账户内资金的执行。《最高人民法院公报》2018年第2期刊登的河南省金博土地开发有限公司与刘某荣及第三人河南元恒集团建设有限公司案外人执行异议之诉案（〔2017〕最高法民申322号），裁判要旨如下：其一，案外人所有的款项误划至被执行人账户的，误划款项的行为因缺乏当事人的真实意思表示，不能产生转移款项实体权益的法律效果，案外人就该款项享有足以排除强制执行的民事权益；其二，款项系通过银行账户划至被执行账户，且进入被执行人账户后即被人民法院冻结并划至人民法院执行账户，被执行人既未实际占有该款项，亦未获得作为"特殊种类物"的相应货币，该误划款项不适用"货币占有即所有"原则；其三，案外人执行异议之诉旨在保护案外人合法的实体权利，在查明案涉款项实体权益属案外人的情况下，应直接判决停止对案涉款项的执行以保护案外人的合法权益，无须通过另一个不当得利之诉解决纠纷。

（八）优先受偿权人提起的执行异议之诉

《执行异议之诉司法解释》第16条规定，案外人对执行标的享有担保物权、建设工程价款优先受偿权等优先权利的，没有必要提起执行异议之诉，因为在申请执行人的执行程序中案外人享有优先权，其权益不会受到损害。

（九）防范虚假诉讼

《执行异议之诉司法解释》第 17 条规定，严格审查全案证据的真实性、合法性、关联性。当事人之间恶意串通，通过虚构、倒签合同，提交虚假付款证据等伪造重要证据，企图通过诉讼等方式侵害他人合法权益，妨碍人民法院审理案件的，人民法院应当驳回其诉讼请求并依照《民事诉讼法》第 111 条至第 113 条之规定，依法予以罚款、拘留；构成犯罪的，依法移送有关司法机关追究刑事责任。诉讼代理人、证人、鉴定人等诉讼参与人适用前款规定。依据：《最高人民法院关于防范和制裁虚假诉讼的指导意见》第 10 条。

（十）案外人依据另案生效裁判对非金钱债权的执行提起执行异议之诉

前面提到的案外人执行异议之诉都是案外人依据一个实体权益主张排除执行，《九民纪要》第 123 条规定的是两个判决的权利顺序，一个是作为执行依据的生效判决，另一个是另案生效判决。

第一，执行依据是确权判决，案外人无论依据的是确权判决还是给付判决，都不得排除执行，只能提出申请再审。

第二，执行依据是给付判决，案外人依据另案确权判决可以排除执行。排除执行之后，申请执行人可以就案外人的确权判决申请再审；案外人依据的也是给付判决，即两个给付判决，要比较其优先性。

（十一）案外人依据另案生效裁判对金钱债权的执行提起执行异议之诉

《九民纪要》第 124 条适用的前提是作为执行依据的生效裁判并未涉及执行标的物，只是执行中为实现金钱债权对特定标的物采取了执行措施。

第一，案外人依据确权判决可以排除申请执行人的金钱债权的执行。

第二，案外人基于不转移所有权的有效合同，比如租赁，可以排除申请执行人的金钱债权的执行。

第三，案外人基于转移所有权的有效合同，比如买卖合同判令向案外人交付标的物，属于债权请求权，不得排除执行。

第四，如果转移所有权的合同无效或者被解除，怎么理解？比如说甲向乙出卖房屋，房屋已经过户给乙了，后来合同被判决无效，乙需要向甲返还房屋，这时候乙的债权人申请执行该房屋，甲作为案外人提出执行异议之诉，如果甲返还购房价款给乙，可以排除执行，如果甲不返还就不能排除执行。

（十二）其他实体处理规则

第一，房地产挂靠企业提起的执行异议之诉，不能排除执行。

第二，不动产共有人提起的执行异议之诉，不能排除执行。

第三，特定账户或保证金账户的实际权利人提起的执行异议之诉，可以排除执行。

第四，案外人以其对违法建筑享受民事权益为由提起执行异议之诉，不予受理。因为对违法建筑的认定和处理属于行政事务，不属于法院的主管范围，避免变相为违法建筑确权。有一个例外，执行法院针对不具备初次登记条件的建筑物进行现状处置，案外人以其为合法占有人为由提起执行异议之诉，可以排除执行。

第五，船舶、航空器、机动车等特殊动产买受人提起的执行异议之诉，法院针对登记在被执行人名下的船舶、航空器特殊动产强制执行，案外人以其在查封前已经购买了该特殊动产为由提起执行异议之诉，请求排除执行。同时符合下列条件的，可以排除执行：一是案外人与被执行人在法院查封之前已经签订合法有效的书面买卖合同，二是在查封之前已经向被执行人支付了相应的价款或者将剩余价款交付执行，三是案外人已经实际占有并使用该特殊动产。

第六，机动车挂靠人提起的执行异议之诉，案外人以其与被执行人（运输企业）之间存在机动车挂靠经营关系为由提起执行异议之诉，要求对登记在被执行人名下的机动车停止执行，区分两种情况，如果该机动车是运输企业购买的，所有权是运输企业不能排除执行，相反如果该机动车是案外人购买的可以排除执行。

第七，预告登记权利人提起的执行异议之诉，案外人以其系不动产的预告登记权利人提起执行异议之诉的，可以排除执行。

第八，有限责任公司股权受让人提起的执行异议之诉，观点一，原则上不予支持，但申请执行人知道或者应当知道该受让行为的除外；观点二，有条件支持，条件是有合法有效合同、支付价款或者交付执行、行使股东权利、对未办理过户登记无过错。

第九，债权受让人提起的执行异议之诉，可以排除支持。申请执行人可以根据原《合同法》第74条提起债权人撤销权之诉，并裁定中止执行异议之诉案件的审理。

（根据现场录音整理）

当代中国律师业的发展走向

主讲人：王进喜

感谢各位百忙之中来听"有人觉得与'赚钱'无关的话题"，这个话题应该涉及中国律师行业未来十年甚至二十年发展的基本格局、规划问题，因此非常重要。

每一个律师都生存在大的环境当中，整个律师行业的发展关系到每一个人的命运。不是说我们个人发展好就行了，跟我们整个行业没有关系。首先，整个大的环境的改善有利于个人的发展，其次个人的发展是在壮大这个法律行业。从这个角度上来讲，宏观的律师行业发展问题跟我们每一个人息息相关。

如果我们现在没有40多名律师，那我们律师的声音会有多少人听？过去法官在法庭上训斥律师的事并不少见，现在法官不再当庭随便训斥律师了，广东发生法官训斥律师的事件之后，法官也受到了处理。行业在不断发展，行业的发展与我们每个人紧密联系在一起。

我将从以下几方面讲解：我国律师行业的发展现状和存在的问题；律师在法律职业共同体建设中的基础地位；律师管理体制改革的必要性和路径；律师行业所面临的外部问题。

一、我国律师行业的发展现状和存在的问题

(一) 发展现状

应该说，中国律师行业发展到现在带来最大的变化，就是我国

整个法律职业构成发生了结构性变化，中国律师行业已经成为观察中国法治建设质量的重要窗口。从数量上来讲，我们在进行司法改革之前法官、检察官加起来可能有50万人，入额以后现在的法官基本上有12万人，检察官也有10万人，所以加起来不会超过25万人。律师行业截止到2018年年底突破了42万人，而且律师行业仍在高速发展。在这种情况下，整个国家的治理不能不重视律师队伍的建设。

从2013年有25万名律师，经过了5年时间，我们发展到42万名律师。这些年平均来看我们年度发展增幅在10%，2017年、2018年都超过了10%，2015年、2016年也是10%左右。按照司法部的规划，到2022年发展到62万人，也就是说，我们的律师队伍用了50年的时间发展到了接近60万人。与此相比，美国律师发展到60万人用了350年，从美国有第一个持照律师的1646年起算，美国律师发展到20世纪80年代的时候才突破60万人，用的时间非常长。从相对发展速度来说，我们的发展速度非常快。

从另一个角度来说，美国律师数量多跟它的联邦制有关，每一个州相当于一个国家，每一个州的法律不一样，因此各个州有自己的律师制度。我国单一法律制度下律师发展得这么快，应该说是一个奇迹。

按照这个数量发展下去，到了2035年我国律师数量会轻松突破100万人。有的律师会担心100万人有那么多的业务吗？从现在来看，我们还存在着业务不足的问题，很重要的原因是业务没有深耕或者是没有相应的技术手段，过去没有被我们律师光顾到的业务没被开发出来。过去有些业务我们觉得盈利性不够，按照传统的做法可能不成规模，不成规模就没办法形成规模效应。但是，随着法律的不断完善，随着技术的发展，随着律师行业分工的进一步专业化，随着涉外法治建设的深化，律师的业务领域会进一步拓宽。

随着技术的发展，一些不挣钱的业务形成规模以后也是会盈利的。比如说美国最早提供法律服务的科技企业在网上为人们填申报单、成立公司，这些都是很简单的业务。一个业务收几块、几十块钱，现在发展到几个亿。通过技术把我们觉得不挣钱的业务形成规模化以后就盈利了，如果没有这样的技术，恐怕业务仍然沉积到下面，技术的发展会挖掘出一些业务，提高律师事务所的盈利能力。

中国的律师要走出去，要成为亚洲的律师、世界的律师。要跟中国的企业一块走出去，如果紧紧盯着中国的市场恐怕会存在问题。我们说美国律师行业利润丰厚，是因为其很大一部分法律服务市场是在美国本土之外。如果我们紧紧盯着自己国家这一块市场恐怕还不行，随着律师行业的发展我们的视野会更开阔。

这些年来，中国律师事务所的规模化建设走了一个向外发展的道路，根据《美国律师》的统计，2018 年全球 100 强律师事务所之中，有 16 家中国律师事务所，美国人感到非常震惊。前几年一些美国专家来中国访问，我领着他们到大成等律师事务所转了一下，他们感觉到很震惊，没想到中国律师用这么短的时间形成这么大的规模。总体上看，我们的律师和律师事务所在数量上有了非常大的发展。

（二）存在的问题

我们应该意识到，中国律师队伍的迅速发展在一定程度上是以牺牲质量为代价的，我们在各方面的准入要求应该说都是比较低的，包括学历要求、实习要求、执业适当性要求、考试通过率、考试中职业道德所占比例、退出门槛等。例如，现状申请律师执业人员的实习期限是一年。1980 年《律师暂行条例》规定的实习期为二年，1996 年制定《律师法》时，人们认为多一年时间就会影响律师行业迅速发展，所以就把实习时间改成了一年，一直到现在。这个要求是比较低的。

我国律师行业准入条件当中最低的是品行条件。按照《律师法》的规定，一个人要申请取得律师职业证书要品行良好。什么是品行良好呢？过去在实践中就是到派出所开个证明，没有受过刑事处罚。问题是没有受过刑事处罚的就适合做律师吗？所以说这个规定的范围非常窄，在实践当中就变成了由派出所决定你能不能做律师。本来这个准入审查权力是司法机关的权力，结果变成了派出所的权力。

我国律师准入的门槛非常低，我们一些律师总是觉得自己高高在上，实际上我们的准入标准连商人的准入标准都达不到。

例如，《公司法》规定，有若干情形的，都不能担任公司的董事、监事、高级管理人员，比如，担任过破产清算公司负责人并有个人责任的，个人所负数额较大的债务到期未清偿的，这些人都不能经管财务，不能担任公司的董事、监事、高级管理人员。我们的律师不仅仅掌握着别人的财务，甚至掌握着别人的命运，我们的准入要求反而比商人的准入标准还低。

若干年前，北京有好几个所发生了律师拿着委托人的钱跑路的事件，我们感到非常震惊。这样的律师怎么进入到律师队伍的？我们知道律师行业很重要的一点，是要跟人打交道。而跟人打交道最重要的一点是什么？就是诚信。所以诚信行事，是各国律师在入门时最严格的考察方面，而我们几乎没有。

诚信是各国在选任律师的时候非常看重的条件。比如说在学校里面考试作弊、抄袭都可能导致不能做律师。挪用资金、逃税、对个人的财务管理有问题，比如说破产了等，这些情况都可能导致不能做律师，我们可以看到我国目前在律师职业准入适当性方面缺乏对律师的深入考察。

与此问题相关的，就是中国律师的年检规定不明确，长期受到质疑。

年检是什么？年检就是对于职业适当性的再审查，就是看这个人是否适合做律师。我们知道有驾照到了7年换驾照的时候还要再体检一下证明你是否有做驾驶员的适当性。律师年检总体上来讲就是看你是否适合做律师，不是主要考查你的业务办了多少。我们现在的考核，还有过去的年检很大的问题就是不清楚到底要干什么。像你办了多少案子属于日常统计事项，为什么要跟年检结合在一起呢？年检就是看你是否适合做律师。

甚至有的国家对于持有证书期间的律师职业适当性进行动态管理，不是说到每年年检的时候才管你。澳大利亚规定得很清楚，如果说在做律师一年的期间发生了与破产有关的事项，例如重大债务或者是在国外因为犯罪被处罚了，都要向律师协会或者是其他的管理机构申报。发生这种事件就要赶紧申报，有关机关要根据情况对执业证书设定条件。

比如说现在律师突然有了重大债务，在这种情况下其在律师事务所里就不能经管财务了，执业证书上要设定相应条件。这就是对律师执业证书的动态管理，并不像有的人说国外的律师多么自由，律师这个行业在国外是最不自由的，受到各种规制。

再如再准入，如果律师有违规行为要对他进行处罚，情节严重者处以停止执业。这实际上就是意味着其不适合做律师了。如果停止执业一年，到一年以后是不是就应当自动恢复执业了？前面受处罚时不适合做律师，到一年以后就适合做律师了吗？并非如此，我们缺乏恢复执业时的再准入审查制度。

还有退出管理，律师被吊照以后还能不能参与法律服务活动？这方面我们也没有规定。我们在实践当中有的律师被吊照以后成了名人了，所以很多案子都找他，最后他雇了一帮律师帮他办案子。这让人们对律师惩戒的严肃性持怀疑态度。我们在行业的管理上还存在着很多类似的问题。

此外，律师行业特定人才依旧紧缺，这是我们行业存在的很大的问题。邓小平同志早就提出来我们律师要懂法律、经济、外语，口号提出来这么多年到现在都没有完全解决这个问题。现在我们能熟练办理涉外法律业务的律师不到 3000 人。

造成紧缺人才依旧紧缺的原因有两个：第一个是法学教育。法学教育跟我们执业活动实践需求之间没有对接；第二个是中国法律服务市场还没开放。法律市场开放以后，我们通过学习不断地成长，才能从根本上解决这些问题。紧缺人才是我们现在面临的很大的问题。中国企业要走出去没有自己的人才怎么能行呢？

律师行业对自身的认识存在着严重的偏差，对于职业性和商业性双重属性认识不足。前些年清华大学的副校长施一公提出了一个问题，他说"如今我们的 GDP 已经位于全球第二，但是我们缺乏基础研究的创新能力"。现在华为、中兴事件之后暴露出我们在基础研究中有那么多的短板。施一公还说了这么一句话："当这个国家所有的精英都想往金融上转的时候，这个国家就出了大问题。"

同样，我们律师行业也是这样。我不止一次听到过资深律师讲说我们做律师是主观为自己，客观为别人。我们就想挣钱，我给你提供服务就是想要挣钱。那这个跟亚当·斯密笔下的商人有什么区别？商人也是为了自己的经济利益客观提供一些服务，形成了一些公共产品。套用施一公这句话，"当这个国家所有的律师都把自己视为一名商人的时候，这个国家就出现了问题"。

商人最大的特点就是强调尽量让他自由竞争，律师行业是这样的吗？律师行业不是这样。很多人讲，我们律师要高度自由，没有限制的自由。我们很多律师想象中的外国律师就是这样。这在很大程度上是想象中的异邦。

在国外，律师是一个高度受到规制的职业，我们看一些数字可能就清楚了。美国律师协会统计，2011年美国有127万名律师。其中，有1046名律师被取消律师资格，占127万执业律师的0.08%。2014年、2015年、2016年基本上都是这样的一个情况，人数在800人至1100人之间。我们看到一些有名的人，如美国第39任副总统，都被取消了律师资格，克林顿也差一点被取消律师资格。加州律师协会2011年的预算超过了6400万美元，其中超过75%用于律师的惩戒活动。这就是美国的情况，可以看出对律师的管理力度是非常大的。

2013年到2016年我国每年被吊销执业证书的律师加起来没有超过30人。我国的比例应该说非常低的，我国将近三四十万人，每年被吊销执业证书的律师只有十几个。我国对律师进行的吊销执业证书处罚应该是比较少的。

另一个数字大家要注意，律师受省级以上表彰的数字。基本上每年有1000多家律师事务所受到省级以上表彰，省级以下的还不算。这两个数字相比较可以看出来，总体上来讲律师行业的发展受到了政府的支持。十八大以后我们在法律服务方面给律师提供了更多的利好，释放了很多新的需求。刑事辩护权覆盖、律师调解、政府法律顾问、人才战略等，这些确确实实给律师带来了发展机会。

律师在政治、经济、文化、生活当中的参与度前所未有，有人讲过这么一段话，即"中央提出来让人民群众在每一个案件中感受到公平正义，而直接能让老百姓感受到公平正义的就是我们律师"。为什么这么说呢？因为律师直接和老百姓接触。因此，我们的律师行业管理好了、发展好了，能为广大人民群众提供称职的法律代理和法律服务，就确确实实能让人民群众感受到公平正义。从这个角度来讲，律师行业肩负着依法治国的重任，律师行业的数量发展意味着我们能够提供法律服务数量的发展。

律师行业发展到现今 42 万人的规模，但是我们的管理手段仍然停留在 20 世纪 70 年代末 80 年代初这样的水平。前些年的数字表明，北京市律师当时是 2.6 万人，现在是 3.2 万人，律管处的编制 30 人。天津市律管处编制 10 人，管理 6000 名律师。云南省 5 人，管理将近 9000 名律师。这样少的律师管理人员队伍，管理这么多律师，能管得过来吗？管不过来。所以说，律师行业迅速发展的态势与司法行政队伍管理发展是不平衡的，律师的管理体制要改革。司法行政机关应该是宏观的管理，更具体的业务应该由律师协会进行行业管理。但是律师行业治理要避免陷入自律的困境。

全国律协《关于进一步加强和改进律师行业惩戒工作的意见》说得很清楚，大意是：目前，律师行业惩戒工作中存在着一些问题和不足，主要表现在一些地方律师协会思想认识上存在着"家丑不外扬"的想法。能从轻处罚就是保护律师，能不追究就不追究，大事化小，小事化了。在理论上我们把这称为"规制者被被规制者所俘获"，本来你要管这个律师你管不了他，原因是什么？你这个管理者还要靠其他律师选举产生，管得太严下一届不选你了。出现了这样的问题，根源在体制。

行业自律存在自律困境的另一个表现是律师职业行为规则作为行业管理常态工具长期重视不够。律师管理工作要把行规挺在法律、行政规范的前面，实现规范之间的"无缝衔接"。但是律师协会对于规则制定工作长期不重视、不投入，各类规范的科学性、有效性亟待加强，难以起到挺在法律、行政法规前面的作用。

二、律师在法律职业共同体建设中的基础地位

什么是职业？

律师是法律职业的一员，这个职业不是一个简单谋生的手段。应该说我们律师行业借鉴于国外。职业这个词讲的就是宣誓，一个新的成员加入这个职业要进行宣誓，有宣誓要求才叫职业。

那么职业的内容是什么？宣誓的内容是什么？

律师职业的宣誓内容与公共服务联系在一起。律师职业、法律职业跟医生、神职人员是一样的，从事的工作都具有公共性。西方在研究职业的时候，都是将职业同公共服务密切联系在一起。为了保证公共服务的有效性还有一些其他的设计，比如，进入这个职业的时候要经过考试。要保证职业能够为公共服务，这个职业应当有比较高的收入，还要有一定的自治权。总之，各国都承认法律职业的核心特点就是公共服务：公平正义是公共服务的目标，是法律职业的理想。美国已故首席大法官伦奎斯特说过一句话：律师职业是一种商业和神职人员组成的微妙的混合体，一方面律师行业要谋生，另一方面我们不能忘了律师职业还具有公共性。

为什么律师职业要有公共性？律师职业的公共性就是维护法律秩序。原因是法律秩序太脆弱，必须有意识地维护它。只有在存在法律秩序的时候才需要律师，才能最大化地发挥律师的作用，所以律师行业要有意识地维护法律秩序。

这些年我们对于律师行业的认识逐渐正本清源了。1996 年《律师法》规定律师是依法取得律师职业证书，为社会提供法律服务的执业人员。这里讲到了律师的商业属性，没有讲到律师的职业属性，即没有讲律师的公共性，只是讲律师是为社会提供法律服务的。直到 2007 年《律师法》修改里面加了一款规定，即律师除了为当事人提供法律服务之外，还要维护法律的正确实施，维护公平和正义，我们对律师行业的认识在逐渐地丰满。

这个规定不是虚的。好多人讲"三个维护"有什么用？实际上

它是构建法律职业共同体的法律根据。律师、法官、检察官工作的重要内容是维护法律正确实施，维护公平正义。在这个基础上我们才能说从律师当中选任法官，如果说你根本不是维护法律正确实施，没有维护社会公平和正义的理念，怎么能从律师中选任法官呢？

从这个角度上来讲，律师和法律职业共同体，特别是和法官之间的关系的破解之路，就是从律师当中选任法官开始。律师应该是成长中的法官，法官应该是资深的律师，这样我们才能够建立起法律职业共同体。仅仅有法律职业资格考试不能够解决法律职业共同体建设的问题。我们搞统一法律职业资格考试十八九年了，没有解决法律共同体建设的问题，原因是什么？没有系统地建立从律师当中选法官的机制。

我们在讲司法正义的时候总是讲司法女神，通常的造型就是一手拿着宝剑、一手拿着天秤的女神形象，宝剑象征着正义，天秤象征着公平。但是很多人没有注意到她还戴着一个蒙眼布，蒙眼布是什么？蒙眼布是法官的职业道德。这种职业道德应该是一种有意识的且外在于法官内心的东西，我们不能仅依靠法官自身的素质与政治水平，而是一定要有外部制度来约束它，所以说从事法官职业的人一定要有比较高的道德水平。从事法律职业在道德的要求上有两个层次：一个是准入道德，另一个是从业道德。刚才讲法官的蒙眼布实际上是法官的从业道德，它还有一个准入的道德。2019 年《法官法》第 5 条规定，法官应当勤勉尽责，清正廉明，恪守职业道德，这实际上就是法官的从业道德。而第 12 条规定担任法官必须具备的条件之一是具有良好的政治、业务素质和道德品行，这个就是准入道德。《律师法》的规定也是这样的，第 3 条规定律师要恪守律师职业道德，第 5 条规定品行良好，实际上也是准入的道德要求规定。如果我们要从律师当中选任法官，那么应该是达到最高道德水平的律师才能够达到准入法官的道德要求。

2019 年修订的《法官法》已经作了明确的规定：法院可以根据审判工作需要，从律师当中公开选拔法官，除了具备法官任职条件并取得法律执业资格以外，参加公开选拔的律师应当实际执业不少于 5 年，执业经验丰富，从业声誉良好。因此，从律师当中选法官的前提条件就是律师从业声誉良好。从这个角度上来讲，我们必须加强律师行业的管理。法官应当是最杰出的律师，法官的准入道德要求应当是律师从业的最高道德标准。律师协会在提高律师行业道德水准与建立职业规则方面发挥着非常重要的作用。因此，可以说律师队伍的建设在法律职业共同体建设中处于基础地位。

三、律师管理体制改革的必要性和路径

十八届四中全会决定提出："加强律师事务所管理，发挥律师协会自律作用，规范律师执业行为，监督律师严格遵守职业道德和职业操守。强化准入、退出管理，严格执行违法违规职业惩戒制度。"这个要求从本质上是对律师管理提出的建设性的要求，强调律师协会要规范律师职业行为，在律师行业规制当中发挥应有的作用。

如果说要发挥律师协会的作用，最重要的便是落实司法行政机关与律师协会之间监督与被监督的关系。《律师法》第 4 条规定，司法行政部门依照本法对律师、律师事务所和律师协会进行监督、指导。但存在的问题是：司法行政机关对律师协会进行监督指导的时候要依据《律师法》的哪一条呢？《律师法》对此没规定，所以说这个法条是空的。在实践当中就导致了司法行政部门对于律师协会的监督实际上采取的是一种行政管理的方式，律师协会往往被视为司法行政部门的下属部门。从司法部的网站很清楚看出，中华全国律师协会属于司法部的直属单位。本来我们立法规定的是司法行政机关和律师协会之间是监督和被监督的关系。但现在在实践中却变成了左右分权加上下行政的关系。

左右分权制度是我们两级管理体系当中最大的特色和最大的问题。现在实行左右分权实际上就变成了司法行政机关有一部分的管理权，律师协会有一部分的律师行业管理权。司法行政机关对律师行业的管理最重要的依据就是《律师和律师事务所违法行为处罚办法》《律师执业管理办法》和《律师事务所管理办法》。律师协会对律师行业的管理是依据中华全国律师协会《律师执业行为规范（试

行）》。这些规范都是调整律师的行为，但是在内容上存在着很大的差别，造成了行为标准的不统一。现在备受关注的一个问题是审判宣传，即律师在开庭前对案件进行宣传的行为。《律师和律师事务所违法行为处罚办法》对该行为作了规定，但是《律师执业行为规范（试行）》却没有对此加以规定。因此，律师协会管理不了律师审判宣传的行为。反之，律师的广告行为在《律师执业行为规范（试行）》中有相关规定，但是在《律师和律师事务所违法行为处罚办法》中没有相应规定。两套行为规范不统一，造成了管理上的漏洞。

要解决这些问题，《律师法》就需要重新确立司法行政机关对律师协会的监督机制，主要是对律师协会管理职能的监督，监督律师协会的管理工作是否落实了法律规定管理目标。在这种情况下，律师协会承担大量的投诉、调查、惩处工作，律师协会的权威也会因此得以树立。

如果说把这些权力赋予律师协会，我们就要明确律师协会到底是什么性质的。现行法律规定的律师协会性质的不明确导致律师协会缺乏公信力。现行《律师法》规定，律师协会是社会团体法人，是律师的自律性组织。那什么是社会团体法人呢？1998 年国务院出台的《社会团体登记管理条例》第 2 条规定：社会团体是指中国公民自愿组成，为实现公民共同意愿，按照其章程开展活动的非营利性社会组织。律师协会根本不具备这样的性质。《律师法》从未规定律师协会解散的条件，因此律师协会是一个实现国家规定任务的机构，是一个准行政机关或者是行使国家权力的组织。我们可以把它叫作自治行政，律师行业自己进行管理，但是行使的管理权是国家的权力。因此，应当把律师协会作为我国基层政权建设或国家治理结构的重要组成部分来看待。

为什么强调律师协会属于自治行政，是属于国家治理结构的一部分？因为各地情况各有不同，北京的会费基本上能支持律师协会的运转，但边远地区，如青海、西藏的会费根本不足以支持律师协会的正常运转。因此，对各地要根据不同的情况采取不同的措施，有不同的经费渠道，国家要支持律师行业的发展。

律师协会在性质上应该明确，近年来出现的很多判例都在强调律师协会的性质问题。若干判决都认定律师协会是行政授权的组织，行使的是法律授权的行政管理职权。

清楚了律师协会的性质之后，还要看律师协会规定的职责跟承担的任务、职能是否匹配。2007年《律师法》规定，律师协会履行的职责包括：第一，保障律师依法执业，维护律师合法权益；第二，总结交流律师工作经验；第三，制定行业规范和惩戒规则；第四，组织业务培训、职业道德和执业纪律教育，对律师执业活动进行考核；第五，对实习人员进行考核；第六，进行奖励和惩戒；等等。上述规定相对于1996年《律师法》而言，有了很大的进步，即开始重视律师协会的管理职能。例如，规定律师协会有权制定行业规范和惩戒规则。但是，2007年《律师法》在律师协会的代表职能、服务职能与规制职能的规定上是混乱的，其根源在于立法对于律师协会的职责界定不清晰，在很大程度上妨碍了律师协会职能的正常运行。

现在法律规定律师协会是社会团体法人，是律师的自律性组织。从发展趋势来看，律师协会的主业首先是管理。因此，应当首先强调律师协会是自律性组织。如果把管理权力交给律师协会，那么面临的一个重要问题，就是律师协会的规制职能和代表职能要进行适当的区分。这两个职能从本质上来看是存在冲突的，律师协会一方面要代表律师，另一方面要管理律师，那怎么能在一个实体内共存呢？国外也存在这样的问题。近年来国外就这类问题采取的重要改革就是搞两结合。例如，2007年《英国法律服务法》专门成立了法律服务理事会对律师协会进行监督，类似于我国司法行政机关对律师协会进行的监督。英国法律服务理事会对律师协会进行监督，然后由律师协会再监督具体的法律职业从业者。英国法律理事会对于律师协会有很多的监督措施，如公开申饬、经济处罚、介入、吊销对核准规制者的委任等。

律师协会在管理过程当中最重要的手段就是职业行为规则，律师协会一定要重视规则作为行业治理手段的重要地位。这些年律师行业开始抓党建，很多律师不理解为什么要搞党建。我问过一个大所的负责人，为什么要搞党建？是不是在作秀？他说中国律师行业现在是一个迅猛的发展阶段，很多大所的发展模式是挖人与合并。那如何把别的所的人都挖过来？比如三年内不交任何管理费，吸引年轻律师都从别的所跳槽过来。再一个就是律师事务所的合并。这种大规模人员流动带来了很大的风险，最常见的就是律师之间不熟悉。传统律师执业组织形式是合伙，合伙人承担无限连带责任。而承担无限连带责任很重要的前提是彼此熟悉，业务领域也熟悉。现在大型律师事务所内部的律师之间互不熟悉，当今专业化趋势愈发明显，规模大的律师事务所还成立了很多分所，这就意味着律师事务所的管理风险很大。而我们的职业行为规则制定又不够完善，好多行为的管理都没规定，也没有规则去约束。在这种情况下怎么控制律师事务所的风险呢？律师行业30%的人是党员，这30%的人在各方面都是过硬的。通过党章和党员处分条例可以看出，它们的规定比律师的职业行为规范都严格。也就是说，这30%的律师如果都能按党员的标准要求自己，律师事务所的风险会大大地降低。如果律师事务所30%的党员律师能够按照党员标准要求自己，又能够带动不是党员的人按照党员的标准要求自己，那律师事务所的风险会降低很多。从这个角度来上进行党建是值得的，它大大降低了律师事务所的风险。

　　这个事例在一定程度上说明我们的律师职业行为规则还没有起到应有的风险控制作用。从风险控制的角度看，律师事务所必须重视律师及律师事务所的行为规则。作为管理者必须要了解这些行为规则，如果管理者都不了解行为规则那怎么管理律师呢？长期以来，中国法学教育在这一块都是缺乏的。但是去年教育部、中央政法委规定全国法学院的本科生必须学习法律职业伦理课程，实际上就是法律职业行为规则。中国政法大学设立了全国第一个关于法律职业伦理的博士点。这对于律师队伍的建设具有重要的意义。

四、律师行业所面临的外部问题

刚才讲的都是律师行业所面临的内部问题。那律师行业的外部面临一个什么样的环境？

一个是我们面临着无法逃脱的信息革命。前几次工业革命律师都逃脱了，但是这一次是信息革命，律师行业离不开信息，律师提供的法律意见是信息，依据的法条也是信息。而中国法律服务市场更容易受到新技术、新职业模式的影响。原因是什么呢？我们进入到法律服务市场没有障碍，换言之，中国目前的法律服务市场缺乏监管。目前为止，我国法律服务市场仍然是最混乱的服务市场。除了我们所说的传统法律服务市场的参与者之外，现在又有了更多的科技公司，这些科技公司提供的都是法律服务，因此中国律师肯定会受到影响。而在其他国家，新的技术进入到法律服务市场的时候可能会受到律师集体的强力抵制。

美国各个州都有非法执业法，如果没有律师资格却提供法律服务就是违法，例如，美国 Legalzoom 公司在好几个州都被律师协会起诉了，这说明新的科技企业进入法律服务市场是存在障碍的。但是在中国，却没有相关规定和障碍，因此中国的法律服务市场当中有大量法律科技企业。在这样的情况下，科技在改变法律服务市场，律师必须适应这个市场。

数字化是我们律师行业面临的技术革命，但是我们律师行业的数字化程度非常低。传统上，律师工作就需要使用纸、笔，现在绝大多数的律师都使用电脑办公，但电脑形成数据又没有一定的规格，所以很多律师事务所在讲知识管理的时候都停留在理念层面上，最后形不成有效的知识管理策略。原因在于对数据难以进行挖掘与整理。因此，我们现在的数字化成熟度还处于初级阶段。

信息革命以后是不是意味着律师的作用已经被取代了？美国的学者写了一本书叫《律师的黄昏》，里面讲述机器人律师即将代替律师，律师的黄昏时代即将来临。这本小说描述得有点儿太悲观了，机器永远不能够完全代替人类，它们只会是人类的辅助性工具。与此同时我们应该看到，通过信息革命，律师可能会有许多新的工作，比如法律数据的分析。英国的学者也说我们律师会随着时代变革有很多新工作，除了传统律师事务所工作还可以做法律知识工程师、法律项目经理、法律流程分析员等，律师的职业场景可能不再限于律师事务所，这也是我们面临的一个挑战。

我们面临的另一个挑战，是来自会计师事务所的挑战。会计师事务所全球法律服务能力在快速发展。为什么会计师事务所的发展规模比我们律师事务所的规模大很多？就是因为他们的工作是常态化、立体化和模态化的。会计的活动是日常的活动，不像法律服务有很多时候是偶发的，而且会计师事务所提供的服务往往是数字型的，跟我们律师的服务是不一样的。我们律师往往提供的是定性分析，有罪无罪，有无违规，具体怎么样再分析。而会计师事务所说某项业务可不可行，往往用数据说话。如果会计师服务和法律服务结合在一起，既能够为委托人提供数字化的分析和手段，又能提供法律服务，谁还请我们律师呢？

现在法律服务市场对外还没开放，很大程度上保护了我们的律师。如果说会计师事务所进来以后可以提供法律服务，这对我们律师行业的冲击是非常大的，毕竟会计师事务所有钱又有人。实际上一些律师事务所已经被会计师事务所收购了。这是律师行业面临的巨大挑战。现在的问题就是，谁整合谁，是他们整合我们？还是我们整合他们？

这就涉及《律师法》是不是规定可以跨行业执业、跨行业合伙的问题。跨行业执业和合伙的理念是为委托人提供一站式服务。一个机构既有律师，又有会计师和税务师，所有的问题在这儿都可以得到解决。这些人共同组成合伙机构。这会对现在律师事务所的组织形式造成很大的冲击。我们现在的组织结构是只能由律师担任合伙人。如果我们不在立法里面作这样的规定，恐怕以后一旦会计师触角伸过来我们就无法抵挡，所以我建议一定要在立法里面修改我们的规定，允许律师把别的行业整合过来进行主导。这方面比较典型的是澳大利亚。澳大利亚现在已经规定允许非律师人员对律师事务所进行投资，但是该律师事务所机构里面必须有一个法律董事，由律师担任董事对法律业务进行管理，而不能由掌握资本的人进行管理，否则的话会有很多问题。

还有一个很大的问题是，全球纠纷争议解决机制的规则需要调整重建，这可能为我国律师提供了很多的机遇。中国经济40年高速发展，改变了第二次世界大战以后建立的世界经济格局，由此西方主要由美国主导的规则体系需要调整。过去我们没有考虑到世界在某种意义上是我们的，现在我们必须考虑这个问题。要走出去面临的直接问题，就是如何调整这些规则和机制。

从这个角度来讲，中国律师应当以世界为市场。国家的战略和律师行业的战略要结合在一起，那么中国律师应当如何以世界为市场？这是我们要考虑的问题。

如果我们以世界为市场，中国企业到哪儿，我们的律师事务所服务就应该到哪儿，这时候就要使用外国律师的服务了。如何让外国律师提供切实有效的法律服务，就是让他成为你的合伙人。这一点在法律上没有什么障碍，关键是我们观念的转变。从这个角度上来讲，中国律师应当以世界为市场，在以世界为市场这样一个环境下，我们要对律师事务所的组织形式进行变革。

未来最不可能的情况是没有变革，这些变革是普遍、不可逆的。律师的工作没办法不受到影响，中国律师行业的重生我认为要把握三个方面：MDP、非律师（中国）人员所有权、服务产品的创新。我们律师行业仍然有非常大的发展前景，短期内发展到80万名律师在现有的服务市场上仍然是可以承受的。

最后我们想象一下，律师行业的未来会是怎样的？

英国学者曾提出超人类主义时代法律服务。我们现在经历了几个信息阶段：口头交流、手稿交流、印刷交流，他认为在未来三四年内出现超人类时代，纳米技术、机器人技术、遗传学等要融合，整个法律服务、法规体系将嵌入到芯片和网络当中，甚至和身体结合在一起。

这些想法现在在某些方面已经实现了，最典型的是过十字路口闯红灯的处罚问题。过去是不是闯了红灯由警察来判罚，现在是电脑判罚，电脑按照规则判定你该不该交罚款。这个实际上是一个执法规则，也就是说，在某些执法领域已经实现了机器执法。如果说执法机关需要这样一套嵌入规则的芯片，那我们律师事务所为什么不能生产、提供这样的芯片呢？

随着技术的发展，我相信我们未来会走到这一步。现在我们律师事务所就要考虑在结构上怎么变革？IT 人员和律师之间是什么关系？我想现在大多数律师事务所 IT 人员仍然是辅助人员，恐怕以后他们要跟律师进行深度结合变成一个生产者，这都是我们面临的问题。

不要觉得这些好像很遥远，我讲的这些问题我觉得都并不遥远。比如说从律师当中选出法官，在我 20 年前读书的时候就提出来了，当时仅仅是理念，而现在在法律中已经规定下来了，再过 20 年恐怕会广泛落实了，因为我们的律师数量已经相当足够了。同样，当我们有了技术储备时，律师行业自然也就会提供高技术含量的服务。中国人很聪明，一旦我们的技术能力爆发，那么我们在某些方面就会走在前面。中国律师行业要紧紧抓住这个战略机遇，亚洲是我们的，世界是我们的！我就说这么多。谢谢各位！

嘉宾 1：王老师好，很高兴听到你讲的律师行业发展专题。在 1998 年那时候讲的社会法律，还有现在的"三个维护"。这个理念我还是非常认同的，我们律师也是为当事人提供法律服务的。实际上很多当事人对律师的社会评价很低。然后就造成了现在很多人对律师的认识、评价不高，当然也与我们律师一些方面做得不够好有关。因为站在职业角度，只有为了公平正义提供服务的时候，大家才可能在心里面对你产生一种尊敬。如果说你只是为了钱，只是一个商人，那大家不会尊重你，这是我的一点感触。

我也有很多问题。刚才讲的很多律师协会的不足，以及司法行政管理，我感觉其实我们律师协会在服务方面也存在不足。不仅管理上不足，服务也不足。我们律师协会在管理方面、在监管方面确实有一些不足，在服务方面我们觉得律师协会做的也欠缺太多了，这是我的一个感受。

我发现前些年我国取消了法学在职博士。我觉得大环境在变化，作为律师行业前辈来说您是不是也可以帮我们呼吁呼吁。我听说在 2020 年律师达到 60 万人，要建国家律师学院，好像司法部有这个规划，我们其实对这个行业也有期待。

我在英国留过学，在英国的时候老百姓听到律师的时候对律师的评价也不高。当初我在没有执业的时候在律师事务所做过一段时间的助理，其实在中国，我真的是发自内心地非常敬佩这样的团体组织，因为只有这个团体组织在为老百姓的权利抗争。法官有法官的职业要求，检察官权力非常的强大，面对犯罪嫌疑人的时候有他们的职业要求，可能还要面对各方面的压力。只有我们的律师在为民权，为我国民主法治建设，从老百姓的角度，从最基层角度做了很多的事情，我想在这些方面交换一些看法。刚才两个问题：第一，国家律师学院，还有在职博士这方面想跟您交流，看看您有什么样的想法。

王进喜：国家律师学院早就有，在保定跟中央司法警官学院设在一起，一个机构，两块牌子。

法律在职博士不允许了，很重要的原因是学员很多都是领导干部。好像法律专业入门条件不高。如果你让一个人学个医，由于涉及许多技术性的问题，他弄不了。法律、经济专业都属于重灾区，包括 MBA 也是一样。MBA 有一个什么问题呢？MBA 主要是一些商人在学。你作为一个官员花那么多钱学 MBA 不合适，所以都挤到了法律和经济专业两个领域。

嘉宾 2：先谈两点感受：第一，朝阳律协有这样的战略思维，而且把王教授请来进行战略性题目的讲解我感到很欣慰、很难得。为什么说呢？课程一讲使我们律师第一点认识自己是干什么的了。自己的定位，你是吃什么饭，怎么吃，看清楚了。第二，懂得自己从事的这个行业在整个国家当中的地位和作用。第三，国家整体管理对我们行业到底是一个什么样的状态。王教授的讲座给我们一个综合性的点拨。同时帮助我们从国际视野，看到了我们律师的使命和责任，明白了如何推进我们律师行业的快速发展。

本次讲座的主题和内容很重要，有很高的价值。所以说从适宜的听课对象来讲，一个是我认为国家司法行政管理的干部也应该听一听，关于我们律师行业的管理的内容，像律师协会的人员也应该听一听，强化一下这方面的理念和思路。

再一个各个行业协会都应该请咱们的王教授就这个课题进行普遍宣传和讲解，这是我个人的一点感受。

另外还有两个问题：第一，律师行业目前困扰我们的发展，影响我们快速进步的短板、核心问题到底是什么？是业务能力、业务水平不适合快速发展的需要吗？如果说业务水平还需要提升的话，那么从什么角度，从什么方面能够快速地提升它呢？

第二，律师具有个性化比较强的职业特点。对于律师与当事人之间这种个性化比较强的权利、义务和责任关系，从国家立法的角度上又如何对律师服务进行执业定位？目前《法官法》和《检察官法》已经修改了，《律师法》的修改也已经提到议程上来了，对于《律师法》修改的情况您能不能也给我们透露一些信息？

王进喜：《律师法》修改前些年做了一些工作，早就应该出台，但是到现在都没有出台。司法部的人手不够，律师管理局就那么十几个人，又承担了很多具体工作。《律师法》修改是大事，牵扯很多精力，现有的人手很难承担这样的任务。这是目前《律师法》修改的现状。《律师法》晚一点出来有晚一点的好处，我们可以把更新的东西装进去，这是一方面。

律师行业面临的很大的问题是什么？我想很大的问题是我们没有真正动律师行业的蛋糕，因此导致整个行业的管理、发展动力不足。比如，我们很大程度上没有通过反面的作用促进律师行业的进步。目前在证券行业，如果说你律师事务所某个律师有违规行为被处罚了，你这个律师事务所都不能做这方面的业务，所以说这种处罚机制很重要。一个律师事务所吃了一次亏之后后面肯定会加强管理，不然你一两年都干不了这块儿业务，所以从反面上来讲你要真正动律师的业务他才有意愿加强自己律所的管理。

另一方面，好多律师事务所专业化不强，整个管理跟不上。但是你会发现这并没有妨碍他拿业务，原因是什么？我们很多律师拿业务不是靠能力，而是靠各种各样的关系，有人际关系才能拿到业务。此外，我们律师的很多业务都是靠朋友介绍，说某某律师不错，有能力。但是到底怎么样？不知道，没有一个客观的指标，律师事务所的管理也是这样的。

通过律师事务所管理认证指标体系就可以将律师技术能力外在化。例如，现在国有企业，政府的重大决策要由律师、法律顾问提供意见。那政府、企业选律师的时候怎么选？这就得有标准，否则的话出了事谁承担责任？在管理学当中有一句话，一个人永远不会因为买IBM的电脑受到责罚，你买什么电脑都可能出问题，对吧？你买IBM的出错了之后领导也不会说你，你要是买了一个杂牌的电脑领导肯定会问你为什么不买IBM，买了一个杂牌的？

选律师也是一样的，企业、政府选律师的时候凭什么选这家？有没有标准？一看通过了认证标准，实际上就解决了内部责任问题。我们通过这样一些认证体系把出类拔萃的律师和律师事务所凸现出来。一方面方便了委托人选择律师，另一方面这将促进律师行业的重新洗牌，即律师和律师事务所必须得努力达到这个标准。达不到这个标准可能就把这一块业务丢了。

嘉宾3：刚才听到您讲《律师法》修改了，我想请问您一个问题。北京律师事务所一直没有营业执照，中国的特点就是在行政执法或者是处理行政行为的时候通常需要提供营业执照。

举个例子，因为北京是大城市，很多人没有户口。比如说办工作居住证的政策，当时北京市政府明确的法规说需要提供营业执照，但是律师事务所没有。当然目前这个问题据说解决了，现在会有积分落户的政策。实际上没有营业执照，律师事务所在办理行政性事务的时候是有很多障碍的，不知道您在修改《律师法》的时候有没有考虑这个问题？我理解，是不是司法部不愿意把这个权力让给工商部门，是不是行政机关的想法还是怎么样？我不太清楚。实际上确实是我自己的感觉，从业20多年我觉得没有营业执照在社会生活中会带来很多的不便。

王进喜：颁照的问题司法部一直在管，交给工商部门管问题也不大。工商部门给你发了执照以后也不会天天盯着你，完成资格的审查就可以了。在管理方式上我觉得不会有大的变化。

嘉宾3：比如北京市办工作居住证可以解决外地律师孩子上学问题，明确第一条是营业执照，没有的话怎么突破这个问题？这个好像呼吁了七八年，未来是不是还有别的问题会出现就不好说了。

王进喜：这跟过去律师行业不够强大有直接的关系，各个方面执行政策就考虑不到特殊性。你刚才说的这个积分落户也是一样的，上海要求评优可以积分。过去一级、二级律师北京都不评了，上海还在评，上海都不是本地律师在评。外地律师评了以后可以办上海户口。有的地方没有类似政策，所以弄得律师要参加其他各种评比。有的地方出了笑话，说律师最后被评为"优秀农民工"，靠这个落户口。总体上来讲，我们在管理上过去没有重视律师这个群体。律师群体以前太小。现在律师的作用越来越大，人数越来越多，有关部门也开始重视了。

总之，在制定基本政策的时候要考虑到律师行业的特殊性。营业执照或者是与营业执照相当的文件就应该合乎相关要求，这根本不是什么技术上的问题，就是想到还是没想到的问题。

嘉宾2：刚才咱们这位同行讲了一下，据说在广东地区工商局直接批律师事务所。第二，不是律师，但是外人投资办律师事务所。合伙人不出资，就是一个名义的合伙人，这样的行为，这个所的合法性怎么样？

王进喜：按照现在的规定肯定是违法的，必须由律师担任合伙人，非律师人员不能取得所有权。

嘉宾2：《律师法》的修改也好，完善也好，这些问题是不是能够有一个明确的界限？

王进喜：到工商部门登记我觉得不是一个问题，交给司法行政机关来管，或者是交给工商部门来管都要迫切解决前置性、技术性的问题，以及资格审查。如果没达到这个条件可能就要撤销。